「室町殿」の時代

安定期室町幕府研究の最前線

久水俊和 編
日本史史料研究会 監修

山川出版社

はじめに――中世国家の最高責任者、「室町殿」とは何か？

一　国家の運営集団を凌駕した権力体

室町時代の〝国家の最高権力者〟は誰か？　もちろん、天皇があげられようが、中世の太政官制《だいじょうかんせい》（太政官を最高機関とする行政機関。古代の律令《りつりょう》制に始まる）において天皇はあくまで最終決裁者であり、アクティブにあれこれ決めることはしない。それなら、室町幕府将軍か。しかし、将軍はあくまで武家の世界での棟梁《とうりょう》である。

このような単純にみえ、かなり奥深い命題に対して、これまで数多くの研究者が挑んできた。室町期（室町時代は大ざっぱに南北朝期〔十四世紀〕・室町期〔十五世紀〕・戦国期〔十六世紀〕に分割できる）、**公家**（朝廷）・**武家**（幕府）・**寺社**といった中世国家の運営集団を凌駕《りょうが》し君臨した権力体がある。それが「**室町殿**《むろまちどの》」である。

この言葉は、史料用語でもあり、分析概念でもある。本書で取り上げる「室町殿」とは、足利義満《あしかがよしみつ》（一三五八〜一四〇八）・足利義持《よしもち》（一三八六〜一四二八）・足利義教《よしのり》（一三九四〜一四四一）・足利義政《よしまさ》（一四三六〜九〇）の四人である（序章の久水論文を参照）。

読者は、なんだ「室町将軍」のことかと思うかもしれない。しかし、「室町殿」は「室町将軍」とは似て非なるものなのである。たしかに、四人全員が征夷大将軍《せいいたいしょうぐん》を経験している。だが彼らは、将軍職を辞めても、もしくは将軍職に就く前でも「室町殿」であった。

「室町殿」は**足利将軍家の家長**として、**武家政権の長**であるとともに、それまで公家がもっていた権限までも段階的に掌握し、公家・武家・寺社によって運営される**中世国家の最高責任者**として機能した（もちろん、理念的には天皇が頂点である）。

二　公家と武家の対立か、それとも共同運営か？

このように、「室町殿」の下で有力権門《けんもん》（社会的な特権を有した権勢のある門閥《もんばつ》・家柄・集団）が統合され、比較的安定した治世が繰り広げられている時期を、本書では**「安定期」**と定義する（なお、本書執筆の著者のなかには、厳密な意味で「安定期」という定義に、別の考えをもつ方もいることも付記しておきたい）。

中世国家の運営実態の探求については、戦後さまざまな試行錯誤があった。戦後しばらくは、中世の国家運営については**「公家」対「武家」の対立の構図**によって描かれていた。しかし、一九六〇年代に中世史家の黒田俊雄（一九二六〜九三）のいわゆる「権門体制」論が発表されると、公家・武家・寺社のおのおの**権門によって相互補完的に国家が運営されている**との解釈がなされた。

また、おなじく一九六〇年代、中世史家の佐藤進一（一九一六〜二〇一七）は、幕府（将軍）が「京都市政権」とよばれる、京都の治安・警察・裁判・税に関する権限を順次掌握するという「権限吸収」論を発表した。佐藤は、その際、幕府は朝廷や寺社と衝突しつつ権限を奪取したと解釈しており、この頃の学説では、**公家と武家は対立的であるという歴史観**が有力であったといえよう。

　このように戦後しばらくは、朝廷（天皇）対幕府（将軍）という分析概念が支配し、権力体を一元的にとらえることはなかった。

　一九九〇年、中世史家の今谷明氏（一九四二〜）は、『室町の王権―足利義満の王権簒奪計画』（中公新書）を刊行し、大正期に歴史学者の田中義成《よしなり》（一八六〇〜一九一九）が唱えた足利義満の「天皇窺《き》窬《ゆ》（天皇位をうかがいねらう）説」を再評価した。今谷の義満による「皇位簒奪《さんだつ》論」は、公武対立史観の究極ともいえよう。

　しかし、現在の中世史学界の評価は違う。今谷の「皇位簒奪論」からさかのぼること一年前、中世史家の富田正弘氏（一九四二〜）が、現在の定説ともいえる**「公武統一政権」**という分析概念を発表した（「室町殿と天皇」『日本史研究』三一九、一九八九）。**中世国家は公家と武家との共同運営**であり、その**一元的な最高責任者**こそが、**足利将軍家家長**すなわち**「室町殿」**なのである。

　ただし、「室町殿」の分析概念は固定されたものではなく、足利義満の頃（十四世紀後半）は**法皇《ほうおう》**（出家した上皇）**に準ずる権力体**、足利義持から義政までの頃（十五世紀初め〜末）はあくまで人臣であり、**摂政《せっしょう》関白《かんぱく》以上・天皇（上皇《じょうこう》）未満の権力体**であった。いずれにしろ「室町殿」は、超越的な権力を発揮し、たくみに中世国家を運営したのである。

三　見直される「守護大名」の実像

また、室町幕府を支える「守護」や「大名」の研究も新たな展開を迎えている。

これまで教科書などでも「守護大名」とされてきた学術的なターム（強力な領国支配を達成した「守護領国制」）も見直しが図られている。とくに「大名」については、これまで当たり前のように「ダイミョウ」と読まれてきたが、近年では「**タイメイ**」と読み、「守護」と「大名」は別の概念であるとの認識がもたれはじめている（詳しくは第五章の川口論文を参照）。

本書は、そんな「室町殿」に治世された「安定期」室町時代の最新の研究成果を収録したものである。

なお、本書における**義満期・義持期・義教期・義政期**といった記述は、それぞれの四人が足利将軍家の家督を掌握していた期間を示している。また、足利将軍はたびたび改名しているが、教科書などに表記される一般的に知られる名に統一している。

四　本書のラインナップとねらい

それでは簡単に、本書掲載の各論稿の内容を述べてみたい。

序章「室町殿」とよばれた四人の足利将軍（久水俊和）では、本書の主題である「室町殿」なる学術用語の説明を行う。「室町殿」は史料用語でもあるが、本書では朝廷と室町幕府に君臨する権力体と規定した。また、三代将軍の足利義満から八代将軍の足利義政までの各室町殿の事績についても簡単に概説した。

◆第Ⅰ部「室町幕府の運営体制」では、室町幕府の運営システムとそれに携わる人びとにスポットをあてる。

第一章「室町殿は、訴訟・紛争にどのように対処したのか？」（山田徹）では、室町殿と訴訟をテーマに、各室町殿の訴訟制度の特色を探求する。手続きの方法や、訴訟制度における管領《かんれい》や奉行人《ぶぎょうにん》の役割を明確にする。基軸は奉行人による足利将軍家当主（室町殿）への「伺《うかがい》」「披露《ひろう》」だが、「番《ばん》伺《うかがい》」など室町殿が積極的に訴訟にかかわる特徴的な制度にもふれる。

第二章「足利家と天皇家の一体化は、どのように進行したのか？」（石原比伊呂）では、足利将軍家と天皇の関係を概括する。足利将軍家と天皇家との一体化をテーマに、足利将軍家の公家社会における位置づけとして、「家長が現任の摂関のようにふるまう家」すなわち摂関家に相当（「准《じゅん》摂関」）であったことを提示する。

第三章「協業関係が成立していた朝廷の官人、幕府の官僚」（遠藤珠紀）では、朝廷と幕府による国家運営を下支えする下級官僚たちにスポットをあてる。朝廷の官人と幕府の官僚の実態に迫り、どのように国家的儀礼・行事が運営されていくのかを明示する。また、彼らが運営する連歌会《れんがかい》などを介したネットワークや人脈づくり、そして朝廷と幕府のコネクターでもある武家伝奏《ぶけてんそう》にも注目する。

第四章「同一の帳簿を用いる「公武共同」の財政構造」（久水俊和）では、中世国家の財政構造について言及する。とくに、国家的儀礼・行事の運営における税の徴収構造と支出構造に大別し、それぞれの構造のなかで、幕府がどのようにかかわっていたのかを明確にする。その大きな特徴として、朝廷と幕府で同一の帳簿を用いる公武共同の執行体制であったことをあげる。

◆第Ⅱ部「室町幕府と都鄙《とひ》」では、室町殿の地方支配について、地方の勢力との関係についてひもとく。

第五章「幕府の全国支配と「在京大名」の重要な役割とは？」（川口成人）では、室町殿と在京大名の関係を探る。そのうえで、かつて教科書にも用いられた「守護大名」なる学術用語を再検討する。

「在京」をキーワードとして、「在京」する「大名」が地方支配を担う「守護」を兼ねる、というように、「守護」と「大名」の役割を分離させ、「大名」の読みも、「ダイミョウ」ではなく、「タイメイ」と読む新たな視角から、新「大名」像を模索する。

第六章「「鎌倉府」の盛衰を左右した幕府・鎌倉公方の対立」（駒見敬祐）では、関東における室町幕府の地方統治機関である鎌倉府と室町殿との関係を述べる。徐々に独立性を帯びていく鎌倉公方《くぼう》に対して、各室町殿がどのように対処していったのかを概観する。また、本来二人三脚であるはずの、鎌倉公方と関東管領の対立についても整理する。

第七章「九州・上方で活躍する周防国・大内家の歴代当主」（藤井崇）では、西国に目を向け、有力大名大内《おおうち》家に着目し、九州情勢を概括する。もともとは反幕府であった大内家が、幕府系連合軍の主要指揮官となり、中国地方から北九州へと勢力を拡大する様子を述べる。その後の幕府との対立や、「応仁《おうにん》・文明《ぶんめい》の乱」（一四六七〜七七年）における大内家の動向に言及し、幕府の対大内家戦略を探る。また、本来、幕府の九州地方の統治を担うはずだった九州探題と大内家の関係にもふれる。

第八章「室町殿は、どのように軍事指揮を執っていたのか？」（永山愛）では、室町幕府の軍事指揮の実態と、その編成について言及する。地方の紛争への軍勢派遣のシステムに始まり、命令を受け動員する側の実像にも着眼する。そのうえで、軍事関係文書の分析による軍事指揮系統の復元などを行い、「安定期」室町幕府の軍事制度を概観する。

◆第Ⅲ部「室町幕府と宗教」では、室町殿と宗教勢力（寺社権門）についての研究状況について言及する。

第九章「室町殿の〝身体護持〟を担う門跡寺院と護持僧」（生駒哲郎）では、足利義満期から義政期までの期間、将軍・室町殿の身体護持に対応する武家祈禱《きとう》を修した護持僧《ごじそう》の実像を中心に検討する。義満の子息が次々と出家し、本来は法親王《ほっしんのう》や摂関家の子息が入る門跡《もんぜき》寺院へ入室する事例を提示し、将軍の祈禱を担った門跡僧との関係を述べる。そのなかでも、とくに将軍家と醍醐寺《だいごじ》（京都市伏見《ふしみ》区）との関係については詳しく概説する。

第十章「〝巨大企業体〟のような組織だった禅僧集団」（芳澤元）では、室町幕府と五山《ござん》の関係についてまとめる。宗派をひとつの単位として理解する固定観念から転換させ、禅宗を複合的に見つめなおす。難解な「五山の制度」をわかりやすくひもときながら、その経営実態にも迫る。また、室町殿との関係にも言及し、門跡寺院だけではなく、禅院でも将軍・室町殿の身体護持が行われる様相や、禅宗様が用いられた室町殿の肖像画についてもふれる。

第十一章「比叡山延暦寺を牽制した「山門使節」制度とは何か？」（相馬和将）では、中世社会では無視できない、強大な仏教勢力である比叡山延暦寺《ひえいざんえんりゃくじ》（山門《さんもん》。滋賀県大津市）と室町殿との関係を述べる。まずは基礎知識として、比叡山の実態やそのトップに立つ天台座主《てんだいざす》にふれるとともに、最上級身分の子弟が入室する門跡についても言及する。さらには、幕府が置いた対山門政策の要《かなめ》となる「山門使節」について概括する。

◆第Ⅳ部「室町幕府を取り巻く社会状況」では、室町殿を取り巻くさまざまな階層について取り上げる。

第十二章「幕府とともに新興文化を支えた芸能者・被差別民」（辻浩和）では、中世社会の周縁ともいえる芸能者・被差別民研究の最前線を提示する。まず、室町殿が所有する美術品を管理する同朋衆《どうぼうしゅう》にふれ、その活躍ぶりをあげる。そして、室町文化の代表ともいえる世阿弥《ぜあみ》（一三六四?〜一四四四?）に代表される能や、身分を問わず流行した連歌についても整理する。また、邸宅や寺院の作庭《さくてい》に携わった被差別民の山水河原者《せんずいかわらもの》も取り上げる。

第十三章「「土一揆」は、中世社会における「訴訟」行為だった」（呉座勇一）では、徳政一揆《とくせいいっき》に分別される土一揆《つちいっき》についての研究史を整理する。正長《しょうちょう》の土一揆（一四二八年）・播磨《はりま》の土一揆（一四二九年）・嘉吉《かきつ》の土一揆（一四四一年）の性格規定を行いその特色を述べる。そのうえで、土一揆の正当性と発生理由をあげ、債務問題だけではなく飢饉《ききん》との関連にも言及する。土一揆の本質を見いだし、

「応仁・文明の乱」における足軽《あしがる》の誕生にもふれる。

第十四章「「嘉吉の変」と「応仁・文明の乱」——幕府解体への契機」（松井直人）では、「安定期」からの転落の契機とされる「嘉吉の変」（一四四一年）と「応仁・文明の乱」から室町殿権力の本質を見いだす。まず、将軍の足利義教が暗殺された「嘉吉の変」を概括し、その要因を探る。将軍権力の空洞化を経た、足利義政の将軍就任による親政の模索を述べ、有力大名の内紛や将軍家の後嗣《こうし》問題から「応仁・文明の乱」の内実を整理する。

以上、本書は「安定期」室町幕府を研究するうえでの研究史整理であるとともに、室町時代に関心のある読者への解説書ともいえる。できるだけ咀嚼《そしゃく》して研究動向を提示したつもりだが、それでも記述が難解でとっつきにくい箇所があると思う。しかし、噛《か》めば噛むほどなんとやらで、ぜひとも本書全体を味読してほしい。今後、読者の歴史を見る目が、必ずや変わってくるであろうことを期待したい。

いずれも気鋭の研究者による研究最前線レポートである。たんとご堪能あれ。

令和三年十一月二十三日

編者　久水俊和

足利将軍家系図

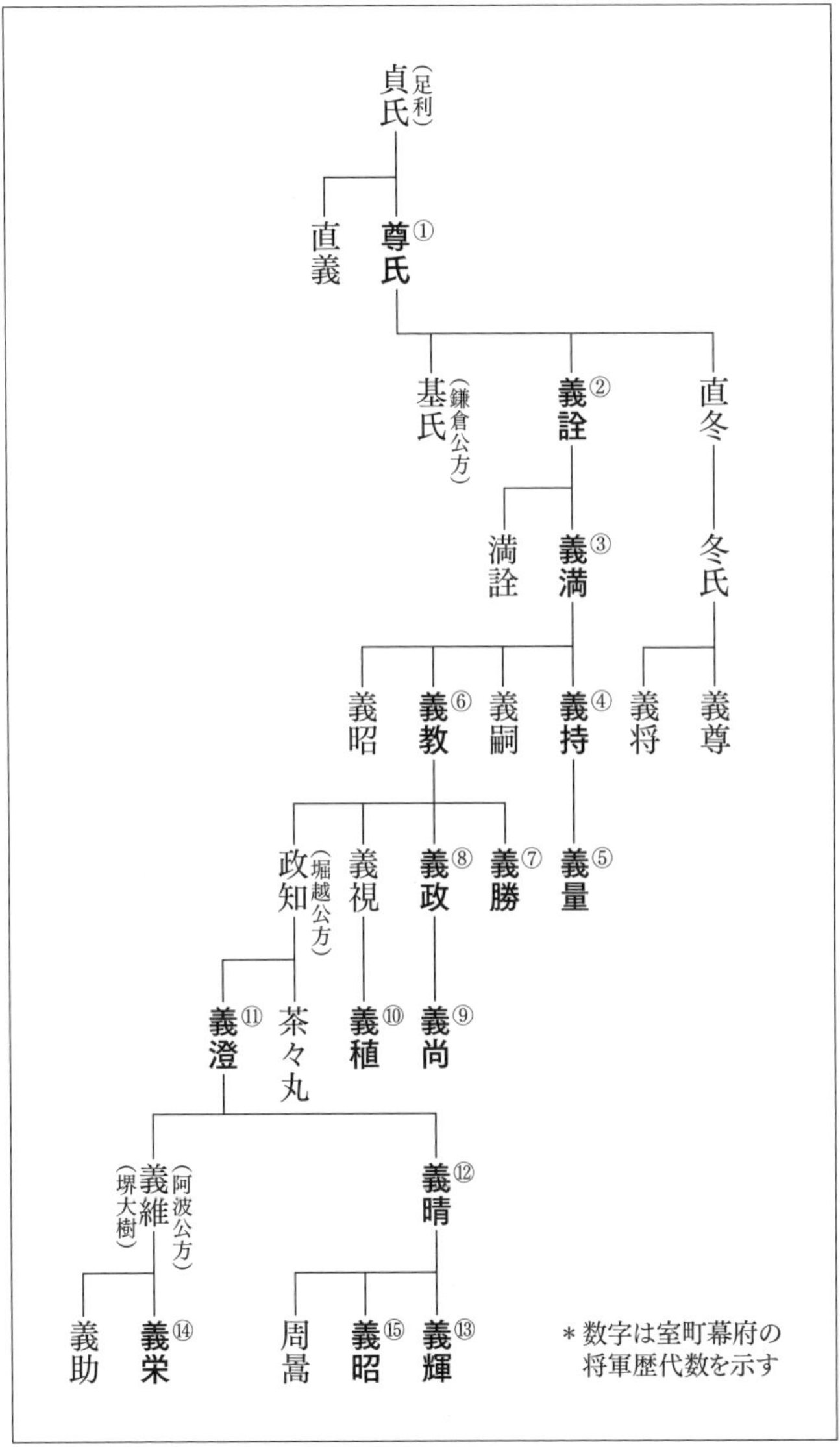

(足利)貞氏
直義
尊氏①
基氏(鎌倉公方)
義詮②
直冬
満詮
義満③
冬氏
義昭
義教⑥
義嗣
義持④
義将
義尊
政知(堀越公方)
義視
義政⑧
義勝⑦
義量⑤
義澄⑪
茶々丸
義稙⑩
義尚⑨
義維(阿波公方)(堺大樹)
義晴⑫
義助
義栄⑭
周暠
義昭⑮
義輝⑬
＊数字は室町幕府の将軍歴代数を示す

「室町殿」の時代　安定期室町幕府研究の最前線――目次

はじめに――中世国家の最高責任者、「室町殿」とは何か？――久水俊和　3

序章「室町殿」とよばれた四人の足利将軍――久水俊和　18

第Ⅰ部――室町幕府の運営体制

第一章【室町殿と訴訟】室町殿は、訴訟・紛争にどのように対処したのか？――山田　徹　44

第二章【将軍と天皇の関係】足利家と天皇家の一体化は、どのように進行したのか？――石原比伊呂　63

第三章【幕府と朝廷の実務官僚】
協業関係が成立していた朝廷の官人、幕府の官僚――遠藤珠紀 83

第四章【中世国家と幕府財政】
同一の帳簿を用いる「公武共同」の財政構造――久水俊和 100

第II部――室町幕府と都鄙

第五章【幕府と在京大名】
幕府の全国支配と「在京大名」の重要な役割とは?――川口成人 122

第六章【幕府と東国情勢】
「鎌倉府」の盛衰を左右した幕府・鎌倉公方の対立――駒見敬祐 142

第七章【幕府と九州情勢】
九州・上方で活躍する周防国・大内家の歴代当主――藤井　崇 167

第八章【幕府の軍事編成】
室町殿は、どのように軍事指揮を執っていたのか？――永山　愛 187

第III部――室町幕府と宗教

第九章【幕府と武家祈禱】
室町殿の〝身体護持〟を担う門跡寺院と護持僧――生駒哲郎 204

第十章【幕府と五山】
〝巨大企業体〟のような組織だった禅僧集団――芳澤　元 231

第十一章【幕府と山門】
比叡山延暦寺を牽制した「山門使節」制度とは何か？――相馬和将 251

第Ⅳ部——室町幕府を取り巻く社会状況

第十二章【幕府と室町文化】幕府とともに新興文化を支えた芸能者・被差別民——辻 浩和 278

第十三章【幕府と土一揆】「土一揆」は、中世社会における「訴訟」行為だった——呉座勇一 298

第十四章【幕府と戦乱】「嘉吉の変」と「応仁・文明の乱」——幕府解体への契機——松井直人 319

室町殿関連年表——345

執筆者・編者紹介——348

序章　「室町殿」とよばれた四人の足利将軍

久水俊和

はじめに——中世国家の最高責任者とは?

「殿」と「様」、将軍の敬称をめぐって

ここに、室町幕府の将軍の護持僧《ごじそう》（将軍のために祈禱《きとう》を行う僧侶）として活躍した醍醐寺《だいごじ》（京都市伏《ふし》見《み》区）の僧侶満済《まんさい》（一三七八〜一四三五）が記した記録がある。

「室町殿様御元服《ごげんぷく》、加冠管領《かかんかんれい》」（『満済准后《じゅごう》日記』正長《しょうちょう》二年〔一四二九〕三月九日条より、傍点は引用者）

同日記は、義円《ぎえん》なる僧侶（青蓮院門跡《しょうれんいんもんぜき》や天台座主《てんだいざす》を務める）であった六代将軍足利義教《あしかがよしのり》（一三九四〜一四四一）が、管領の畠山満家《はたけやまみついえ》（一三七二〜一四三三）によって冠をかぶせてもらい元服をする、加冠

のシーンを記録した箇所である（実際は、満家の息子の畠山持国《もちくに》〔一三九八〜一四五五〕が務めた）。

この場面の「室町殿様」とは義教をさすが、「殿」と「様」の〝二重の敬称〟が付せられているように感じられる。「殿」は、日本最大の国語辞典『日本国語大辞典』（第2版、小学館、二〇〇三年。以下『日国』と略す）によると、

①地名などに付いて、そこにある邸宅に対する尊称として用いる。間接的にその邸宅に住む人を表わす場合もある。②人名、官職名などに付けて、敬意を表わす。古くは、「関白殿」「清盛入道殿」などかなり身分の高い人に付けても用いた。

と、敬称の接尾語としてはふたつの意味があるが、「室町」は花御所《はなのごしょ》こと「室町第《てい》」（将軍の居所）を表していると考えられているので、ここでは①の後半の意味であろう。「室町第」に住む者（ここでは義教）への尊称として「殿」が付されているのにかかわらず、さらに「様」が付せられている。『日国』で「様」を引いてみると、このシチュエーションに当てはまるのは、

①人の居所、身分、氏名に添えて敬意を表わす語。室町時代から用いられ、「殿（どの）」より丁重な表現であった。

であろう。

「殿様《とのさま》」というように単体の言葉だとすると、耳になじみがあるだろう。ただし、いわゆる「殿様」は、江戸時代以降に頻繁に使われる言葉なので、ここでは「室町のお殿様」という意味ではない。

中世における「殿様」の用法は、『日国』によると以下である。
①主君や貴人の敬称。
なお、『日国』が「殿様」の参考文献として引用した記事は、「満済准后日記－正長二年（1429）三月九日「室町殿様御元服、加冠官領（原文ママ）」」と、まさに先にあげた満済の日記の箇所である。『日国』では「室町－殿様」と区切り、室町に住む貴人に「殿様」という敬称を付していると解釈している。

満済の日記には「室町殿様」なる敬称が頻繁に登場するので、満済が意識して「殿様」と記しているのはたしかであろう。

「殿様」をワンセットで敬称とする事例も、「鹿苑院《ろくおんいん》殿様」（鹿苑院＝足利義満《よしみつ》〔一三五八～一四〇八〕の法号《ほうごう》）のように、室町将軍が死去した後に贈られる法号（足利尊氏《たかうじ》〔一三〇五～五八〕＝等持院《とうじいん》、足利義政《よしまさ》〔一四三六～九〇〕＝慈照院《じしょういん》など）に付せられる事例がある。

「室町殿」と「将軍」はイコールなのか？

満済は、義教が生存しているのにもかかわらず、「室町第」に住む貴人へ「殿」だけの敬称では物足りず、なぜ「殿様」という最敬礼の敬称（〝二重の敬称〟）を与えたのであろうか。
そもそも**「室町殿」とは何者なのだろうか。**室町幕府将軍をさす言葉なのであろうか。ほとんどの場合は「室町殿」は室町幕府の将軍職をもつ者をさすが、それがすべてではない。**将軍ではなくとも**

「室町殿」の称号でよばれる事例もある。

そのひとつは、**将軍職を譲った後も権力の座に座りつづけるパターン**があげられる。足利義満は息子の義持《よしもち》（一三八六～一四二八）へ四代目の将軍職を譲ったが、その後も権力を握りつづけた。その義持も、子の義量《よしかず》（一四〇七～二五）を五代将軍とするが、幕政の差配は義持が行った。

その誕生が「応仁《おうにん》・文明《ぶんめい》の乱」（一四六七～七七年）の契機となった九代将軍義尚《よしひさ》（一四六五～八九）。父の義政より将軍の座を譲られるが、足利将軍家が掌握するさまざまな権限を、義政はしばらく手放さなかった。これらにあてはまるのが、**「室町殿」と「将軍」が分離した状態**ということである。

その一方で、**形式的には将軍が空位の場合**がある。

先の満済の日記での義教元服の話に戻すと、義教は還俗《げんぞく》して元服するまでは、正式には将軍ではなかった。だが、足利将軍家の家督は義教へと渡っており、義教はすでに「室町殿」とよばれていた。また、義教の不慮の死により急遽《きゅうきょ》七代将軍となった義勝《よしかつ》（一四三四～四三）。その義勝の夭折《ようせつ》により足利将軍家を継いだ弟の三春《みはる》（のちの義政）は、ともに幼かったため将軍就任までは空位期間がある。

しかし、ふたりはともに家督継承後に「室町殿」とよばれている。つまり、もうひとつのパターンは、**次期将軍が確約されている場合でも「室町殿」とよばれる**ことである。

どちらも共通点は、足利将軍家の家長ということである。つまり、**「室町殿」とは室町幕府将軍のことをさすのではなく、足利将軍家の家長（家督）**ということができよう。この「室町殿」こそ、**公**

家と武家により運営される中世国家の最高責任者であり、本書の最大のテーマとなる。

「公武対立史観」からの脱却

だが、史料用語でもあるのにもかかわらず、この「室町殿」なる概念が、表立って論文などの表題に使われるようになったのは、それほど大昔ではない。

将軍や武家の長という枠組みだけではとらえられない「室町殿」という分析概念に、堂々と表題に「室町殿」と銘打ち初めて本格的に向き合ったのは、昭和六十三年（一九八八）の日本史研究会大会報告における富田正弘氏の「室町殿と天皇」（富田：二〇〇六、初出一九八九）であった。富田氏は、この報告において、「室町殿」と天皇・院が、政権を共同運営することにより国家体制が強化されたという「**公武統一政権**」**のモデルケース**を示した。

「室町殿」の登場により権力が二重構造になったのではなく、もともと、「室町殿」誕生以前の中世国家は、実質的権力をもつ「治天《ちてん》の君《きみ》」（天皇家の家長）と、朝廷儀式など観念的権威を担う「天皇―太政官《だいじょうかん》」制により国家が運営されており、室町殿は「治天の君」がもつ権限を引き継いだという理論である。

この論により、公家と武家は対立しており、武家が公家の権限を吸収（もしくは奪取）したという「**公武対立史観**」**から脱却**し、**公武一元化による国家運営**という考えへと、基盤的理論が修正されていく。

その後、研究用語としての「室町殿」は、一九九〇年代の後半から使われはじめた。

論題に「室町殿」を用いることの意義

私信を晒《さら》すようで忍びないが、筆者の初作「天皇家の葬送儀礼と室町殿」(久水：二〇一一、初出二〇〇三)を、師の百瀬今朝雄氏へお送りした折、師のご批評のなかで、論題に「室町殿」を用いたことにたいへん意義があると述べられた。

それまでは、このつかみ所のない権力体の簡略記号を「幕府」「将軍」「将軍家」「足利氏」と表現していたが、どれも微妙にずれていた。だからといって、「室町殿」という分析概念は、一九八〇年代までは、まだ市民権を得ておらず、使うことが憚《はばか》られていた。

師が『週刊朝日百科　日本の歴史13』に執筆された「将軍と廷臣《ていしん》」(百瀬：二〇〇二、初出一九八六)は、明らかに「将軍」ではなく「室町殿」と公家衆との関係を解説したものであった。それにもかかわらず、論稿のタイトルに「将軍」と表現せざるをえなかったのが、一九九〇年代以前の時代性を表しているといえる。

ちなみに「鎌倉殿《かまくらどの》」という語もあるが、当然、源頼朝《みなもとのよりとも》(一一四七～九九)に代表される鎌倉幕府将軍をさす語である。こちらの語は、二〇二二年に放送予定のＮＨＫ大河ドラマの題名(『鎌倉殿の十三人』）にも用いられることになり市民権を得そうだが、「室町殿」のような概念ではなく、鎌倉幕府の「将軍」をさす意味が強い。

では、「室町殿」が掌握する権力とはどのようなものなのであろうか。

初代「室町殿」ともいえる**足利義満**から、「室町殿」を再定義した**足利義持**、義持型の「室町殿」を継承した**足利義教**、「室町殿」の終焉《しゅうえん》となる**足利義政**までの代表的な四人の事績から探っていきたい。

三代将軍 足利義満
超越的支配者＝「室町殿」の誕生

生没年：正平《しょうへい》十三年・延文《えんぶん》三年（一三五八）〜応永《おうえい》十五年（一四〇八）
家督期間：正平二十三年・応安《おうあん》元年（一三六八）〜応永十五年（一四〇八）
将軍在位：正平二十三年・応安元年（一三六八）〜応永元年（一三九四）

十歳で将軍職と家督を継ぐ

義満は、かつては天皇の地位に取って代わる「皇位簒奪《さんだつ》計画」をもくろんだとされる。今谷明氏が、その代表作『室町の王権―足利義満の王権簒奪計画』にて、廷臣たちを従属させ、朝廷儀礼を主導して、改元や皇位継承にも介入する姿を活写したことが、その証左として取り上げられた（今谷：一九九〇）。

先にもふれた富田正弘氏の「**公武統一政権論**」が、現在の学界においては定説となっており、「皇位簒奪論」は劣勢である。しかし、義満が、朝廷や宗教勢力が保有していた権限を掌握し、その後、武家・公家・寺社に君臨する権力体を築き上げたという点は事実である。

それでは、この義満の権力体をどのように評価すべきであろうか。

義満（当時は春王《はるおう》）の幼少期（十四世紀中頃）の室町幕府と、その幕府が支援する北朝は、まだ政権としての力量が不安定であった。父の二代将軍義詮《よしあきら》（一三三〇〜六七）と後光厳《ごこうごん》天皇（一三三八〜七四）の朝廷（北朝）は、南朝軍の上洛《じょうらく》を阻めず、康安《こうあん》元年（一三六一）に春王は播磨《はりま》国（兵庫県南西部）の赤松《あかまつ》家へと落ち延びた。そのとき春王は、幕府の弱さもさることながら、支援する北朝の脆弱《ぜいじゃく》さからも、強い朝廷を作らねばならないと、幼き心に刻み込んだと思われる。

翌年に情勢が落ち着き、京都へと帰ると、今度は、父の義詮が病により三十八歳で亡くなった（一三六七年）。幼い春王は十歳という若さで、将軍職とともに足利家の家督を継いだ。

義満の意思を伝える「武家執奏」

室町幕府は、「大名《たいめい》」とよばれる在京守護たちとの連合体により運営されていた（「大名」については、第五章の川口論文を参照）。この「大名」たちをどう手なずけるかが、〝武家の棟梁《とうりょう》〟としての義満の腕の見せ所であった。

「大名」たちを黙らせる強い権力体、義満は当然そこをめざしたのだろう。二十一歳となった義満は、権大納言《ごんだいなごん》・右近衛大将《うこのえたいしょう》なる高官を得る。このポストこそが、強い武家の棟梁であった源頼朝の帯びた官職であった。

大納言は、祖父の尊氏も父の義詮も三十歳代の任官であったから、当時の足利家ではスピード出世である。なにより、将軍職と右近衛大将のふたつを手に入れた頼朝は「右大将家《うだいしょうけ》」(頼朝は、右近衛大将をすぐに辞官するが)とよばれるほど、右近衛大将は頼朝の象徴的な官職であった。

また、若年の右近衛大将任官は、公家の最高峰である摂関家《せっかんけ》に匹敵する価値がある。その証拠としては、義満が拝賀《はいが》(天皇への就任のお礼)や源氏の氏神を祀《まつ》る石清水八幡宮《いわしみずはちまんぐう》(京都府八幡市《やわた》)の放生会《ほうじょうえ》(生き物の殺生を戒める行事)への参向行列などでは、摂関家から随身《ずいじん》(行列のお供)を借用し、摂関家と同等の行列を認《したた》めている。

朝廷内部へ摂関家相等《そうとう》の「公家」として潜り込んだ義満は、「家礼《けらい》」という公家との私的な主従関係を結び、国家運営においても、それまで朝廷がもっていた権限をも掌握していく。その手段のひとつが、「武家執奏《ぶけしっそう》」とよばれる権限である。簡単にいえば、朝廷の決定に武家側の要望を伝えることだが、その要望はかなりの確率で実現することになる。

「武家執奏」は人事に関するものや裁判にもみられ、形式的・制度的な最終決定は「院宣《いんぜん》」(上皇の決定)・「綸旨《りんじ》」(天皇の決定)という形態で行いながらも、義満の意思が強く反映された。

朝廷儀礼に積極的に参加する

その代わり、義満は経済的に窮乏していた朝廷財政をよく支えた。天皇の即位礼《そくいのれい》などの出費の多い大礼などでは、丸抱えともいうべく、よく面倒をみた。また義満は、内大臣《ないだいじん》、左大臣《さだいじん》と官位を極めるが、その官職はただの装飾ではなく、難解な公家の作法がともなう朝廷儀礼にも積極的に参加する。

特筆すべきは、儀礼時の〝扇の要《かなめ》〟ともいえる節会《せちえ》（公式行事）の内弁《ないべん》（公卿《くぎょう》の責任者）を、じつに十九回も務めた。さらには、公家の儀礼作法も奥義を究め、ほかの公家たちにも伝授する域にまで達した。

「公武」にわたり最終決定権をもつようになった義満の権力は、幕府の長である将軍の権限では説明できず、義満が住んだ室町第（花御所《はなのごしょ》）から、「室町殿」とよばれることになる。

有力寺院に子弟を送り込む

「室町殿」義満は、宗教勢力についても掌握した。

比叡山《ひえいざん》に根ざす天台宗の本山である延暦寺《えんりやくじ》（滋賀県大津市）は、「山門《さんもん》」とよばれる。この一大仏教勢力は、多くの僧兵《そうへい》を抱えて軍事力もあり、日吉社《ひえしゃ》（同）の神輿《しんよ》を担ぎ京へ強訴《ごうそ》（仏神の権威を誇示した要求）をするなど、まさに朝廷と幕府にとっては〝目の上のたんこぶ〟であった。

そのため義満は、延暦寺の有力な僧侶を「山門使節」（延暦寺衆徒《しゅと》の統制組織）とよばれる仲介役とした（第十一章の相馬論文を参照）。「山門使節」には、警察権や裁判権を与え、うまく手なずけたのである。有力な寺院へは、足利家の子弟を僧侶として送り込み統轄した（第九章の生駒論文を参照）。

また、足利家は禅宗に深く帰依《きえ》しており、義満は「京都五山」第二位の相国寺《しょうこくじ》（京都市上京《かみぎょう》区）を創建した。その際、数年で焼失するものの、前近代でもっとも高かった可能性がある巨大な七重大塔を同寺に建てている。

「強い朝廷、強い幕府」を完成する

自らの決定権による梃子《てこ》入れで朝廷を強化した義満だが、武家のカテゴリーでの〝目の上のたんこぶ〟退治にも乗り出す。その標的は、強大になりつつあった守護である。

そのなかの筆頭ともいえるのが、全国十一カ国の守護を掌握し「六分一殿《ろくぶんのいちどの》」と称された山名氏清《やまなうじきよ》（一三四四〜九二）である。義満は、明徳《めいとく》二年（一三九一）に氏清を広大な大内裏跡《だいだいりあと》の荒野へと誘い戦死させた（「明徳の乱」）。これで体制は安定することになる。

次は、朝廷の〝目の上のたんこぶ〟である。それは紛れもなく南朝の存在であり、朝廷の随一の運営者である「室町殿」義満は、翌年に南朝の後亀山《ごかめやま》天皇（一三四七〜一四二四）との講和を成立させ、長きにわたる「南北朝の争乱」にピリオドを打った（「南北朝合一」）。

「強い朝廷、強い幕府」を完成させた義満は、将軍の座を子の義持へと譲る。これにて引退かと思われたが、それは次のステージの幕開けにすぎなかった。「太政官」の最高位である太政大臣《だいじょうだいじん》に就くも、まもなくして応永二年（一三九五）に辞し、公家の枠組みから外れた。出家である。息子に将軍の座を譲ったが、あらゆる権限は依然として義満の手中にあった。これは、古代律令制的な秩序にとらわれない**超越的支配者の誕生**を意味する。

〝義満法皇〟の院政の拠点＝北山第

この**超越的支配者**は、国を代表し、中国の明《みん》王朝との朝貢《ちょうこう》形式による交渉を行い、応永八年（一四〇一）にふたたび中国との国交を結んだ。

義満は京都北山《きたやま》（京都市北区）に山荘を造営し、そこへ移住したことから「**北山殿**」とよばれるようになる。北山第で振るわれる権力は、天皇家の家長である「治天の君」をも凌駕《りょうが》し、義満はまさに「法皇」であった。

正室の康子《やすこ》（一三六九〜一四一九）を、後小松《ごこまつ》天皇（一三七七〜一四三三）の准母《じゅんぼ》（天皇の生母と同等の地位を与えられた女性）とし、「北山院」の院号を得て、息子のなかで義持以上に寵愛《ちょうあい》した義嗣《よしつぐ》（一三九四〜一四一八）へ親王様式の元服を行い、北山第はまさに〝義満法皇の院政〟の拠点となった。

その手法のひとつは、「伝奏《てんそう》」という「治天の君」の側近を自身の側近とし、「院宣」の実質的な発給者となることである。

義満への「太上天皇《だいじょうてんのう》」号の尊号授与までささやかれるようになり、出家後の法皇に準ずる膨張しきった**権力体**は、「室町殿」という分析概念では収まり切れず、史料上の呼び名に基づき「**北山殿**」という。義満の野望は、はたして皇位までをもうかがったものだったのであろうか（第二章の石原論文を参照）。その真意は、彼の突然の死により闇に消えた。

四代将軍 足利義持
行き過ぎた「室町殿」を軌道修正

生没年：元中《げんちゅう》三年・至徳《しとく》三年（一三八六）〜正長《しょうちょう》元年（一四二八）
家督期間：応永十五年（一四〇八）〜正長元年（一四二八）
将軍在位：応永元年（一三九四）〜同三十年（一四二三）

超越的な権限を自ら放棄

義持は、父である義満の行き過ぎた「室町殿」の権力体を軌道修正した。一言でいうならば、法皇に準ずる立場から、**天皇を補佐する第一人者**へと縮小再生産したのである。

「将軍」を武家の長と定義すると、自らも公家を兼ね（朝廷からの官職を経験する）「公武」にわたって統率する足利将軍家の家長は、「室町殿」と定義される。応永元年（一三九四）、義持は父の義満から室町幕府四代目の将軍職を譲られるが、「室町殿」までは譲られなかった（かといっても、幕府の

「将軍」としての権限も、大部分は義満の手中のままであったが）。

形としては、**義満**＝「**室町殿**」、**義持**＝「**将軍**」とに分離されたのである。その後、義満は先にふれたように「治天の君」に匹敵する**権力体**である「**北山殿**」となる。父は義持の弟の義嗣を寵愛し、義嗣を皇族のように扱い、公家に関することは〝義嗣親王〟が引き継ぐことも考えていたのかもしれない。

だが、義満の構想は彼の死をもって頓挫《とんざ》する。父の死により、義持は「北山殿」の相続権を得た。しかし、正室を皇太后待遇、息子を親王待遇、さらには「院宣」の実質的発給者などの、これまで義満が掌握していた、行き過ぎともいえる**超越的な権限**を、自ら放棄した。

公家社会内での所領の安堵《あんど》など、上皇もしくは天皇がもつべき権限は、ふたたび公家側のものとなった。足利将軍家の家長は、天皇や上皇に匹敵する立場から、**ふたたび臣下へと戻った**のである。さらに義持は、北山第の〝宮殿〟を去り、三条坊門《さんじょうぼうもん》（京都市中京《なかぎょう》区）の邸宅へと移った。

天皇の臣下だが、摂関家以上の地位

その移動によって、義持は「北山殿」から「三条殿」や「三条坊門殿」になったのかというと、義持の呼び名は依然として「室町殿」であった。

義持は、かつて花御所＝室町第に住み、武家のみならず公家をも指揮した義満の「室町殿」を引き継いだのである。だが、父の義満が築き上げた花御所＝室町第へは頑《かたく》なに移住しなかった。

義持期（十五世紀初め）は、幕政に関しては**将軍と大名《たいめい》の連合体**による運営であった。義持の家督相続後をよく補佐したのは、二代義詮の代から幕府を支えている宿老の斯波義将《しばよしゆき》（一三五〇～一四一〇）である。義将は、義満への「太上天皇贈号」を拒否し、義持の「将軍」としての政治を志向した。しかし、義持は〝武家の棟梁〟のみに徹したのではなく、公家への関与は弱めなかった。将軍就任中に行われた称光《しょうこう》天皇（一四〇一～二八）の大嘗会《だいじょうえ》では、関白の一条経嗣《いちじょうつねつぐ》（一三五八～一四一八）とともに天皇を補佐した。その役割はまさに摂関家相等であり、「准摂関」とも評価される（石原：二〇一五）。

義持の「室町殿」の定義は、その行動事例から、**天皇の臣下ではあるものの摂関家以上**とされる。**この義持の「室町殿」の定義が次代へと継続される**こととなる。

後継者を指名しなかった義持

一方、父義満の「北山殿」の遺産ともいえるのが、先にもふれた弟の〝義嗣親王〟である。義満死後の当初こそ、兄弟仲は取り繕われていたが、やはり共存は難しかった。両者の関係はしだいに険悪化し、義嗣は二十五歳にして謀反の疑いにより、その奇特な人生の幕を閉じることとなった。

義嗣の死後、義持は息子の義量《よしかず》（一四〇七～二五）へと五代将軍職を譲る。しかし、自身の将軍就任時と同様に、ほぼすべての権限は義持が掌握したままで、**ふたたび形だけの「将軍」と、全権を握る「室町殿」**に分離される。

義量は、健康を害してわずか十九歳で跡継ぎを残さないまま病死する。死後、次の将軍は空位のままだったが、「室町殿」義持が健在のため、幕府の運営には影響がなかった。この現象こそが、「将軍」と「室町殿」が似て非なるものという何よりの証拠であった。

しかし、義持は後継者を指名しないままに、応永三十五年（一四二八）に死去する。義量の死後、空位だった次代の将軍職は、思わぬ方法で決定することになる。

六代将軍 足利義教
殺害された〝万人恐怖〟の「室町殿」

生没年：応永元年（一三九四）～嘉吉《かきつ》元年（一四四一）
家督期間：正長元年（一四二八）～嘉吉元年（一四四一）
将軍在位：永享《えいきょう》元年（一四二九）～嘉吉元年（一四四一）

現実路線は兄、理想は父を継承

義教が継承した「室町殿」の権力体は、二通りの選択肢があった。

それは、父義満の**法皇に準ずる権力体**と、兄義持の**天皇輔弼《ほひつ》の第一人者**という二タイプの権力体である。義教は、現実路線である後者の義持型の「室町殿」を継承した。しかし、一方で義教は、〝理想の姿〟を父の義満に求めた。

義満は、有力な寺院へ自らの子弟を送り込んでいた。そのひとりが、青蓮院へ入寺していた義円こと義教である。義円の将軍への道は思いがけないことであり、石清水八幡宮での籤引《くじび》きという、まさに神慮により足利将軍家の家督を継いだのである。

正式な征夷大将軍《せいいたいしょうぐん》任官は、髪が生えそろわなければできないため、五代将軍の義量の死去から続く将軍空位は、いまだ続いていた。しかし、次期の六代将軍へと内定した義教は「室町殿」とよばれた。それは、将軍就任はまだでも、足利将軍家の家督をすでに継いでいたからである。

ようやく髪が生えそろい、俗人となった義教は元服の儀式を行う。それが、本稿冒頭の「室町殿様」の事例であげた、満済の日記の記述である。当初の名前は義宣《よしのぶ》であったが、のちに義教へと改名した。

鎌倉公方との対立、「奉公衆」の創設

「室町殿」義教は、公家・武家・寺社すべてに対して強権的であった。

父の義満同様に、富士山遊覧との名目で東国へにらみをきかせた。当時東国は、六代将軍の座をねらっていた四代鎌倉公方（関東十カ国を統治するために設置した鎌倉府の長）の足利持氏《もちうじ》（一三九八〜一四三九）が管轄していた。もともと将軍と鎌倉公方は折り合いが悪かったが、持氏の反抗的な態度は、

「永享《えいきょう》の乱」（一四三八年。持氏と補佐役の関東管領上杉憲実《うえすぎのりざね》〔一四一〇?〜六六?〕との対立が発端）という形で東西の激突を招いた。将軍義教は、持氏の討伐を命じ、これにより、鎌倉公方は一時的に中絶することになる。

義教は自らの軍事力強化にも努め、将軍の直轄軍ともいえる「奉公衆《ほうこうしゅう》」を編制した。「奉公衆」のメンバーは、足利家の譜代の被官《ひかん》や有力国人《こくじん》のほか、守護の庶流も含まれていた。義教に気に入られた守護の庶子の存在は、その後、義教が守護の家督相続に口出しするようになる要因ともなった。

臣下として執事的立場を貫く

義教の公家としての側面は、三十歳での元服という、ハンディを凌駕するほどのスピード出世を遂げたことである。家督を継いで四年目で左大臣、五年目で右近衛大将と、あっという間に父義満の先例に追いついた。

義満の「廷臣総動員」体制も引き継ぎ、朝廷儀礼の威儀を正すことには厳格であった。

そのため、数多くの公家たちが処分を受けることとなった。その厳格さは、南朝の子孫に対しても同様であり、経済的援助を打ち切ったり、出家を強いたりなど、南朝の皇位復活へのわずかな望みすら摘んでしまった。

一方、義教は、後小松上皇の猶子《ゆうし》（実親子ではない二者が、親子関係を結んだときの子）という形で持明院統《じみょういんとう》（北朝）を継承した後花園《ごはなぞの》天皇（一四一九～七一）へは、大いに目をかけた。後花園は、傍流《ぼうりゅう》の系統である伏見宮《ふしみのみや》家出身であった（64頁の天皇家系図参照）。義教自身ももともとは同じ傍流であったことから、後花園の父である伏見宮貞成《さだふさ》親王（一三七二～一四五六）との仲が良好だったことにも由来する。

しかし、「治天の君」であった後小松との個人的な仲は険悪そのものであり、後小松の死後、彼の住まいだった仙洞《せんとう》御所をばらばらに解体し、貴族や寺院へと分け与えた出来事はそのことを象徴していよう。

だが、公務のパートナーとしては別物であり、プライベートは壮絶な不仲でも、高座ではきっちり仕事をこなす漫才師のように、後小松院政を精力的に支えた。義教は、義満のように「**治天の君**」に**准じることはなく**、あくまで**臣下としての立場**を貫き、**執事的立場**として後小松院政、後花園親政を**補佐**した。

その強権さが仇となる

義教の「公武関係」への厳格な姿勢は、寺社勢力に対しても同様であった。父義満が、比叡山延暦寺の脅威を和らげるために創設した「山門使節」とは対立関係にあった（第十一章の相馬論文を参照）。義教は、容赦なく「山門使節」の有力者の首を刎《は》ね、織田信長《おだのぶなが》の比叡山焼き討ちに先んじること百十八年、比叡山は炎上した。

「室町殿」として強権的に「公武関係」を抑え、さらには寺社をも指揮したが、その強権さが仇《あだ》となった。播磨国の赤松家の家督に介入した義教は、嘉吉元年（一四四一）、逆に同家の家長である赤松満祐《みつすけ》（一三八一〜一四四一）に暗殺されることとなった（「嘉吉の変」）。「万人恐怖」と恐れられた「室町殿」義教の政治は、あっけなく幕を閉じたのである（第十四章の松井論文を参照）。

八代将軍　足利義政
「室町殿」にピリオドを打つ「東山殿」

生没年：永享八年（一四三六）〜延徳《えんとく》二年（一四九〇）
家督期間：嘉吉三年（一四四三）〜延徳二年（一四九〇）
将軍在位：宝徳《ほうとく》元年（一四四九）〜文明《ぶんめい》五年（一四七三）

期待された強き「室町殿」の復活

義政は、「東山殿《ひがしやまどの》」として祖父である義満が築き上げた「北山殿」の幻影を追った。だが、「北山殿」を再興するどころか、「公武」に君臨する「室町殿」という権力体そのものに、ピリオドを打つ皮肉な歴史を歩むことになる。

義教の暗殺により急遽家督を継いだのは、義教の子である義勝《よしかつ》（一四三四〜四三）であった。わずか八歳での継承である。将軍就任どころか元服すらしていない童姿ながら、義勝は「室町殿」とよばれた。翌年、ようやく将軍宣下がなされ七代将軍となるが、その翌年、幼き「室町殿」は早くもこの世を去った。

義勝の夭折《ようせつ》を受け、次に家督を継いだのは弟の三春であった。三春は兄と同じ八歳の幼さで「室町殿」を継いだ。三春の元服までふたたび将軍は空位となるが、「室町殿」だけはとぎれることはなかった。そして、この三春こそが、のちの八代将軍の義政である（初名は義成《よししげ》）。

だが、「室町殿」は存在するものの、義満・義持・義教と三代にわたって「公武」を指揮した、強きリーダーとしての「室町殿」はとぎれてしまった。義政には、ふたたび強き「室町殿」となることが期待された。

大乱で、室町第へ疎開する上皇、天皇

義政は、家督継承から六年後、文安六年（一四四九）にようやく将軍へと就任して政務に励むことになる。しかし、強き決断力をもつリーダーにはほど遠く、貴族路線にひた走った。義政は公家としては順調に昇進し、将軍就任から六年後には右近衛大将、十一年後には左大臣と、祖父義満・父義教と並ぶ昇進を遂げた。

義政の取り巻きには「昵近衆《じっきんしゅう》」（将軍に付き従った公家およびその家をさす）とよばれる公卿が存在し、義政は、彼らとともに朝廷儀礼には熱心に参加する。天皇に対しても、寛正《かんしょう》五年（一四六四）七月

に行われた後土御門《ごつちみかど》天皇（一四四二～一五〇〇）への譲位儀においては、義満同様に新帝と同車した。また、後土御門の大嘗会では、義持や義教のような准摂関的な立場による非公式なかかわりではなく、左大臣として公式に参加した。大嘗会での儀礼の作法を行う公式の参仕者として参加したのは、義満以来であった。

〝武家の長〟としては、幼き頃は畠山持国（義政の父である義教に加冠〔元服〕を施した人物）が実質的に幕政を差配し、持国の死後は、正室の日野富子《ひのとみこ》（一四四〇～九六）と、その兄日野勝光《かつみつ》（一四二九～七六）、また「政所執事《まんどころしつじ》」の伊勢貞親《いせさだちか》（一四一七～七三）らに主導権を握られた。貞親は、文正《ぶんしょう》元年（一四六六）に諸大名の反発により失脚する（「文正の政変」）。ますます混沌《こんとん》とする大名同士の争いや、守護家の家督争いを、義政はその性格の弱さから抑え込むことができず、ついに大戦乱を引き起こすことになった。「応仁・文明の乱」（一四六七～七七年）である。

この大乱により、後花園上皇と後土御門天皇は室町第へ疎開することになる。その際、後花園と義政の間には、行き過ぎた昵懇《じっこん》（親密）関係が生まれた。「公武」の儀礼を介した緊張感は瓦解《がかい》し、馴《な》れ合いによって儀礼社会を解体させ、朝廷儀礼の政治的意義を喪失させていった（石原：二〇一五）。

おわりに——十代以降は、たんなる足利将軍家の家長

酒宴に溺れる怠惰な生活を送る義政であったが、文明五年（一四七三）に九代目の将軍位を息子の義尚《よしひさ》（一四六五〜八九）へと譲る。

例のごとく、義尚の将軍職は実質のともなわないものであり、伯父の日野勝光・母の富子兄妹の幕政介入も招いた。文明十四年に、ようやく義政は義尚への政務委譲宣言を行い、翌年には京都東山の山荘（慈照寺《じしょうじ》銀閣〔京都市左京区〕）へと移住した。

これによって、「室町殿＝義政」「将軍＝義尚」の二元構造になるかと思いきや、ことはそう簡単ではなかった。政治の意思決定権の大部分は、依然として、義政のもとにあったのである（野田：二〇一六、初出一九九五）。その後、「室町殿」としての権限も段階的に義尚へと委譲され、義政には、五《ご》山十刹《ざんじっさつ》の住持の任命権や対外関係の代表者などの権限が残った（鳥居：二〇〇六、初出一九八七）。この義政の権力体は、史料用語と邸宅の場所から「**東山殿**」と表される。

つまり、「**東山殿＝義政**」「**室町殿・将軍＝義尚**」の**二元構造へと移行**したのである。義尚の「室町殿」は、義満期から義政期までの「室町殿」より縮小再生産されたものといえよう。その後、親子ともどもまもなく死去する。

十代目となる義稙《よしたね》（一四六六〜一五二三）以降も、「室町殿」の名称は史料上にはみることができる。

しかし、「公武」に君臨した超越的な権力体とはいいがたく、たんに足利将軍家の家長を意味する程度と思ってよかろう。

そのため、**「室町殿」の時代とは、三代目の義満から八代目の義政までの時代射程**（十四世紀中頃〜十五世紀末）といえる。

【主要参考文献】

石原比伊呂『室町時代の将軍家と天皇』（勉誠出版、二〇一五）
伊藤喜良『足利義持』（吉川弘文館、二〇〇八）
今谷明『室町の王権―足利義満の王権簒奪計画』（中公新書、一九九〇）
臼井信義『足利義満』（吉川弘文館、一九六〇）
大田壮一郎「室町殿論・新たなる権力者像の〈発見〉」（秋山哲雄・田中大喜・野口華世編『増補改訂新版　日本中世史入門―論文を書こう』勉誠出版、二〇二一）
小川剛生『足利義満―公武に君臨した室町将軍』（中公新書、二〇一二）
富田正弘「室町殿と天皇」（久留島典子・榎原雅治編『展望日本歴史11　室町の社会』所収、東京堂出版、二〇〇六、初出一九八九）
鳥居和之「応仁・文明の乱後の室町幕府」（久留島典子・榎原雅治編『展望日本歴史11　室町の社会』所収、東

京堂出版、二〇〇六、初出一九八七)
野田泰三「東山殿足利義政の政治的位置付けをめぐって(改稿版)」(桃崎有一郎・山田邦和『室町政権の首府構想と京都』所収、文理閣、二〇一六、初出一九九五)
久水俊和「天皇家の葬送儀礼と室町殿」(同著『室町期の朝廷公事と公武関係』岩田書院、二〇一一、初出二〇〇三)
桃崎有一郎『室町の覇者 足利義満—朝廷と幕府はいかに統一されたか』(ちくま新書、二〇二〇)
百瀬今朝雄「将軍と廷臣」(『週刊朝日百科13 日本の歴史』中世I—3に所収、朝日新聞社、二〇〇二、初出一九八六)
森茂暁『室町幕府崩壊—将軍義教の野望と挫折』(角川選書、二〇一一)

【さらに詳しく学びたい読者のために】

各室町殿について、さらに詳しく学びたい読者のために、左記の二冊をお薦めする。

①日本史史料研究会監修・平野明夫編『室町幕府全将軍・管領列伝』(星海社新書、二〇一八)
②榎原雅治・清水克行編『室町幕府将軍列伝』(戎光祥出版、二〇一七)

ともに、歴代室町幕府将軍の事績と個性を描き出したもので、最新の研究事情にもふれられている。

第Ⅰ部

室町幕府の運営体制

〈第一章〉

【室町殿と訴訟】

室町殿は、訴訟・紛争にどのように対処したのか？

山田　徹

はじめに――問われる訴訟への対応

義満《よしみつ》期（三代将軍）から義政《よしまさ》期（八代将軍）にかけての室町幕府について、多方面から照らし出そうとする本書のなかで、「訴訟」の問題がその冒頭にくるというのは、意外に思われる読者もおられるかもしれない。

しかし、さまざまな領主が各地で所領支配を行う中世社会において、所領関係の紛争が生じるのは必然であり、社会の側にはそういった紛争に対処してほしいというニーズが存在していた。そのため、そうした案件に関する訴訟（訴え）に、当時の公権力・政権がどのように対処していたのかは、公権力・政権そのものを考えるうえでも、きわめて重要な論点といわねばならないのである。

おそらく一般的に中世の法・訴訟制度といえば、鎌倉幕府が貞永《じょうえい》元年（一二三二）に制定した**御成敗式目**《ごせいばいしきもく》や、段階的に整備していった**評定**《ひょうじょう》・**引付**《ひきつけ》（後述）などが比較的知られていることだろう。ところが、本書で対象となる義満期（一三六七〜一四〇八年）以降の室町幕府において、評定・引付はすでに廃絶しており、訴訟対応のあり方も趣を異にしていた。本稿ではまず、そのあたりから示していくこととしたい。

一　鎌倉時代的な訴訟体制を放棄した義満

評定・引付による訴訟対応の断絶

まず、足利《あしかが》義満（一三五八〜一四〇八）の時期に、どのような基本的な訴訟制度のあり方が形成されたのかという点を、鎌倉幕府と比較しつつ押さえておこう。

鎌倉幕府の中後期（十三世紀中頃〜十四世紀初め）の訴訟制度は、評定と引付が基軸となっていた。**評定が最高決定機関**、**引付が審議機関**だと理解していただければよい。まず引付で調査・審議が行われ、その内容が「引付勘録《ひきつけかんろく》」とよばれる書類にまとめられて上呈され、評定で裁許が行われる。

評定は、ほかにもさまざまな案件を取り扱うが、鎌倉後期には月の二日・七日・十二日・二十三日・二十七日が訴訟案件に対応するための評定日とされていた。このほか、引付も日を決められて運営されていたようで、訴訟に対応しつつ審議・決定を行う場が、一般政務とはある程度区別されるかたちで設けられ、運用されていたところに大きな特徴がある。

このような運営が必要だったのは、とにかく全国から寄せられる多くの訴訟に対応せねばならなかったからだが、とくに鎌倉幕府が当事者双方の言い分を確認すること、あらかじめ定めた法に基づいて訴訟制度を運営することなどを重視していたという点も大きかった。そのようなあり方は、初期の室町幕府にもある程度継承されていた。

ところが、初代将軍の尊氏《たかうじ》（一三〇五〜五八）と弟の直義《ただよし》（一三〇七〜五二）が争ったいわゆる観応《かんのう》の擾乱《じょうらん》（一三五〇〜五二年）以後、戦乱の影響もあり、当事者双方の主張を提出させる手続きを取らないケースが増加する。

そののちも、評定・引付を中心とした訴訟対応はしばらくの間存続したが、三代目の足利義満の時代、おおよそ一三八〇年代から一三九〇年代前半にかけてこれらも断絶し、結果として鎌倉時代的な体制は放棄されたのである。

〝会議と手続き〟から〝トップの専権〟へ

では、その後どのように訴訟対応は変化したのだろうか。

端的にいえば、幕府の実務官僚である奉行人《ぶぎょうにん》が義満に適宜個別的に「伺《うかがい》」を立てる（「披露《ひろう》」する、とも表現される）かたちで、進められるようになっていた。つまり、**会議と手続き**が中心のあり方から、**トップの専権**でものごとを決定するあり方へと変化したのである（以下、山田：二〇〇八）。

日程が決められた会議体を中心とする運営に対して、この室町幕府的なあり方では、月に五日ある「例日《れいじつ》」（**表1**・赤舌日《しゃくぜつにち》）などの忌《い》み日が避けられるほかは、日時の制約がなかった。そのため、こちらのあり方のほうが、訴訟に対して柔軟・迅速に対応でき、効率的に進められるようにみえるかもしれない。

表1　例日《れいじつ》（赤舌日《しゃくぜつにち》）

正・7月	3・9・15・21・27日
2・ 8月	2・8・14・20・26日
3・ 9月	1・7・13・19・25日
4・10月	6・12・18・24・30日
5・11月	5・11・17・23・29日
6・12月	4・10・16・22・28日

＊作成・山田徹

ところが、必ずしもそういうわけではない。そもそも義満にとって訴訟対応とは、最重要事項ではなく、日常的な政治生活の合間に（多くの場合は受動的に）適宜対応するものにすぎない。そのため、義満の日常の都合に制約されることになり、「御成《おなり》」（各所への訪問）をはじめとする義満の日常的な用事によって、「伺」を立てられないということも珍しくはなかったのである。

こうした構造の下では、義満のところへ日常的に出入りし、彼の動向や意向をよく知る有力者や側近たちが「内奏《ないそう》」（内々の奏上《そうじょう》）によって有利な判断を引き出しやすく、そのような人びとへの所縁《しょえん》（伝手《つて》、コネ）が重要になってくるのはいうまでもない。

また、義満の「御成」を受けうるような勢力（有力者・側近のほか、京都周辺の寺社なども含む）であれば、その際に訴訟を直接提出することも可能で、相対的に有利といえるだろう。

もちろん、証拠文書の内容がまったく確認されないわけではないし、義満が必要を感じれば、訴えられたもう一方の訴訟当事者（論人《ろんにん》、被告）の主張が確認されることもある。

また、「評定衆」の「意見」を確認するように、と義満が命じた例も注目される（「植松方評定引付《うえまつがたひょうじょうひきつけ》」応永《おうえい》六年〈一三九九〉七月二十六日条。松園：二〇一一）。ここにみえる「評定衆」とは、評定が形骸化《けいがい》したのち、その格式だけが残されたものと考えられるが、このような専門家集団の審議が求められたということ自体は軽々に見逃すことはできず、後述する義教《よしのり》期（一四二八〜四一年）以降の制度を見通すうえでも重要である。ただ、このような措置が取られるのも、あくまで義満が必要を感じた場合であり、全体的にみれば少数の特殊なケースと思われる。先にみた鎌倉中後期のような体制とはそもそも前提が異なっている点に、注意が必要である。

ナンバー2である管領の役割

義満以降の足利将軍家の当主（以下、室町殿）たちも、このような「伺」「披露」を中心とするあり方を継承した。こうしたなかで、重要な役割を果たしていたのが、室町幕府ナンバー2の**管領**《かんれい》と、実務官僚の**奉行人**である。

管領とは斯波《しば》・細川《ほそかわ》・畠山《はたけやま》三氏から選任される職だが、この体制の下で、

①訴訟を受け付けて、担当の奉行人を決定する（この役割を「賦《くばり》」という。鳥居：一九八八、山家：一九九二など）。

②奉行人が訴訟案件の対応を進めていくなかで、適宜指示を出す（設楽：一九九三）。

③判断が下された案件に対して**管領奉書**《ほうしょ》（管領が室町殿の命を奉じる形式で発給される文書）で執行を命じる。

などの役割を果たしていた。

この管領の下で、日常的に会議が開催されていたと見なす論者もかつてはいたが、実際にはほとんどの場合、奉行人が管領に対して適宜個々に伺いを立てているのがわかるだけである。とはいえ、どちらにしても管領が要《かなめ》となる役職だったのは間違いないところである。

実務官僚である奉行人の存在感

また、こうした新たなあり方のなかで存在感を増しはじめたのが、実務を担当する吏僚、奉行人である。

初期の室町幕府には、鎌倉幕府・六波羅探題《ろくはらたんだい》（鎌倉幕府が京都洛東《らくとう》の六波羅に設置した出先機関）な

どから転身した多くの奉行人がいたが、そののち観応の擾乱を経て京都から離れた者も多く、この段階で大きく人数が減少した。さらにそののち、先述のような室町時代的な体制に移行していく過程でも出入りがあり、結果的には飯尾《いのお》・松田・斎藤三氏など、特定の氏族を中心とした構成となっていった。

室町期の体制の下では、「伺」「披露」を行い、幕府文書を作成するこの奉行人の動きが、個々の訴訟案件の鍵を握ることとなる。奉行人が、当事者の主張を十分に理解し、要点を押さえて伝えてくれるような人物でなければならないのはいうまでもないが、それだけではない。

室町殿（義満）の怒りを買って出仕《しゅっし》を止められた人物が、「披露」を行えなくなること（たとえば応永十四年〔一四〇七〕の飯尾兼行《かねゆき》〔?～一四一四〕の事例〔「最勝光院方評定引付《さいしょうこういん》」同年七月二十六日条〕）などからもわかるように、そもそも室町殿の信頼を維持できている人物というのが重要な条件となるのである。そのため、寺社側から条件を満たす奉行人を指名し、「別《べっ》奉行」とよばれる常置の担当奉行を設定してもらうケースも確認されている（青山：一九七九）。

たとえば、荘園領主のなかでもっとも残存史料の豊富な東寺《とうじ》（京都市南区）については、南北朝時代から担当奉行を断片的に確認できるが、とりわけ義満期の飯尾為清《ためきよ》（?～一四〇〇）以後に、連続的に検出できるようになる。

元来、訴訟当事者が、実務にあたる奉行人に対して贈与を行うことは一般的にみられたが、このように担当奉行が固定化すると、年始や祝い事の際など、贈与は日常化していく。つまり、訴訟当事者と担当奉行の間で、癒着が進むことになるのである。似たような制度自体は鎌倉時代にも確認できるのだが、このような関係がよりいっそう広範に展開していく点に、室町時代の特徴がよく表れているといえるだろう。

二　「訴訟興行」を行った義持・義教

一時的に積極的姿勢を示すことも

義満以降の歴代の室町殿たちは、このような基本的なあり方をベースとしつつも、一時的に訴訟対応に積極的な姿勢をみせている。

義満没後の応永十五年（一四〇八）から同三十五年までの間、足利将軍家当主（室町殿）の座にあった義持《よしもち》については、少なくとも当初の数年間と晩年の応永二十九年前後に、そのような「訴訟興行」を行ったことが知られている。

前者の時期では、とくに応永二十年の山城《やましろ》国上久世《かみくぜ》荘（京都市南区）の相論《そうろん》（訴訟争い）の事例が重要で、奉行人による「異見」（意見）が行われていたことがわかる。そのほか、奉行人の布施基連《ふせもとつら》が、「今度当番之時《このたびとうばんのとき》」に義持へ「披露」せよと管領細川満元《みつもと》（一三七八～一四二六）より命じられており、後述する「番伺《ばんうかがい》」のようなものが存在していたことをみてとれる（「鎮守《ちんじゅ》八幡宮方評定引付」同年十二月六日・十三日条）。

また、後者の時期については、以前から幕府法の整理が行われたことが知られてきた。最近ではそれに加えて、訴訟改革が行われたことが強調され、引き続く義教期への連続性が強調されているようである（松園：二〇〇八、吉田：二〇一七）。

被告保護の「論人奉行」制はあったのか？

この訴訟改革については、いくつかの論点が提示されており興味深いが、そのなかでとくに強調されているのが、松園潤一朗氏の「「論人奉行」制」論である。

東寺による訴訟の具体例を順次検討していった松園氏は、訴えを出した側（訴人、原告）の担当奉行が訴訟を担当しつづけるというのが本来の原則だったのに対し、応永三十二年（一四二五）の相論からは、訴えられた側（論人、被告）に、別の担当奉行がつけられるようになる点を指摘している。同氏はこれを、論人保護という方針で改革が進められた結果だと評価している。

たしかに、前述のような当事者と担当奉行人の癒着が前提となり、もはや奉行人に中立を求めえない実態が認識されている状況下で、少しでも公平な訴訟対応をしようとした場合、そのような制度が選択されるというのも理解できなくはない。実際に、義教期にはそのような事例も確認されている。

ただし、松園氏の提示した事例の評価にはやや疑問の残る部分があるため、この問題を義持末期の改革の結果と見なすには、まだ慎重さが必要であるように思われる。ここでは、説の紹介のみに留《とど》めておきたい。

義教による注目すべき四つの施策

その次の足利義教（一三九四～一四四一）は、後継直後の正長《しょうちょう》元年（一四二八）五月に評定衆・引付頭人《とうにん》を置こうとする（『満済准后《まんさいじゅごう》日記』同年五月二十六日条）など、訴訟興行に強い意気込みをみせた。そして、正長二年から永享《えいきょう》四年（一四三二）に、以下のような施策が行われたことが知られている（設楽：一九九三、鈴木：二〇〇六など）。

（1）正長二年八月頃の幕府法により、**奉行人たちを出仕の日を異にする「番《ばん》」とよばれるグループに編成し、その番ごとに「伺事《うかがいごと》」とよばれる訴訟案件の「披露」を行わせていた**ことがわかる（これを「番伺」という）。

奉行人ひとりあたりの案件は三件まで、時刻は巳刻《みのこく》（午前十時頃）、などということも定められた（「室町幕府追加法」一九〇～一九二条）。ただし、「披露之当番《ひろうのとうばん》」という表現は、同年三月にすでにみえる（「普広院殿御元服記《ふこういんどのごげんぷくき》」）ため、この「番伺」の制度自体は、八月に初めて定められたものではなく、少なくともその頃までさかのぼると考えておくべきであろう。ともかくも義教は結局、**評定や引付を**

表2　義教初期の奉行人

奉行人名	A	B
飯尾貞連（大和守家）	○	○
飯尾貞元（美濃守家）	○	○
飯尾為行（加賀守家）	○	○
飯尾為種（肥前守家）	○	○
飯尾為秀（同）	—	○
松田満秀（丹後守家）	—	○
松田秀藤（同）	—	○
松田貞清（対馬守家）	—	○
松田貞親（豊前守家）	—	○
斎藤基貞（加賀守家）	○	○
斎藤熈基（上野介家）	—	○
斎藤基世（遠江守家）	○	○
斎藤基宗　（不明）	○	—
治部宗秀	○	—
清　秀定（和泉守家）	○	—

＊作成・山田徹

復活する方向ではなく、「伺」の部分をシステム化するかたちで訴訟処理を進めることになったわけである。

（2）奉行人たちが「披露」を行い、義教がなんらかの判断を下した案件について、**双方の言い分や判断の根拠を記した「御前《ごぜん》落居記録《らっきょきろく》」**が残されており、**そのような情報を組織的に記録化しようとしていた**ことがわかる。

なお、義教の指示の結果下された奉行人の奉書（後述）についても、それを一覧した「御前落居奉書」という記録が残されているが、それらはどちらも永享二年九月から同四年十二月までのものであり、一連の試みと考えられる。

（3）「御前落居記録」には、評定衆や奉行人たちへ「意見」を求めたことが記されており、**案件によっては専門家集団に諮問し、評議を行わせていた**ことがわかる。評議の結果は意見状という文書で上呈されたが、たとえば永享二年十一月九日の奉行人の意見状では、**表2**のAに「○」を付けた九名が署判している。

（4）永享三年十月二十八日には、十二名の奉行人たち（表2のB）が、御成敗に理にかなわないことがあれば言上することなどを誓う起請文《きしょうもん》（神仏に誓いを立てる文書）を提出している。

このように、奉行人が集団で起請するのは、「御成敗式目」に倣うものである。**中世の訴訟においては、先にふれたような所縁が作用することも多いわけだが、それらに左右されない裁断を行うために、〝神への起請〟という形式が採用されたわけである。**

以上のように義教の時期には、注目すべき動向を多数確認できる。

基本的な構造は、義満期以来と変わらず？

ただ、（1）（2）が永享五年（一四三三）以降にどれほど実践されていたのかは不明で、義教期の後半には、訴訟が停滞している事例も指摘されている（太田：一九七五）。

（3）の評定衆や奉行人による「意見」の制度については、たしかに鎌倉時代の引付にも比すべき審議機関の成立と評価することも不可能ではない。ただ、「意見」が求められるのは、あくまで義教が必要と判断した場合に限られている点には注意しておくべきだろう。

（4）の起請文も、永享三年段階における義教の強い意志を示すものとは評価できるが、先にみたような担当奉行との個別的な癒着関係は、もはや当然の慣習として定着していた。

また、かつては、義教が管領を排除する改革を断行したという説が存在していたが、現在ではその説も否定されている（鳥居：一九八八、設楽：一九九三、吉田：二〇一〇）。

以上の諸点を総合するに、義教期の動向も、先にみた義満期以来の基本的な構造をベースにしつつ、「伺」の部分を一時的にシステム化し、多くの訴訟に対応しようとするものであった、と評価しておくのがさしあたって無難であるように思われる。

三　父・義教の初政をモデルにした義政

側近と奉行人を重用し、親裁体制をめざす

嘉吉《かきつ》元年（一四四一）に足利義教が殺害（「嘉吉の変」）されて以後、幕府では幼少の義勝《よしかつ》（七代将軍。一四三四〜四三）・義政（八代将軍。一四三六〜九〇）と幼主が続いた。

この時期は、畠山持国《もちくに》（一三九八〜一四五五）・細川勝元《かつもと》（一四三〇〜七三）が数年単位で管領に交互に就任して政務を代行しており、「管領政治期」といわれる（鳥居：一九八〇）が、当の畠山・細川両氏の間に深刻な対立があり、幕政の混乱は深まっていくこととなる。そうしたなかで役割を増していったのが、管領が交代しても実務を担いつづけていた奉行人たちであった。

奉行人台頭の傾向は、成人した足利義政がしだいに政務を握っていくにつれて、いっそう顕著となった。宝徳《ほうとく》元年（一四四九）に義政が十五歳で成人した直後は、管領による政務代行はまだ続いてお

り、享徳《きょうとく》二年（一四五三）には、管領細川勝元が義政の意を伺《うかが》わずに幕府文書を発給していることが問題視されていた（『康富記《やすとみき》』同年五月三十日条）。義政はそのような状況を克服するために、側近の伊《い》勢貞親《せさだちか》（一四一七〜七三）を登用しつつ管領の影響力を弱め、奉行人を基盤とする自らの親裁体制を確立することをめざしたのである（百瀬：一九七六）。

戦国期にも受け継がれる諸政策の数々

モデルとされたのは父義教の初政で、長禄《ちょうろく》二年（一四五八）五月十八日には、義教期と同様の起請文を十五名の奉行人たちに提出させている（『蜷川《になかわ》家文書』四十号）。評定衆の摂津之親《つゆきちか》（一四二六〜八〇）の日記「長禄四年記」によれば、評定衆や奉行人による「意見」を求め、評議を行わせていたことも確認できる（設楽：一九八七・一九九二b）。

また、奉行人の斎藤親基《ちかもと》（一四二六〜?）の寛正《かんしょう》六年（一四六五）から同七年の日記（『斎藤親基日記』）には、義教期のような「番伺」が確認できるほか、二月の沙汰始《さたはじめ》（将軍や管領、そして各機関で行われた政務開始のための儀式）の後に、御前で「披露」する資格をもった奉行人全員が順に案件を「披露」していく、「一列伺事《いちれつうかがいごと》」を行っていたことも確認できる。おそらく、応仁《おうにん》・文明《ぶんめい》の乱（一四六七〜七七年）までの間は、このような「伺」の体制が比較的維持されていたものと思われる。

このようにして義政親裁が強化されていく過程のなかで、奉行人二名が連署して命を奉じる**奉行人**

連署奉書も用途が拡大していき、本来は管領奉書が担っていた、守護関係者へ執行を命じるという重要な機能まで代わりに担うようになっていった。

このほか、義政に重用された伊勢貞親によって、貸借関係の案件を取り扱う**政所**《まんどころ》が訴訟機関としての機能を大幅に強化した点も注目されるが、この政所も奉行人たちによって実務を支えられていた。以上のような奉行人の「意見」制、奉行人連署奉書、政所における訴訟処理（「政所沙汰」）などの要素は、このの ち戦国期の室町幕府へも受け継がれていくこととなる。

おわりに——訴訟の「制度」はどれほど機能していたのか?

以上のように、評定・引付が断絶した義満期以降の室町幕府においては、奉行人による足利将軍家当主（室町殿）への「伺」「披露」を基軸とした体制が形成され、とくに室町殿が積極性をみせた時期には、「番伺」など、特徴的な制度を確認することができる。

このように断続的に生じた訴訟興行によって、戦国期の室町幕府にも継承されるような制度が段階的に形成されていくことになる。ただ、ここで注意しておきたいのが、とりわけ室町幕府の最盛期である義満〜義教期についていえば、このような制度がどの程度恒常的・一般的に機能していたかどうかということを、ある程度疑っておく必要があるという点である。

ある時点のある史料で確認できる制度的なあり方が、どの程度恒常的・一般的に機能していたと考えるのかは、論者間でも相当感覚が違うように思われる。「室町幕府の体制をどの程度システム的なものと考えてよいのか」という点は、室町幕府研究のあらゆる分野で問われている難しい問題だが、とくにこの訴訟制度の研究において、根幹にかかわってくる問題だといわねばならない。

加えて、多くの論者に用いられている「御前沙汰《ごぜんさた》」という用語にも注意が必要である。室町殿への「伺」「披露」を基軸としたあり方全体を緩やかに「御前沙汰」と呼称する論者もあれば、「番伺」などの特徴的な制度を（この時代のあり方の典型と見なしながら）「御前沙汰」とよぶ論者もあり、この両者では指し示すものがそもそも異なっている。

場合によっては、将軍側近による「評定衆」が編成されたまったくの別段階である戦国期の体制もそのようによばれることがあり（このほか、南北朝時代の足利義詮《よしあきら》〔二代将軍。一三三〇～六七〕の下で開かれた「御前沙汰」の存在も知られている）、要は、研究者の用語法にかなりの曖昧《あいまい》さがあるのである。

本稿で、「御前沙汰」という用語をあえて避けながら、段階ごとに叙述を行ってきたのは、この点を問題視しているためである。もし、後掲の他書や諸論文と比較して読まれることがあるのであれば、そのあたりをご注意いただければありがたく思う。

【主要参考文献】

青山由樹「室町幕府「別奉行」についての基礎的考察」(日本古文書学会編『日本古文書学論集　八　中世Ⅳ　室町時代の武家文書』吉川弘文館、一九八七、初出一九七九)
石井良助『新版　中世武家不動産訴訟法の研究』(高志書院、二〇一八、初出一九三八)
今谷明『室町幕府解体過程の研究』(岩波書店、一九八五)
太田順三「将軍義教と御前落居奉書の成立」(日本古文書学会編『日本古文書学論集　八　中世Ⅳ　室町時代の武家文書』吉川弘文館、一九八七、初出一九七五)
笠松宏至『日本中世法史論』(東京大学出版会、一九七九)
桑山浩然『室町幕府の政治と経済』(吉川弘文館、二〇〇六)
佐藤進一『日本中世史論集』(岩波書店、一九九〇)
設楽薫「室町幕府の評定衆と「御前沙汰」――「御前沙汰」の評議体制及び構成メンバーの変遷」(『古文書研究』二八、一九八七)
同「永享元年「伺事記録」逸文の紹介と研究―足利義教の「御前沙汰」に関する未紹介史料」(『史学雑誌』一〇一―八、一九九二a)
同「室町幕府評定衆摂津之親の日記『長禄四年記』の研究」(『東京大学史料編纂所研究紀要』三、一九九二b)
同「将軍足利義教の御前沙汰体制と管領」(『年報中世史研究』一八、一九九三)

鈴木江津子『室町幕府足利義教「御前沙汰」の研究』（神奈川大学二一世紀COEプログラム「人類文化研究のための非文字資料の体系化」研究推進会議、二〇〇六）
鳥居和之「嘉吉の乱後の管領政治」（『年報中世史研究』五、一九八〇）
同「室町幕府の訴状の受理方法―義教・義政期を中心に」（『日本史研究』三一一、一九八八）
松園潤一朗「室町幕府「論人奉行」制の形成」（『日本歴史』七二六、二〇〇八）
同「東寺領山城国植松荘の伝領と相論」（『地方史研究』六一―六、二〇一一）
百瀬今朝雄「応仁・文明の乱」（『岩波講座日本歴史　七　中世三』岩波書店、一九七六）
山田徹「室町幕府所務沙汰とその変質」（『法制史研究』五七、二〇〇八）
山家浩樹「室町幕府訴訟機関の親裁化」（『史学雑誌』九四―一二、一九八五）
同「室町幕府の賦と奉行人」（石井進編『中世の法と政治』吉川弘文館、一九九二）
吉田賢司『室町幕府軍制の構造と展開』（吉川弘文館、二〇一〇）
同『足利義持―累葉の武将を継ぎ、一朝の重臣たり』（ミネルヴァ書房、二〇一七）

【さらに詳しく学びたい読者のために】

①日本史史料研究会監修・松園潤一朗編『室町・戦国時代の法の世界』（吉川弘文館、二〇二一）
②日本古文書学会編『日本古文書学論集　八　中世Ⅳ　室町時代の武家文書』（吉川弘文館、一九八七）

③佐藤進一・池内義資編『中世法制史料集　第二巻　室町幕府法』（岩波書店、一九五七）
④桑山浩然校訂『室町幕府引付史料集成』（上・下巻、近藤出版社、一九八〇・八六）
⑤今谷明・高橋康夫編『室町幕府文書集成　奉行人奉書編』（上・下巻、思文閣出版、一九八六）

室町幕府制度史の分野は、論文集にまとめられていない重要論文が多い点が特徴だが、いきなり石井良助氏の辞書的大著を読むのはハードルが高かろう。手始めとしてもっとも便利なのが、最新状況を端的に示そうとする①である。

②は、とくに室町幕府奉行人に関連する個別の研究成果を採録していて便利である。八〇年代の刊行なので、採録された諸論考は基本的に古いが、基礎的なものばかりである。

歴史的な分析を行う際に、何よりも重要なのは史料だが、室町幕府の訴訟を考えるために重要なのがこの③④⑤である。それぞれ室町幕府の法、室町幕府の内部の記録、室町幕府が発給した「奉行人連署奉書」を集めたもので、基本的な情報を一覧できる。

〈第二章〉

【将軍と天皇の関係】

足利家と天皇家の一体化は、どのように進行したのか？

石原比伊呂

はじめに――「准摂関」の扱いを受けた足利将軍家

足利尊氏《あしかがたかうじ》（一三〇五〜五八）率いる室町幕府は、建武《けんむ》政権と決別（一三三六年）することで誕生した。その際、尊氏は後醍醐《ごだいご》天皇（一二八八〜一三三九）に背いた謀反軍とのレッテルを避けるべく、光《こう》厳《ごん》上皇（一三一三〜六四）に接近して、その弟の光明《こうみょう》天皇（一三二二〜八〇）を推戴《すいたい》した（一三三六年）。室町幕府は初発の段階において、「光厳皇統《こうとう》」（北朝）と不即不離の関係にあった（次頁の天皇家系図を参照）。

正平《しょうへい》六年（観応《かんのう》二年。一三五一）、尊氏は後醍醐後胤《こういん》を盟主とする南朝と和睦《わぼく》する（「正平の一統」）。とはいえ、それも長続きせずに一統が瓦解《がかい》すると、南朝は光厳上皇はじめ北朝の主立った人物を吉野

鎌倉〜南北朝期頃の天皇家系図

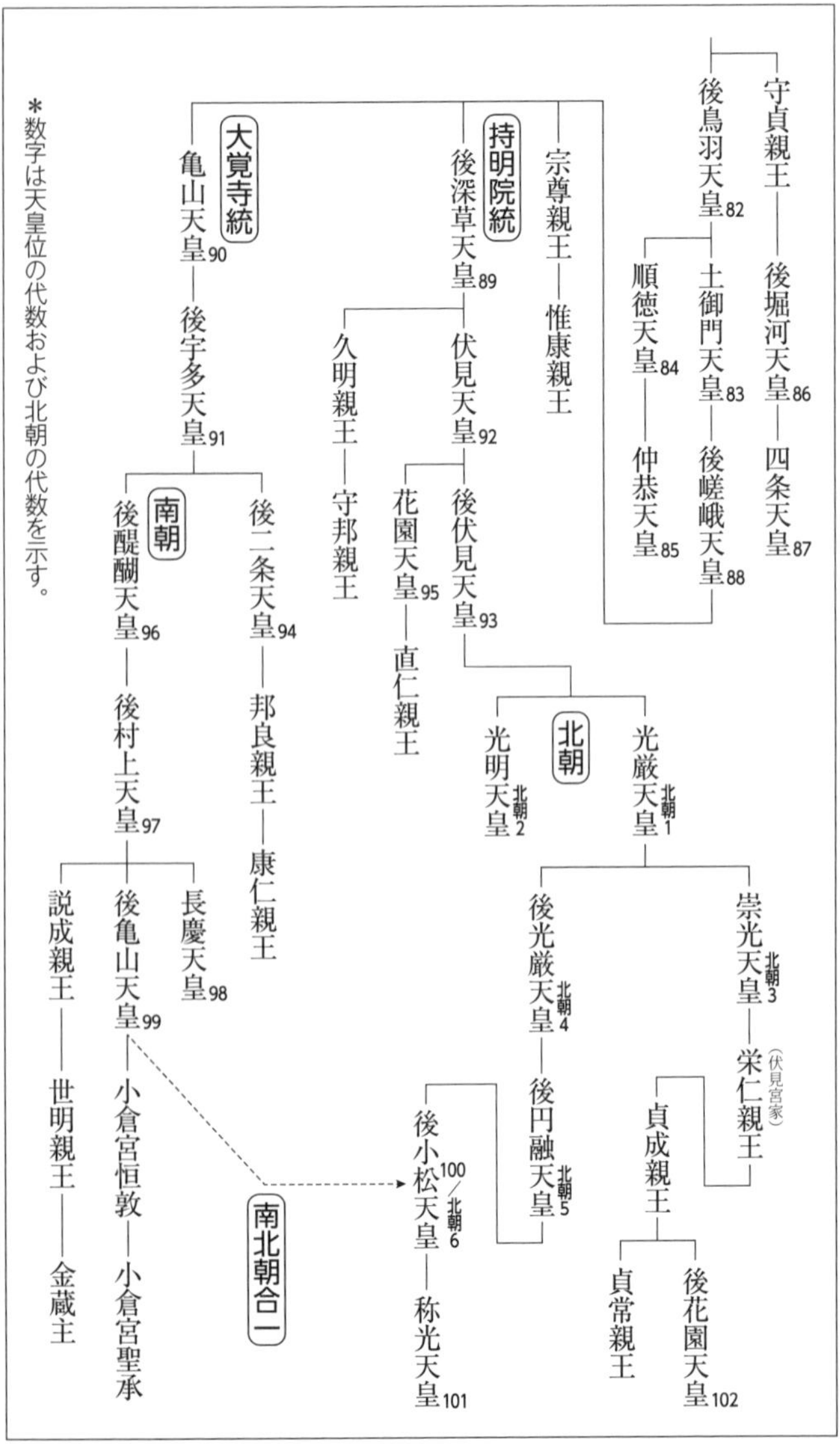

（奈良県吉野町。やがて賀名生《あのう》（同五條市））へと連行した。その結果、北朝から天皇がいなくなり、急遽《きゅうきょ》、幕府主導で光厳の子息である後光厳《ごこうごん》天皇（一三三八〜七四）が擁立される（一三五二年）。

しかし、後光厳は「三種の神器《じんぎ》」を欠くなど、形式に重大な不備のある即位であり、その正統性には疑念がもたれた。不安定とならざるをえなかった新天皇の基盤を補うべく、幕府は後光厳による政務運営を直接的に支えるようになった。「正平の一統」を契機に、幕府と北朝の運命共同体化がいっそう促進されたともいえる。幕府と朝廷の不即不離化は不可逆的に進行したのであり、そのなかで足利将軍家と天皇家との一体化も進むことになる。

では、足利将軍家は公家社会において、どのように位置づけられたのか。結論を述べると、摂関家に相当すると認識された。厳密には「家長が現任の摂関のようにふるまう家」（「准摂関」）たることが許容されるようになる。

一　強烈な自己認識をもつ四代将軍・義持

足利将軍の逆鱗に触れた権大納言・久我通宣

義持《よしもち》期（一四〇八〜二八年）の応永《おうえい》二十二年（一四一五）の十一月、後光厳の曾孫《そうそん》になる称光《しょうこう》天皇（一四〇一〜二八）即位にともなう大嘗会《だいじょうえ》が催された。

その際に、権大納言《ごんだいなごん》の久我通宣《こがみちのぶ》（一三七三〜一四三三）が、義持の逆鱗《げきりん》に触れて譴責《けんせき》されるという出来事があった。この日、通宣は権大納言ながら大嘗会のうちの巳日節会《みのひのせちえ》の内弁《ないべん》（廷臣代表役）を務めていた。

内弁には、天皇に挿頭花《かざし》（髪や冠に挿す花や草葉）を献じるという役割があるのだが、内弁が大臣ではなく大納言クラスのときは、自ら献じることもあれば、摂関を介することもあった。このときの通宣はというと、関白の一条経嗣《いちじょうつねつぐ》（一三五八〜一四一八）が臨席しないということもあって自ら献じることにした。それが義持の怒りを買った。

義持自身は、摂関の代理（＝「准摂関」）としてふるまうつもりでいたので、自分が軽視されたと感じたようだ。通宣に故実（先例）上の過失はない。にもかかわらず義持は激怒した。自らを「准摂関」と位置づけようとする義持の自己認識は、強烈であった。

私見では義持に限らず、その後の室町将軍たちも、少なくとも義政《よしまさ》期（一四四三〜九〇年）までは「准摂関」としてふるまったと判断しているが、この点については将軍家出身の「貴種《きしゅ》僧」の立場を分析した髙鳥廉氏の批判がある（髙鳥：二〇一九）。

天皇との距離の近さを求めた足利将軍家

すなわち、将軍家出身の貴種僧は、天皇家の出身僧と同等で、摂関家の出身僧とは扱いが隔絶しており、標榜《ひょうぼう》した「准摂関」家格と実際に獲得した地位には、ズレがあるとする。高鳥氏の批判は、公家社会における地位の〝高さ〟という観点からは妥当であり、たしかに足利家の地位を「摂関家と同等」と説明するだけでは不十分である。

中世の公家社会において、廷臣たちが重視した社会的地位の指標には、二種類があるとされる。ひとつは、当然のことながら**位階《いかい》や官職《かんしょく》といった律令的官職体系による高低**である。もうひとつは、**「天皇に近い存在である」という指標**があるとされる。とくに中世後期（十四世紀末の室町期以降）においては、禁裏小番《きんりこばん》（内裏《だいり》の宿直《とのい》〔警備〕）などを通じて天皇に近侍する者が重視されるようになるなど、後者が大きな意味をもった。

足利将軍家の家長が、あたかも現任の摂関に准ずる存在としてふるまうようになったのも、おそらくそのような脈絡で理解すべきだろう。足利将軍家は、公家社会における序列の高さを求めてではなく、**天皇との距離の近さを求めて**「准摂関」化したと思われる。

二　「准摂関」化の実態と時代背景

平安時代の摂関家と共通する印象あり

足利将軍家は、「准摂関」ともいうべき立場にあった。ただし、だからといって足利将軍家と本家摂関家が、同質の存在であったわけではない。

当たり前のことであるが、足利将軍家と本家摂関家では拠《よ》って立つ基盤が根本的に異なる。摂関家は公家社会に存立基盤がある。それゆえ公家社会での地位の向上や強化は、そのまま権勢の拡大を意味した。しかし、足利将軍家の存立基盤は武家社会にある。公家社会での地位が向上したところで、ダイレクトに家の繁栄をもたらすわけではない。

中世の摂関家は、天皇との外戚《がいせき》関係を失った一方で、天皇や上皇と並び立って朝廷政務を共同運営する立場になったとされるが、足利将軍家はそのような立場を求めたわけではないだろう。あえて蛮勇を振り絞って解釈するなら、朝廷における足利将軍家の立場は、中世ではなく、天皇との外戚関係を有した平安時代の摂関政治期（九世紀中頃〜十一世紀中頃）における、摂関家のそれと共通する部分が大きいような印象をもつ。

倉本一宏氏によると、摂関政治の理念型とは、父方（上皇）・母方（摂関）が親権を行使し天皇権力を補完するあり方であったという（倉本：二〇〇〇）。摂関も院（上皇）も「世の御後見《ごこうけん》」として天皇家と一体化しながら、理想的な公家政務運営を現出させる役割を担ったとするのである。足利将軍家の「准摂関」化も、天皇や上皇と並び立とうとするのではなく、一体化しつつ天皇家を後援しようとするものであったように思われる。

天皇権威を源泉とする将軍権威

足利将軍家の視線の先には、理想的な公家政務運営の現出があった。それは室町幕府成立時における足利将軍家の立場の弱さに起因する。

一般に足利家は、源《みなもとのよりとも》頼朝（一一四七〜九九）の一族（鎌倉幕府将軍＝源氏嫡流）に近いという血筋を正統性に、〝武家の棟梁《とうりょう》〟になったと理解されがちである。しかし、足利家の源氏〝嫡流〟というのは、鎌倉後期（十三世紀後半以降）に北条《ほうじょう》氏との協業によって演出された〝嫡流〟にすぎない。そして、室町幕府成立の当時、足利家を武家首班にふさわしい、唯一絶対の家柄とする認識が、武家社会に共有されていたわけでもない。

たとえば、武田信玄《たけだしんげん》（一五二一〜七三）に連なる一族を「甲斐《かい》源氏」と称するように、源氏の血筋を引く武士は全国にいくらでもいた。足利将軍家と頼朝との系図上の関係性も、取り立てて他を圧するほど近いわけではない。同家が新たなる武家首班として措定されたのは、北条得宗《とくそう》家の滅亡と南北朝内乱のなりゆきによりもたらされた、繰り上がり的な結果にすぎない。

それゆえ、足利将軍家が少しでも弱体化すれば、武家首班の地位も動揺する危険性があった。その危機が表面化したのは、二代将軍義詮《よしあきら》（一三三〇〜六七）の逝去時である。義詮が三十八歳で不帰の人となったとき、後継者の三代将軍義満《よしみつ》（一三五八〜一四〇八）は、現在でいうと小学生の年齢だった。政治的判断主体としては未熟な義満が、それでも次期将軍として諸大名によって推戴されるためには、それ相応の必然性が求められた。

そのことを痛感していた義詮は、死の直前、義満の「政道執行」を後光厳天皇に奏聞《そうもん》した。天皇権威により、義満の武家首班たる地位を確保したのである。これ以降、足利将軍家の武家首班たる地位、ほかの武家とは隔絶した存在だという立場は、天皇権威によって正統化されるようになった。

将軍権威は、天皇権威を源泉に再生産されるというしくみが出来上がったのであり、足利将軍家は「武家のなかで唯一天皇と直結できる存在」として、ほかの武士からの超越化を果たしたといえる。そして、自らの権威の源泉でもある以上、天皇家には権威ある存在でありつづけてもらう必要があった。

そのためには、公家政務は健全に運営されていなければならず、その実現の任を足利将軍家が負うようになったのである。

三　後見し輔弼する「王家」の執事

「准摂関」だけではとらえきれない行動様式

足利将軍家にとって直接的な目的は、理想的な公家政務運営を現出させることによって天皇権威の維持向上を図り、その天皇権威によって将軍権威を確立することにあった。「准摂関」は、そのための手段にすぎず、「准摂関」自体が目的ではなかった。それゆえ足利将軍家家長には、「准摂関」ではとらえられない行動様式も認められる。

たとえば、応永二十一年（一四一四）に称光天皇は、即位儀の準備儀礼として仙洞《せんとう》御所（退位した天皇の御所）へと方違《かたたがえ》行幸《ぎょうこう》（陰陽道《おんようどう》思想により、悪い方角を避けて行幸すること）したが、その際に義持は天皇の御裾《おすそ》役を務めている。これは関白の役割の代行であるとともに、この場合は、本来なら蔵人頭《くろうどのとう》が代行するというのが故実であった。

また、応永十八年の称光元服儀《げんぷくのぎ》では加冠《かかん》役に与《あずか》ったが、それは先例では東宮傅《とうぐうふ》（皇太子の教育長）が務める所役であった。義持は「准摂関」にとらわれず、天皇や東宮に近侍する役割を幅広く受け持った。

義持の行動については次のようなものもある。

応永二十四年の十月末、称光天皇の笙《しょうはじめの》始《ぎ》儀があった。「この日から御師《おし》（＝師範）のもとで笙を始める」という儀式であり、そこで必要とされた所役は「御師」と「着座公卿《ちゃくざくぎょう》」の二者のみなのだが、とくに所役のない義持も、なぜかそこに顔を出していた。後見人として称光天皇の通過儀礼を、見届けたのであろう。

ほかにも、応永二十七年九月のこと、後小松《ごこまつ》上皇（一三七七～一四三三）の御所侍《ざむらい》が、不穏当な行動を繰り返すということがあった。その度を越したことで後小松上皇は御所侍を死罪にする決断を下すと、刑の執行を義持に委《ゆだ》ねた。義持はひとしきり後小松に苦言を呈したものの、上皇自身の意志の堅さを感じると、執行の手配を武家の配下に命じた。

外戚関係をもたない天皇の輔佐役

これらの義持の行動は、後小松・称光父子を後見し輔弼《ほひつ》する「王家」の執事ともいうべきものである（この場合の「王家」は、「父の上皇と子の天皇を中心とする、現代でいうところの核家族」くらいの意）。そのような足利将軍家家長のふるまいについても、義政の時代までは大筋で継承された。伏見宮貞常親王《ふしみのみやさだつね》（一四二六～七四）の手による『山賤記《やまがつき》』には、親王の兄である後花園《ごはなぞの》天皇（一四一九～七〇）と将軍の関係について「即位当初から義教《よしのり》様が輔佐《ほさ》し、その後は義政様が続けてあれこれお手伝いしてきた」と、後花園と六代将軍、八代将軍とのかかわりが記されている。

また『大日本史料』（八編之三）には、後花園上皇と子息の後土御門《ごつちみかど》天皇（一四四二～一五〇〇）の揃《そろ》い踏《ぶ》みとなった、文明《ぶんめい》二年（一四七〇）四月の鞠会《まりかい》（蹴鞠《けまり》の会）に関して『山の霞《かすみ》』という史料を採録しているが、そこには「本来なら上皇と天皇が同一の鞠会で顔を揃えるということは故実上ありえないことだが、応仁《おうにん》の乱の避難中ということもあり、後花園上皇と後土御門天皇が並び立つ鞠会が実現するという奇跡が起きた。ひとえに義政様の骨折りだ」と記されている。

義教《よしのり》（一三九四～一四四一）や義政（一四三六～九〇）も、後花園天皇を「輔佐」していたのであり、

「王家」の執事でありつづけたといえるだろう。

最近、佐伯智広氏は、院や摂関に必須であった外戚関係をもつことなしに、天皇の輔佐役を担うようになったのが、足利将軍家なのではないかとの展望を示した（佐伯：二〇二〇）。従うべき見解であろう。

足利将軍家は、**武家社会における超越的立場を確保するために天皇家と接近**した。そして、**自らの権威の源泉である以上、天皇権威を維持向上させるための協力**を惜しまなかった。将軍家と天皇家の不即不離の関係が固定化すると、その一環として足利将軍家の家長は、公家社会の一員として朝廷の表舞台で公的に行動するようにもなる。

その際の行動様式を、当時の公家社会の秩序で説明しようとすると、「准摂関」という表現にたどりつく。さらに、公的儀礼以外の場における行動様式も含めると、「王家」の執事ということになるのである。

四　義満の「王権簒奪計画」説の再検討

否定された九つの状況証拠

足利将軍家の立場を「王家」の執事と規定したとき、「足利義満は天皇家を乗っ取ろうとした」とする、今谷明氏による著名な「王権簒奪《さんだつ》計画」説はどのように考えるべきだろうか（今谷：一九九〇）。

学術の世界において「王権簒奪計画」説は、すでに否定されていると考えて大過ない。詳しくは拙著において詳述したので、そちらを参照いただきたいが、要点を抄出すると、今谷氏は所論を展開するにあたって、大きく九つの状況証拠を提示した（石原：二〇一五）。

①高圧的な態度で後円融《ごえんゆう》天皇（上皇）を軽視し、廃人同様にまで追いつめた。
②公家に阿諛追従《あゆついしょう》（媚《こ》びへつらい）を強制して臣下扱い。
③朝廷の人事権に介入。
④国家的祭祀《さいし》を朝廷から奪い、自らの北山殿（義満の別荘）で挙行。
⑤改元や皇位への介入。
⑥「日本国王」として公武に超越する絶対権力者化。
⑦上皇の待遇を獲得。
⑧百王説により天皇家の滅亡を正当化。
⑨自身の妻を天皇の准母《じゅんぼ》（天皇の実母と同等の地位を与えられた女性）とするとともに、愛子義嗣《よしつぐ》（一三九四～一四一八）を皇太子として処遇。

簡単にいうと「足利義満は、朝廷を無力化して後円融天皇からあらゆる権限を剝《は》ぎ取り、それらを自らのもとに吸収することで絶対的権力者となり、天皇の地位を天皇家から奪おうとした」というのが論の骨子である。

右に挙げた諸要素については、そのひとつひとつが多くの研究者により否定的に言及されている。具体的には、③は山家浩樹氏が（山家：一九九一）、④は大田壮一郎氏が（大田：二〇一四）、⑥は河内祥輔氏や村井章介氏が（河内：一九九一、村井：一九九五）、⑦は桜井英治氏が（桜井：二〇〇七）、⑧は新田一郎氏が（新田：二〇〇一）、それぞれの立場で、そもそも史料解読に根本的な誤りがあることや、「王権簒奪」と表される文脈では、理解しようがないことを指摘している。

⑤については、同様の事例が尊氏の弟である足利直義《ただよし》（一三〇七～五二）や十代将軍義材《よしき》（義尹《よしただ》・義稙《よしたね》。一四六六～一五二三）にもみられるので、義満固有の政治的意図と無関係であることは明らかである。①②⑨についても、拙稿や拙著で今谷氏の解釈があたらないことを指摘した（石原：二〇一五・二〇一二）。

「王権簒奪計画」説とは、史料の誤読や当時の実態の誤解に基づく状況証拠をもとに立論されており、「全体として成り立たない」のではなく、「提示した状況証拠のひとつひとつが、どれとして論の根拠たりえない」学説なのである。

同時代の人びとは、義満をどうみていたのか？

今谷氏が「王権簒奪」と表現した義満のふるまいについては、本稿の立場から次のように解釈される。

まず、後円融天皇の個性を理解しなければならない。後円融は子息である後小松天皇の即位儀で、事が自分の思いのままに進まないとなると、一切の関与を拒否した。この一件に象徴されるように、気に入らないことがあると、すぐに拗《す》ねて政務を放棄するような人物であった。

他方、今谷説には、義満が〝上皇待遇〟されたとの重要な指摘もあり、たしかにそれは史実だが、あくまでも後小松との関係に基づく〝上皇待遇〟であったとの評価が現在では支配的である。

これらのことを総合すると、義満は政務執行を滞らせがちな後円融を排除し、自ら父親代わりとして後小松の輔佐役を買って出たと考えられる。義満は後円融という個人から地位を奪い取ったが、天皇家そのものを乗っ取ろうとしたわけではない。

そもそも同時代の人びとは、義満のことをどうみていたのであろうか。

後花園天皇の実父である伏見宮貞成《さだふさ》親王（一三七二～一四五六）の証言に耳を傾けてみよう（同家の家譜ともいえる『椿葉記《ちんようき》』）。貞成親王は、皇位継承の流れを確認するなかで次のように述べている。

すなわち、「後光厳から後円融へと皇位が継承されるときには、北朝内部で後光厳流と崇光流という対抗構造があったが、その頃の義満はいまだ幼く、管領《かんれい》職の細川頼之《ほそかわよりゆき》（一三二九～九二）が政務を代行していた。次に後円融が譲位するに際しては、とくに両流に緊張関係は発生せず順調に後小松へと皇位は継承され、「（名目上の）御治世《ごちせい》」（治天《ちてん》の君《きみ》＝院政を行う上皇）は「**新院**」（**後円融**）であるが、

「(実際の)天下の事」は「大樹《たいじゅ》」(義満)が「執行」することで天皇家は安定した」と記す。

義満と天皇家の関係はこれに尽きるだろう。

おわりに――戦後歴史学による時代像の相対化をめぐって

華々しい学説の裏で、新たなパラダイムが胎動

じつは「王権簒奪計画」説というのは、中世史研究者にとってさほど目新しいものではなかった。直截《ちょくせつ》的にいえば、戦前の田中義成《よしなり》氏による学説(田中：一九二三)をリライトしたにすぎない。

その田中氏が礎《いしずえ》を築いた日本中世政治史研究を継承し、ごく近年まで基本的な枠組みとして絶対的な影響力をもちつづけてきたのが佐藤進一氏である。同氏の枠組みとは、「幕府は王朝・本所《ほんじょ》権力と同じものを分かち合う関係にあり、それらを分割奪取することによって武家は発展した」というもので、また、「義満は公家が武家を見下すあり方は逆でなければならないと考えていた」とも述べている(佐藤：一九九〇・一九九四)。

室町幕府は、公家の権力を奪いさろうという権力体であり、足利義満には、公家より上に立とうという意志があったはずだ、と佐藤氏は認識した。このような同氏の枠組みに、戦後の室町期政治史研究は規定されつづけてきた。今谷氏の所論についても、佐藤氏による枠組みを超えるものでないこと

は論を俟《ま》たないだろう。

しかし、今谷氏の「王権簒奪計画」説が、華々しく学界の枠を超えて喝采《かっさい》を浴びていた頃、日本中世史研究では、新たなパラダイムが胎動していた。

〝義満依存〟に歯止めがかからなくなった公家社会

たとえば外岡慎一郎氏は、一九九六年の論文において、寺社や公家、あるいは天皇家といった荘園領主（＝本所勢力）の在地支配は、鎌倉後期に悪党《あくとう》が出現すると動揺をきたし、以降、悪党対策など現地支配実現のための強制力において武家依存が加速化し、守護が在地秩序と連携して地域公権化した一方、本所勢力は貢納の確保に汲々《きゅうきゅう》とするようになったと論じた（外岡：一九九六）。

武家権力による公家権益への侵食とは、実力を低下させた公家勢力が武家を頼った結果であり、武家依存という〝パンドラの箱〟を開けたことで、公家や天皇家の実力はさらに低下するという悪循環に陥った。公家が権限を失ったのは、武家がそれを力ずくで奪った結果ではなく、それを維持する自前の方途を公家が喪失したからにほかならない。

同じように、義満が天皇権限を侵食したかのようにみえる行為に出たのも、義満に王権を簒奪したいという野望があったからではなく、公家社会がその実力（経済力、強制力）を頼って引き入れた結果、〝義満依存〟に歯止めがかからなくなったことの現れと判断すべきだろう。

半世紀前の通史において佐藤氏は、公家勢力にとって最後の牙城であった京都市政権を、義満が周到に奪取していった様相をビビッドに描き出した（佐藤：一九六五）。だが、それは京都市政という業務を、履行できなくなった朝廷に成り代わって武家がそれを代行し、必然的に業務に付随する利益も、幕府に吸収されるようになったということだろう。

また、義満が公家を「家礼《けらい》」（主従関係）化したという指摘もあるが、それも公家社会の自前のリソースでは、各構成員の経済生活を賄いきれなくなったがゆえに、新たなパトロンの役割を義満が担うようになったにすぎないのである。

急速に相対化される「明るい未来を約束する物語」

史学史においては常識に属するが、戦後歴史学において武士（在地領主階級）は、荘園制を基礎とする古代国家と闘いながら、封建国家（＝中世）を切り開いていく主体として描かれてきた。

そして、そこには「清新な武士たちが腐敗した律令国家を打倒したように、戦後民主主義が軍国主義を克服していくのだ」という、戦後という時代の願いが託されていた。それは、同時代的な課題意識を切実に反映したものであったのだろう。しかし、同時代的な課題意識とは突きつめれば主観である。その課題意識が、いかに切実で社会の要請に添うものであったとしても、主観は主観であり、普遍の真理ではない。

「武家は右肩上がりに強大化し、やがて公家社会を超克していく」という構図は、右肩上がりに復興していく戦後日本の象徴として、当時の研究者や社会全体に親炙《しんしゃ》されたものと想像される。一九七六年生まれの筆者には、特定の世代の人びとが、一九六四年の東京オリンピックに初恋にも似た感情で執着しているのではないか、と感じたりもする。戦後歴史学における明るい未来を約束する物語には、それに似た思いが託されていたのではあるまいか。

しかし、右肩上がりの物語で生きられた幸福な昭和後期はとうに過ぎ去り、それを背景とする武士たちの物語も説得力を失った。世代交代が進んだこともあってか、近年になって研究者の間では、佐藤進一氏の枠組みが急速に相対化されようとしている。本稿はその一端を紹介したつもりである。

【主要参考文献】

石原比伊呂『室町時代の将軍家と天皇家』（勉誠出版、二〇一五）
同『北朝の天皇―「室町幕府に翻弄された皇統」の実像』（中公新書、二〇二〇）
同「足利義嗣の元服」（『東京大学史料編纂所研究紀要』二二、二〇一二）
伊藤留美「中世武士のとらえ方はどう変わったか」（秋山哲雄・田中大喜・野口華世編『増補改訂新版　日本中世史入門―論文を書こう』（勉誠出版、二〇二一）
今谷明『室町の王権―足利義満の王権簒奪計画』（中公新書、一九九〇）

大田壮一郎『室町幕府の政治と宗教』(吉川弘文館、二〇一四)
倉本一宏「摂関期の政権構造―天皇と摂関とのミウチ意識を中心として」(同著『摂関政治と王朝貴族』吉川弘文館、二〇〇〇)
河内祥輔「日本中世の朝廷・幕府体制」(『歴史評論』五〇〇、一九九一)
佐伯智広「仲恭天皇廃位の衝撃―承久の乱と皇位継承」(『京都女子大学宗教・文化研究所紀要』三三、二〇二〇)
桜井英治ほか「足利義満の文化戦略」(『ZEAMI』04、二〇〇七)
佐藤進一『日本中世史論集』(岩波書店、一九九〇)
同『足利義満―中世王権への挑戦』(平凡社ライブラリー、一九九四)
同『南北朝の動乱』(「日本の歴史」9、中央公論社、一九六五)
髙鳥廉「室町前期における足利将軍家出身僧の身分と役割」(『歴史学研究』九八七、二〇一九)
田中義成『足利時代史』(講談社、一九七九、初出一九二三)
中世後期研究会編『室町・戦国期研究を読み直す』(思文閣出版、二〇〇九)
外岡慎一郎「使節遵行と在地社会―一九九六年度歴史学研究会大会報告」(『歴史学研究』六九〇、一九九六)
新田一郎『太平記の時代』(「日本の歴史」11、講談社、二〇〇一)
松永和浩『室町期公武関係と南北朝内乱』(吉川弘文館、二〇一三)

村井章介「易姓革命の思想と天皇制」（永原慶二編集代表・石上英一他編『講座・前近代の天皇』5　世界史のなかの天皇』岩波書店、一九九五）
山家浩樹「書評・今谷明著『室町の王権―足利義満の王権簒奪計画』」（『歴史評論』四九七、一九九一）

【さらに詳しく学びたい読者のために】

①小川剛生『足利義満―公武に君臨した室町将軍』（中公新書、二〇一二）
②末柄豊『戦国時代の天皇』（山川出版社、二〇一八）
③久水俊和他編『室町・戦国天皇列伝』（戎光祥出版、二〇二〇）
④石原比伊呂『足利将軍と室町幕府―時代が求めたリーダー像』（戎光祥出版、二〇一八）

①では、今谷明氏による「王権簒奪計画」説に対する、現段階における最大公約数的な評価が記される。また、「王権簒奪計画」説に代表される「武家に圧迫される公家（天皇家）」という構図から自由になった最新の研究史において、天皇家や公家社会がどのように描かれているかについては②③が参考になる。なお本稿は、④をベースに作成されているので、より詳しい内容についてはそちらをご一読願いたい。

〈第三章〉
【幕府と朝廷の実務官僚】

協業関係が成立していた朝廷の官人、幕府の官僚

遠藤珠紀

はじめに――組織を支える目立たない存在

現在の政府と同様に、中世の朝廷にも幕府にも、その運営を支えるさまざまな役割の官僚たちが存在する。身分の高い公卿《くぎょう》や武将たちと異なり、組織を下支えする官僚たちの活動はなかなか目立たない。

しかし史料に目を凝らすと、その営みが生き生きと浮かび上がってくる。本稿では彼らの活動の一端をご紹介していきたい。

一　朝廷の実務官人と幕府の実務官僚

特定の家と特定の官職が結びつく

朝廷の官司（役所）制度の根幹は、八世紀の『律令』のうち「職員令《しきいんりょう》」（朝廷の役所の官職・人数・仕事を規定する法）で定められた。神祇官《じんぎかん》・太政官《だいじょうかん》の二官、太政官の下に大蔵省《おおくらしょう》などの八省、さらにその下に職《しき》・寮《りょう》・司《つかさ》、六衛府《えふ》、諸国などが存在する。

その後、必要に応じて役所の統廃合や、新たな役所（令外官《りょうげのかん》とよばれる。たとえば京都の警察を担当した検非違使《けびいし》など）の設置が行われた。中世には役所そのものの改組は行われなくなるが、官職が実質的に少数の家の世襲に近い形で受け継がれていくようになり、またひとりの人物が、関連する複数の役所を兼任するなど、運営の合理化が行われていた。

摂政関白《せっしょうかんぱく》の地位を寡占《かせん》した摂関家の五家（近衛《このえ》家・鷹司《たかつかさ》家・九条家・二条家・一条家）を筆頭に、実務官人《かんじん》にいたるまで、特定の家と特定の官職が結びつく例がみられるようになるのである。たとえば、外記局《げききょく》という事務部局は中原《なかはら》氏・清原《きよはら》氏およびその関係の人びとが担い、天文・暦《こよみ》・陰陽道《おんようどう》などを掌《つかさど》る陰陽寮は、安倍《あべ》氏・賀茂《かも》氏が担っていた。

室町幕府にも幕府奉行人《ぶぎょうにん》とよばれる官僚たちがいて、「政所執事代《まんどころしつじだい》」「修理替物方《しゅりかえものかた》」「侍所開闔《さむらいどころかいこう》」「南都興福寺《なんとこうふくじ》奉行」「鎮西并《ちんぜいならびに》異国奉行」「公人《くにん》奉行」「山門《さんもん》奉行」「公方様御料所《くぼうさまごりょうしょ》奉行」「過所《かしょ》奉行」

などの役職に分かれて行政を担っていた（『諸奉行』）。幕府奉行人、奉公衆など、幕府に仕える人びとの系譜や事績については、近年研究が深められている。

鎌倉に下った京下官人たち

では、朝廷の実務官人たちと幕府の実務官僚たちは、どのような関係だったのだろうか。公家と武家と対比して並べると、それぞれ異なる組織に所属し、隔絶した、あるいは対立する存在だったように感じられるかもしれない。しかし、必ずしもそうした関係ではなかった。

そもそも、室町幕府の前代である鎌倉幕府が組織を整えていくとき、初代将軍の源頼朝《みなもとのよりとも》（一一四七〜九九）を行政面・文筆面で支えたのは大江広元《おおえのひろもと》（一一四八〜一二二五）・三善康信《みよしやすのぶ》（一一四〇〜一二二一）ら京下《きょうくだり》官人だった。京下官人とは朝廷の下級官人の出身者で、鎌倉に下りそれまでの経験を生かして幕府の運営に携わった人びとである。こうした人びとは「武士」に対して「文士《ぶんし》」と称された。

その後も京の官人のなかには、鎌倉に下って幕府の官僚となる人びとがいた。室町幕府を支えた奉行人にも、鎌倉幕府の官僚に淵源《えんげん》をもつ一族が多数存在する。室町時代には、幕府は京都に置かれており、両者の関係はより近いものがあった。

本稿では、室町時代中後期の朝廷に仕える人びとと、幕府に仕える人びとの関係を、中原康富《やすとみ》・広《ひろ》橋綱光《はしつなみつ》というふたりの人物とその周辺をとおして探っていく。

二　朝廷行事の運営を担った下級官人・中原康富

代々清原氏に仕える康富の一族

まず、中原康富をご紹介する。康富は、十五世紀前半に朝廷行事の運営を担った外記局に所属した下級官人である。応永《おうえい》八年（一四〇一）生まれ、長禄《ちょうろく》元年（一四五七）に五十七歳で没した。外記局という朝廷の人事・記録にかかわる事務部局に長年勤仕《きんし》し、長官である局務大外記《きょくむだいげき》、次席の大外記に次ぐナンバースリーの権《ごん》大外記まで昇進した。位階は正《しょう》五位下までいたる。朝廷の位階は、律令制では正一位から初位《しょい》まで約三十段階に定められており、それぞれの位階に対応する官職に就く官位相当制であった。しかし、平安時代後期以降は叙されない位階も多く、実質的には従《じゅ》一位から六位までにスリム化している。そのなかで身分的には、三位・五位に大きな壁があった。

本稿でいう下級官人とは、鎌倉時代には多くは六位であり、一部の人物が五位までいたることができ、宮中の昇殿《しょうでん》は許されない、そうした存在であった。なお、時代とともに位階は徐々に上昇する傾向にあり、室町幕府の三代将軍足利義満《あしかがよしみつ》（一三五八〜一四〇八）の頃には、下級官人のなかの最上位の人びと（局務清原氏・陰陽道安倍氏など）は、三位にいたる例もみられるようになる。しかし家格は

「地下《じげ》」（昇殿する資格が認められていない）として下位に置かれた。外記局の長官である局務大外記は、鎌倉時代以降、中原氏・清原氏といったいくつかの家に寡占された。

康富の高祖父康綱《やすつな》はもともと源姓を名乗っていたが、外記局に属する下級官人の最上位である清原氏の門人《もんじん》として中原姓に改め、外記となった（『外記補任《ぶにん》』）。以後、代々清原氏に仕えて外記局に出仕し、長官の下でおもに各種の儀式の遂行に携わった。また康富の一族は清原氏が長官を務めていた主水司《もいとりのつかさ》（水・氷の調達などを担当）という役所の目代《もくだい》（長官の代理のような役割）を務め、儒学も清原氏から学んだ。

清原氏に属していることに由来する職のほか、康富一族が世襲する隼人司《はやとのつかさ》（畿内に居住する隼人を統括し、宮門などを警護）の長官隼人正《かみ》か太政官の史《し》も務めている。このような下級官人のあり方も中世の特徴である。

康富の婚姻関係を通じた縁

康富は『康富記』という大部の日記を残しており（一部欠けているが、一四一七〜五五年の期間の日記が残る）、その日記から判明する周囲の人間関係はつとに注目されている。まず康富の婚姻関係をみてみよう。

康富の妻の父は、三宅三郎左衛門《みやけさぶろうさえもん》という人物である。摂津《せっつ》（大阪府北中部の大半、兵庫県南東部）の国人《こくじん》（その地方の武士）で、管領《かんれい》細川京兆家《けいちょうけ》の被官の一族である。康富の子息康顕《やすあき》の室は、幕府奉公衆の山下氏の一族、三郎左衛門尉《さえもんのじょう》の娘であった。また康富の家の北隣には、三郎左衛門尉の兄で奉公衆の山下浄秀《じょうしゅう》が、西隣にも浄秀の娘の夫で細川勝元《かつもと》被官の藤沢安清《やすきよ》が住んでいた。

康富は山下亭での連歌会《れんがかい》にも参加し、浄秀の息子の元服《げんぷく》には理髪《りはつ》の役（新成人の髪を結う役目）を務め、家督継承時にも後ろ盾となるなど親密な関係を結んでいる。さらに、康富の娘加賀《かが》の夫は託美《たくみ》七郎といい、尾張《おわり》守護斯波《しば》氏の被官であり、金融業者でもあった（榎原：二〇〇三）。

こうした婚姻関係からも、康富たち朝廷の官人と武家の被官の日常的な交流がうかがわれる。

連歌会による縁

当時は連歌が流行していた。これは複数人で五七七の長句《ちょうく》と七七の短句《たんく》を連ねていき、ひとつの歌とする遊びである。

康富は、毎月定例で行われる月次《つきなみ》連歌会にいくつか参加している。こうした特定のメンバーによる定期的な集まりは、参加者相互の強い連帯意識を醸成するものであり、公武の別を超え、身分的に近い人びとの社交の場であったと指摘されている（榎原：二〇〇四）。

康富は若い頃には、朝廷の下級官人や武家の文筆官僚の末端に連なる人びととの連歌会に参加していた。その後四十代前半になると、出世にともないメンバーに変化がみられる。たとえば嘉吉《かきつ》二年（一四四二）六月十四日、康富は「飯尾肥前入道永祥《いのおひぜんにゅうどうえいしょう》」の宿所で行われた法楽《ほうらく》連歌会（神仏に奉納する連歌）に赴いた。

飯尾永祥（?～一四五八）は出家前の名を為種《ためたね》といい、四代将軍義持《よしもち》（一三八六～一四二八）の時期から八代義政《よしまさ》（一四三六～九〇）の時期まで活躍した練達の奉行人である（森：二〇一六）。飯尾氏は、先述の鎌倉幕府の初代問注所《もんちゅうじょ》執事三善康信の子孫とされる。

永祥は和歌にも堪能で、勅撰《ちょくせん》集『新続古今《しんしょくこきん》和歌集』（一四三九年成立）に入集《にっしゅう》している。また康富は、永祥が比叡山延暦寺《ひえいざんえんりゃくじ》（滋賀県大津市）に送るために記した書類の草案を見て、「優美な文章で文武の達者《たっしゃ》というべきである」（『康富記』宝徳《ほうとく》三年〔一四五一〕七月二十四日条）と日記に記している。永祥は、文化的教養も高い人物だったようである。

さて、この六月十四日の永祥の法楽連歌会メンバーは、波多野元尚《はたのもとひさ》・二階堂《にかいどう》（之忠《これただ》カ）などの幕府の奉行たちに、康富や同じく朝廷の文書行政を担う右大史《うだいし》の高橋員職《かずもと》が招かれて参加した。

十日ほど後の六月二十六日、康富は永祥の元を訪れて京都の所領について訴えている。この案件は管領畠山持国《はたけやまもちくに》（一三九八～一四五五）には門前払いされているが、永祥には日頃からの交流を恃《たの》んで申し入れた側面もあろう。

同じく嘉吉二年九月十日には、永祥の子息飯尾為数《ためかず》亭で和歌会が行われた。参加者は常光院尭孝《じょうこういんぎょうこう》僧都《そうず》（歌人）・布施民部大夫貞基《ふせみんぶだゆうさだもと》（幕府奉行人）・富永修理亮之守《とみながしゅりのすけゆきもり》（幕府奉公衆）・清八郎左衛門尉貞秀《しょうはちろうさえもんのじょうさだひで》（幕府奉行人）らである。康富は「秋獣」「秋祝」という題の詠歌を日記に書き留めている。「秋獣」の題は次のような和歌であった。

よそもまた　秋なるものを　をのへには　おのか夕《ゆうべ》と　をしか鳴くなり
（他所《よそ》もまた　秋というが　山の上には　おのれの夕べと　牡鹿《おじか》が鳴いている）

康富は、このほかにもしばしば幕府奉行人との連歌会に参加している。飯尾亭での連歌会にはほかに、飯尾貞元《さだもと》・蜷川親当《にながわちかまさ》（?〜一四四八。一休宗純《いっきゅうそうじゅん》〔一三九四〜一四八一〕との親交で知られる伊勢《いせ》氏被官）・高山宗砌《たかやまそうぜい》（?〜一四五五。俗名時重《ときしげ》。山名《やまな》氏被官）・浜名法育《はまなほういく》（俗名政義《まさよし》。奉公衆）らが参加していた。後《うしろ》三者は当時連歌の名手として著名である。

幕府への訴えに、彼ら幕府関係者の伝手《つて》を利用することもあるが、逆に康富が口添えをすることもあった（榎原：二〇〇三）。また、康富や康富の主《あるじ》である清原業忠《なりただ》は、飯尾氏に対して『論語』『左伝《さでん》』『御成敗式目《ごせいばいしきもく》』の講義をしている。朝鮮使節に対する対応を永祥と清原業忠で談合している様子もみえる（『康富記』嘉吉三年〔一四四三〕五月六日条）。

こうしたやり取りからは、相互に協力しあっていた様子がうかがわれる。実務官僚の間では、公武の隔てははっきりせず、協業関係が成立していたと指摘されている（森：二〇一六）。

康富の主、清原氏とは？

康富の主である清原氏は、先にもふれたように代々局務大外記を務め、先例故実《こじつ》（過去の事例）に委《くわ》しい。また儒教明経道《みょうぎょうどう》（大学寮の学科のひとつ。『論語』『孝経《こうきょう》』などの儒教の経典を学ぶ）の学者の家でもあり、将軍にも家司《けいし》（家政を掌る職員）として仕えていた。清原氏に対し、幕府関係の諮問が行われる様子もしばしばみえる。

たとえば応永三十五年（一四二八）、四代将軍の足利義持は後継者を定めないまま没した。籤引き《くじび》により六代将軍と定まったのは、弟の青蓮院義円《しょうれんいんぎえん》（のちに義宣《よしのぶ》、義教《よしのり》と改名。一三九四〜一四四一）だった。僧であった義円は、急遽俗人《きゅうきょぞくじん》に戻り将軍となる。

このとき、清原良賢《よしかた》（?〜一四三二）は義円の俗人としての名前を「義宣」とすること、将軍宣下《せんげ》以前には「御判御教書《ごはんみぎょうしょ》」という将軍の花押《かおう》（サイン）が据えられた公文書を発給しないこと、などを答申している（榎原：二〇一一）。

義教の子息である八代将軍義政が、成人して初めて花押のデザインを定める際には、清原業忠（良賢の曾孫）が諮問を受けている（『康富記』宝徳元年〔一四四九〕四月二日条）。

三　公武の間をつなぐ「武家伝奏」の広橋綱光

「名家」出身の広橋綱光

次に広橋綱光をご紹介する。綱光は十五世紀半ば（室町中期）の中級の公家で、朝廷と幕府の間をつなぐ武家伝奏《ぶけてんそう》を務め、公武に影響力をもっていた。永享《えいきょう》三年（一四三一）生まれ、従一位准大臣《じゅんだいじん》までいたり文明《ぶんめい》九年（一四七七）に四十七歳で亡くなった。

「穏便」な気性だったという（『建内記《けんないき》』文安《ぶんあん》四年〔一四四七〕七月十二日条）。八代将軍の足利義政とほぼ同世代、すでにふれた中原康富よりもひと世代下の人物である。広橋家は、朝廷のなかでは「名《めい》家《か》」と称される中流の家格の公家である。下級官人とは異なり、出仕の最初に五位に叙《じょ》され、蔵人《くろうど》・弁官《べんかん》という文書や朝廷運営にかかわる実務官職を務め、代々武家伝奏を担っている。

姻戚を通じた幕府要人との縁

中原康富と同様に、まず綱光の姻戚《いんせき》関係をみてみよう。

綱光の室は摂津満親《つみつちか》の娘であり、綱光の日記（『綱光公記』。途中欠落があるが、一四四七〜六七年の期間の日記が残る）からは、満親およびその子息之親《ゆきちか》と親しく交流している様子がみえる。宝徳二年（一四五〇）、綱光は病を得た。満親は心配したのであろう。僧を呼び三日間にわたる病平癒の加持《かじ》を二度も執り行っている。綱光は若くして父兼郷《かねさと》と死別しており、岳父《がくふ》の満親が親代わりの側面もあったのだろうか。

この摂津氏もまた、鎌倉幕府に京下官人として仕えた中原師員《もろかず》（一一八五～一二五一）を祖とし、室町幕府では評定衆《ひょうじょうしゅう》・外様衆《とざま》を務めた一族である。将軍の政務評議の場である「御前沙汰《ごぜんさた》」のメンバーとして、将軍から意見聴取される存在であった。この満親・之親の時期には、ほかの評定衆より格上とされていたという（木下：二〇一八）。

満親・之親親子は、評定衆・神宮方頭人《じんぐうがたとうにん》（伊勢神宮に関する政策を扱う）・地方頭人《じかた》（京都内外の宅地、店舗、道路などを管理する）・官途《かんと》奉行（武家の叙位任官を担当する）を務めており、幕府の要人のひとりといえる。

天皇に仕える女房を通じた縁

綱光の広橋家からは、天皇に仕える大納言典侍《だいなごんのすけ》を輩出している。

綱光の近親では伯母綱子《つなこ》（称光《しょうこう》天皇・後花園《ごはなぞの》天皇典侍）、姉顕子《あきこ》（後土御門《ごつちみかど》天皇典侍）、娘守子《もりこ》（後柏原《ごかしわばら》天皇・後奈良《ごなら》天皇典侍）と、代々の天皇の筆頭女房として、天皇と人びとの間をつなぐ役割を果たしていた。

このように、当時の女房の職（広橋家では「大納言典侍」）はおばから姪《めい》へと継承されていく例が多い。男性公家の官職同様、世襲に近い形になっていたのである。綱子などは生涯宮中に仕えたが、宮中を退いた後に武家に嫁ぐ女房もいた。また下級の女官には、武家の出身者も存在した（松薗：二〇一八）。

武家にも公家の娘たちが出仕していた（羽田：二〇〇四など）。綱光の近親と推測される西殿《にしどの》は、足利義教の娘大慈院《だいじいん》南御所《みなみごしょ》に仕えていたが、不興を買い退出することとなった。綱光は「一門の蒙然」と記す（『綱光公暦記』寛正《かんしょう》三年〔一四六二〕八月二十六日条）。これは「無益公事《むやくのくじ》」（くだらない訴え）を取り次いだためという。出仕している縁者の女性たちが、権力者への訴えの窓口になることはよくみられる。

女性を通じた公武の縁

一方、摂津氏の女性は、足利義満以来、代々将軍に出仕して春日局《かすがのつぼね》という中級の女房となっている。綱光室の姉妹（左京大夫局《さきょうだゆうのつぼね》、のち左衛門局《さえもんのつぼね》、春日局となる。以後春日局と記す）も将軍義政に仕え、将軍との間を取り次ぐ申次《もうしつぎ》を務めた。綱光は将軍御所に参ったときには、義理の姉妹にあたる春日局をとおして申し入れている（『綱光公暦記』寛正三年〔一四六二〕九月一日条・寛正五年八月十八日条など）。

将軍に所領について訴える折にも、春日局を頼った（『綱光公暦記』寛正三年三月二十八日条など）。春日局が病気になった折には、平癒の祈禱《きとう》を行う（『綱光公暦記』寛正三年五月十四日条）など、関係は深い。なおこの春日局は、本願寺蓮如《ほんがんじれんにょ》（一四一五〜九九）の娘を養育し、その娘は綱光の息子兼顕《かねあき》（一四四九〜七九）の猶子《ゆうし》（養子の一種）として幕府女房となった（『尊卑分脈《そんぴぶんみゃく》』「本願寺系図」）。

このような、女性を通じた公武の縁も注目される。とくに武家伝奏として公武をつないだ広橋家にとっては、内々に天皇や将軍に関する情報を得たり、双方の意向を伝えるための重要なルートのひとつであった（松薗：二〇一八）。

広橋家の家人、藤堂氏とは？

綱光の関係者をもうひとりご紹介しよう。

広橋家に仕える家人《けにん》（家臣）に藤堂《とうどう》という一族がいる（榎原：二〇一一）。近江《おうみ》国甲良《こうら》荘藤堂（滋賀県甲良町）に本拠をもち、織豊期の著名な武将藤堂高虎《たかとら》（一五五六〜一六三〇）、江戸時代の津藩（三重県津市）藤堂家の祖先となる一族である。

藤堂一族は、綱光も参加する連歌会のメンバーとして頭役《とうやく》（世話役）を務めたり（『綱光公暦記』寛正三年（一四六二）二月十三日条など）、綱光が石清水八幡宮《いわしみずはちまんぐう》（京都府八幡《やわた》市）や大原野祭《おおはらのまつり》（大原野神社〔京都市西京区〕の祭礼）に参仕するときの供《とも》を務めている（『綱光公暦記』寛正三年八月二十四日条・応《おう》仁《にん》元年〔一四六七〕三月十三日条）。

また、藤堂景敦《かげあつ》は綱光の二代後の広橋家当主である守光《もりみつ》（一四七一〜一五二六）が幼い頃には、「御《ご》家門《かもん》において公私に注」した日記を書き、守光の出仕や贈答、家領などについて記録をとどめている。このように藤堂一族は広橋家を支えた家人であり、一方下級の官人として朝廷から官職・位階も得ていた。

公家に仕える家人たちのなかには、その公家の領地と関係のある現地の領主としての性格が強く、公家に仕える一方で武家の被官人になっている者もいた（菅原：一九九八）。こうした人びとは、京都と現地を行き来し、両方で活動する。

藤堂一族も本来の居所である近江と京都を行き来し、近江にある広橋家の領地羽田荘《はねだ》（滋賀県東近江市）にも関与している（『綱光公記』宝徳二年〔一四五〇〕八月三十日条など）。元来、藤堂一族は近江国の住人で、家領支配の関係で広橋家に仕えるようになったのではないかと指摘されている（榎原：二〇一二）。

少し後であるが、外記局局務を務めた中原氏押小路家《おしのこうじ》（康富とは別の家）に仕える早田氏《そうだ》は、京の酒屋である（金子ほか：二〇一三）。押小路家は造酒正《みきのかみ》という宮中の酒にかかわる官職を相伝しており、その関係による縁であろう。

そのほかにも、たとえば中国地方の大名大内氏《おおうち》と公家の転法輪《てぼり》三条家に仕えた沼間氏《ぬまま》（松井：二〇一六）など、さまざまな顔をもつ人びとがおり興味深い。

おわりに――公武関係の背後にある人的ネットワーク

以上、本稿では下級官人の中原康富、中流公家で武家伝奏の広橋綱光を中心に公武の人的交流の様子をご紹介した。

このように朝廷の官人たちと幕府の官僚たち、さらに在地の武士、寺社、京都の都市民も含め、さまざまなレベルで人的ネットワークが築かれていた。そしてこうした関係が、各種の政務や情報のやり取り、交渉事にも影響していたのである。室町時代の公武関係の背景にある人びとのネットワークにもご注目いただきたい。

【主要参考文献】

榎原雅治「一揆の時代」（同編『日本の時代史11　一揆の時代』吉川弘文館、二〇〇三）
同「寄合の文化」（歴史学研究会・日本史研究会編『日本史講座4　中世社会の構造』東京大学出版会、二〇〇四）
同「藤堂家始祖「三河守景盛」の素顔」（『歴史書通信』一九七号、二〇一一）
金子拓・遠藤珠紀・久留島典子・久水俊和・丸山裕之「史料編纂所所蔵『大外記中原師廉記』」（『東京大学史料編纂所研究紀要』二三号、二〇一三）
木下聡『室町幕府の外様衆と奉公衆』（同成社、二〇一八）

木下昌規「戦国期の室町幕府女房衆」(『歴史評論』八五〇、二〇二一)
設楽薫「室町幕府評定衆摂津之親の日記「長禄四年記」の研究」(『東京大学史料編纂所研究紀要』三号、一九九三)
菅原正子『中世公家の経済と文化』(吉川弘文館、一九九八)
羽田聡「室町幕府女房の基礎的考察―足利義晴期を中心として」(『京都国立博物館学叢』二六、二〇〇四)
松井直人「義興～義隆期大内氏権力の構造的特質―大内氏被官沼間氏の動向を手がかりに」(『日本歴史』八二二号、二〇一六)
松薗斉『中世禁裏女房の研究』(思文閣出版、二〇一八)
森幸夫『中世の武家官僚と奉行人』(同成社、二〇一六)

【さらに詳しく学びたい読者のために】

①本郷恵子『買い物の日本史』(角川ソフィア文庫、二〇一三、初出二〇〇四)
②末柄豊『戦国時代の天皇』(日本史リブレット82、山川出版社、二〇一八)
③日本史史料研究会監修・中脇聖編著『家司と呼ばれた人々―公家の「イエ」を支えた実力者たち』(ミネルヴァ書房、二〇二一)

①は、中世の公家ではない人びとにとって、朝廷の位階官職がどのような価値をもち、どのように執心していたのか、またその入手の方法、仲介に立つ人びとの活動などが描かれる。
②は、戦国時代の天皇のあり方と朝廷の人びと、そして室町幕府との関係性について、天皇の手紙を読み解くことによって、明らかにされている。
③は、古代から江戸時代まで公家に仕えた人びとの活動を紹介している。公家に仕える人びとの多様性、時代によっても変化する主従の関係性がうかがわれる。
いずれの書も、当時の朝廷官人や武家官僚の様相を探るうえで必読である。

〈第四章〉

【中世国家と幕府財政】

同一の帳簿を用いる「公武共同」の財政構造

久水俊和

はじめに――「中世国家財政史」研究の目的とは何か?

中学校の「公民」の授業では、「政府の財政活動」の単元で国家予算の歳入《さいにゅう》と歳出《さいしゅつ》について習う。『日本国勢図会 2020/21』(公益財団法人矢野恒太記念会編集・発行)によると、令和《れいわ》二年度(二〇二〇)の歳入(政府案)は一〇二兆六五八〇億円で、その内訳は「租税・印紙収入六一・九%」「公債金三一・七%」などで、歳出(同前)も同額を計上している。歳出の内訳は「社会保障関係費三四・九%」「国債費二二・七%」「地方交付税交付金一五・二%」などと続いている。

室町殿が主導する中世国家の財政構造をひもとく場合も、「公民」の授業における歳入と歳出のように、**徴収構造**と**支出構造**に大別される。中世国家の具体的な**徴収構造**ではふたつに大別できる。そ

れは、

①所領からの年貢など、年ごとに納入される恒例の財源。

② 〝天皇の即位礼〟などの「臨時の大礼」の費用のための臨時税。

である。①と②の**徴収構造**を研究する際、①では、基本財源の種類とその額の決定。②では、諸国へ賦課《ふか》される臨時税の催促・徴収・免除などの権限を、**朝廷と幕府のどちらが行使**しているのかを解明するのが、研究分析の基本的な視点となる。

一方、**支出構造**では、

①国庫へ納入された進納物が、どのように消化されていくかの過程。

②国から費用を受け取る者への支出手続きの作法。

③支出の過程において公家（朝廷）と武家（幕府）が、**それぞれどのように権限分担**しているのかの分析。

以上が研究課題となる。

上記の「臨時の大礼」を含む「朝廷公事《くじ》」とよばれる国家の**公務支出**は、その多くが年中行事といった朝廷儀礼の開催費用である。古代律令制以降に形成され、平安時代に確立された朝廷儀礼を、ただひたすら再生産する中世国家は、いわば国費の大きな消費体といえよう。その開催費用をどのように調達し、どのように配分するのかを解明するのも、「中世国家財政史」研究の目的のひとつである。

現代のような、何パーセントという正確な数字を出すことは困難だが、これまで多くの研究者によって、中世国家財政の構造はある程度明らかにされている。その構造とは、公家と武家が同一の帳簿を用い、公武の財政機関が絡みあう、いわば**「公武共同」**の財政構造が構築されていたのである（久水：二〇一一・二〇二〇、井原：二〇一四）。

一　中世前期から室町期までの税の「徴収構造」

朝廷単独の集金方法に衰えあり

まず、室町期の財政構造の様相にふれる前に、中世前期（十一世紀の平安後期から鎌倉期まで）の国家財政について簡単に説明しておきたい。

財政規模のさほど大きくない朝廷の年中行事費用については、「国役《くにやく》」といわれる諸国からの納入物や、それぞれの役所がもつ所領からの進納物などで賄っていた。天皇の代替わりによる即位費用などの財政規模が大きな臨時の行事に関しては、一国単位として荘園・公領《こうりょう》へ一律に税を課した「一国《いっこく》平均役《へいきんやく》」といわれる方法が採られた。

たとえば、即位に関する特別税は「即位段銭《たんせん》」とよばれ、土地の広さ一反《いったん》（「段《たん》」とも。約九九二平方メートル）につき五十文《もん》というように、全国一律の基準で賦課される。

ところが、この課税方式は、土地の良し悪《あ》しなど現地の状況がいっさい考慮されず、賦課の基準となる「大田文《おおたぶみ》」とよばれる土地台帳もほとんど更新されていなかった。また、摂関家や大寺院などの権門勢家《けんもんせいか》には、免税特権があるため現代人からみると公平どころか著しく不公平な制度であった。しかし、この「一国平均役」といわれた賦課方法は大変に効率的であり、中世前期の巨額を要する大礼の開催を可能にしたといえる。

鎌倉期（十三世紀初め）になると、このような朝廷独自の集金方法に衰えがみえはじめる。平安期からあった正規の徴収方法を補う形として、一種の売官である「成功《じょうごう》」（私財を朝廷に寄付して造宮・造寺などを行った者が、その功によって官位を授けられるもの）という方法も取り入れられていたが、それでも不足分を補うことはできなかった。

そこで、「関東御訪《かんとうおとぶらい》」とよばれる鎌倉幕府からの助成金によって不足分を補ったりした。鎌倉後期（十三世紀末）になると、幕府は助成金の進納だけではなく、大嘗会《だいじょうえ》費用などの「一国平均役」の徴収を、朝廷に代わって全国的に代行するようになる（白川：一九九二）。

国税の各権限を掌握する室町殿

室町期（十四世紀以降）に入ると、「段銭」や「国役」といった本来は朝廷が賦課徴収する国税の各権限が、三代将軍の足利義満《あしかがよしみつ》（一三五八〜一四〇八）の頃を契機に、室町殿の元へと掌握されていった。

その過程の研究は、一九七〇年代にさかんに行われ（百瀬：一九六七、市原：一九七四）、いまでは個別事例の見直しこそ必要だが、研究の土台としては現在も色あせていない。

この頃の徴収構造で特徴的なのは、朝廷の国税徴収制度を請け負うのではなく、室町幕府独自の国家予算の歳入項目として、室町期の金融機関ともいえる「土倉《どそう》」や「酒屋《さかや》」に賦課する「土倉・酒屋役《やく》」があげられる。この徴税は、国家予算の主軸となりえたことが指摘されている（早島：二〇〇六）。

だが、六代将軍の足利義教《よしのり》（一三九四〜一四四一）の暗殺（「嘉吉《かきつ》の変」。一四四一年）が引き金となった「嘉吉の土一揆《つちいっき》」（同年）の際、徳政《とくせい》の対象とされた「土倉・酒屋」が襲撃により衰退し、国家予算の主軸から外れることになる。

また、鎌倉期の「関東御訪」の系譜を引く「武家《ぶけ》御《お》訪《とぶらい》」の研究も進んでおり、その性格づけがされている。

「武家御訪」とは、室町殿からの扶助的贈与であり、いわば〝取っ払いの小遣い〟である。そのため、継続的な支出ではなく、一回性の助成金であり、先例とはなりえないことが指摘されている（遠藤：一九九二）。その多くは、朝廷側の金融機関である「禁裏《きんり》御倉《みくら》」（詳細は後述）に納入され、その後の支出手続きに関しては、武家側はノータッチである。

一方、「段銭」は、「大田文」に基づき機械的に一反につき何文と賦課するものであり、あくまで国（朝廷）の制度である。しかし、催促・徴収・免除といった「段銭」に関する各権限は、室町殿によって段階的に掌握されていった。

そのため諸国に賦課された「段銭」は、各国の守護が「段銭奉行」などを設置して徴収し、幕府の金融機関である「公方御倉《くぼうおくら》」（詳細は後述）へと納入される。朝廷儀礼に奉仕する公家たちは、儀礼参仕への手当に関しては、朝廷内での支出の手続きは当然としても、この「公方御倉」からも手当を受けるために、幕府側の財政機関である「政所《まんどころ》」にも申請手続きをしなければならなかった。

この頃になると、「段銭」により費用を徴収する国家的行事は、天皇の即位礼など多額な費用を要する儀礼に限られることになった。

二　中世後期の国家財政は「公武共同執行体制」へ

幕府の賦課徴収の代行はいつからか？

「段銭」によって徴収された国費は、公家と武家のそれぞれの財政機関からの決済を必要とした。これが、中世後期の国家財政が「**公武共同執行体制**」であると評価されるゆえんである。

室町幕府は当初、国政費用に関しては、あくまで朝廷側で賦課徴収し、不足分などを「武家御訪」として一回性の助成金で補うというスタンスを取っていた。それが、諸国への賦課徴収までもが、幕府が代行するようになるのはいつ頃であろうか。

近年の研究では、南北朝期（十四世紀）の天皇の即位費用を指標とするならば、文和《ぶんな》二年（一三五三）の北朝の後光厳《ごこうごん》天皇（一三三八〜七四）の即位礼は「武家御訪」で賄われたが、続く応安《おうあん》四年（一三七一）の後円融《ごえんゆう》天皇（一三五九〜九三）の即位礼では、幕府が「即位段銭」の徴収を請け負ったことが実証されている（松永：二〇一三）。

また、「守護出銭《しゅごしゅっせん》」とよばれる守護からの献金による補完もみられる。「守護出銭」とは、土地の広さや収穫物の多少とは関係なく、一国の守護であるということそれ自体が賦課の基準とされ、貞和《じょうわ》二年（一三四六）からその実例がみられる（桑山：二〇〇六）。

本来「守護出銭」は、武家側の行事などの費用調達に用いられるが、四代将軍の義持《よしもち》（一三八六〜一四二八）は称光《しょうこう》天皇（一四〇一〜二八）の即位礼において、段別五十文の「即位段銭」と、一国守護職《しき》別五十貫文の「守護出銭」の二本柱で、それぞれ千八百十二貫文と千九百二十九貫六百二十文を賄った。八代将軍の義政《よしまさ》（一四三六〜九〇）も、後土御門《ごつちみかど》天皇（一四四二〜一五〇〇）の内裏《だいり》の造築と大嘗会の費用調達において、一国守護職別百貫文の「守護出銭」を用いている。

ちなみに、さほど出費をともなわない儀礼費用に関しては、天皇家がもつ荘園からの年貢や、朝廷独自に特定の国へと賦課する「国役」を充て、武家の援助に頼ることなく賄われた。

室町殿がバックアップする「禁裏御料」

足利義満は、明徳《めいとく》三年（一三九二）に「南北朝の合一」をなしとげた。このとき、結ばれた盟約のなかに、天皇家の領地についてのふたつの言及がある。①諸国の国衙《こくが》領を大覚寺統《だいかくじとう》（南朝）の領地とすること。②諸国の長講堂《ちょうこうどう》領を持明院統《じみょういんとう》（北朝）の領地とする、という盟約である。

国衙領というのは、諸国の受領《ずりょう》（国司）がもつ公領のことで、残念ながらこの時期はほとんど形骸《けいがい》化していた。そのため、大覚寺統（南朝）は絵に描いた餅を与えられたようなものであり、その子孫は著しく困窮することになる。

一方、持明院統（北朝）に保証された長講堂領は、実在性があった。長講堂（京都市下京《しもぎょう》区）とは、後白河《ごしらかわ》天皇（一一二七～九四）ゆかりの持仏堂《じぶつどう》で、その死後、後白河が所有していた莫大な荘園群は、この寺院へと寄進された。これが長講堂領の始まりである。この所領は在地の武士による押領《おうりょう》（他人の所領を実力によって収奪・支配すること）に悩まされるものの、室町時代においても健在であり、朝廷の基盤的所領でもあった。

こうした天皇家が所有する荘園を「禁裏御料《きんりごりょう》」とよび、この不動産の相続を保証する立場なのが室町殿である。長講堂領のほかにも法金剛院《ほうこんごういん》領や室町院《むろまちいん》領などがあり、これらの荘園からの収入の算出は、戦前にすでに網羅的に研究が行われている（奥野：一九四二・一九四四）。

「禁裏御料」だけではなく、率分所《りつぶんしょ》（公家が設置した関所）・金山・銀山・供御人《くごにん》（天皇への貢納品を扱う集団）からの補助的な収入も研究によって解明されている。その収入は、室町殿のバックアップもあり、安定していた室町前期（十四世紀末）では、約七千五百貫文ほどが算出されている。あえて現代の貨幣で表せば約七億五千万円であろうか。

「土倉・酒屋」への課税に成功した義満

これらの進納物のおもな保管場所となるのが「土倉」である。「土倉」とは、文字どおり防火・防犯のため土で塗り固められた倉をもつ、貸付《かしつけ》行為などを行う金融業者である。このような金融業は、醸造業（酒屋・味噌屋）を営む者の参入が多かった。そのため室町期の金融業を営む者を「土倉・酒屋」とひと括《くく》りにされる。

酒屋が金融業を営むのは、現代人には違和感を覚えるであろう。当時の醸造業者には、それほど資本が蓄積されていたということなのだろうが、理由はそれだけではない。

室町幕府が金融業者と見なす基準も明らかになっており、倉庫としての「土倉」があり、壺《つぼ》があることがその条件である（清水：二〇二二）。醸造に用いるための倉と壺をもつ「土倉・酒屋」は、まさにその典型であった。酒蔵の中には、質物《しちもつ》（しちぐさ）も置かれていたのであろう。ただし、金融行為は「土倉」や「酒屋」の専業ではなく、土豪・商人・僧侶など、幅広い階層でも行われていたことが明らかにされている（酒匂：二〇二〇）。

さて、京都にある「土倉」は、「山門気風《さんもんきふう》の土蔵《どぞう》」とよばれる山門（比叡山延暦寺《ひえいざんえんりゃくじ》。滋賀県大津市）の支配下にあるものが多々あった。室町幕府が成立すると、京の商工業者への課税の権限が、朝廷側の検非違使庁《けびいしちょう》に替わって、幕府の財政を担当する「政所」が掌握する。足利義満が将軍に就いた十四世紀半ば頃、巨額の資本を有する「土倉・酒屋」に対し、幕府は営業税を課税しようと試みるが、山門勢力の強硬な反対にあった。

めげない義満は、諸国からの「段銭」が滞り、後小松《ごこまつ》天皇（一三七七〜一四三三）の即位費用に苦慮すると、借用という形で、「土倉・酒屋」から資金を調達した。

借用までが限界であったこの〝金のなる木〟の完全掌握をめざす義満は、山門の「土倉」を営む僧侶による「土倉方一衆《どそうかたいっしゅう》」（当初は「馬上《ばじょう》一衆」）を結成させた。彼らは、義満から京都における「土倉・酒屋」への課税・徴収の請負を行った。

「土倉方一衆」は決められた額を「政所」へ納めるが、余剰金は自らの金融業にまわすことができるという役得があった。多額の余剰金が発生していたようで、幕府と「土倉方一衆」の協調関係により、幕府は「土倉・酒屋」を課税対象とすることができたのである（下坂：二〇一一）。

幕府財政を安定化させた「徴税請負制」

「土倉方一衆」の責任者を「納銭方《のうせんかた》」という。

「土倉」では、正実坊《しょうじつぼう》・禅住坊《ぜんじゅうぼう》・定泉坊《じょうせんぼう》といった坊号をもつ法体《ほったい》（僧侶の姿）の者、「酒屋」では、沢村・中村・野洲井《やすい》といった俗人が責任者に就いた。「納銭方」による徴税の請負制は、室町殿の時代においては効率的に機能し、財政を安定させた。

当時、公家であっても武家であっても、京都に住む者にとって、財貨を寺院や「土倉」に預けておくことは、ごく普通のことであった。「土倉」のなかには、幕府の財産を管理する「公方御倉」、内裏の財産を管理する「禁裏御倉」のように、進納物や公的な文書等々も管理するメインバンクとして、独自に契約する者も現れた。安全面・補償面、緊急時の融通の便からも、財産の管理者として「土倉」が活躍することになったのである（桑山：二〇〇六）。

「段銭」といった国家の租税を幕府が請け負うようになると、「公方御倉」は、いわば国庫として機能するようになった。大きな国家的行事の場合は、この「公方御倉」から支出されるようになるのである。

三　室町期に特有の「支出構造」とは？

給付対象者が「支払」を受けるまでの流れ

運営規模が大きい国家的行事への支出（財政支出的には武家の金融機関「公方御倉」から支出）は、

その儀礼に参仕《さんし》する者、いわば**給付対象者**が自ら手続きを行うことになる。給付対象者は、まず、先例に沿って算出された給付額が記された**請取状を作成**する。請取状とは現在でいう領収書だが、ここでは「請取」は「うけとり」と読むより「こいとり」と読むほうが、意味が通じる。

その**提出先**は、**公家側の行事事務のしきり役**である「**儀式伝奏**《てんそう》」となる。「伝奏」とは、もともとは上皇と天皇の間のパイプ役として機能していたが、室町期では「治天《ちてん》の君《きみ》」（天皇家の家長）と室町殿との取り次ぎ役が多い。

請取状を受理した伝奏は、**武家側の行事しきり役**である幕府「**政所**」の「**惣奉行**《そうぶぎょう》」（代々摂津《つ》氏が世襲）宛ての「**切符**《きりふ》」を発給する。「切符」とは、一種の小切手のようなものである。個別に作成されることもあるが、「**袖書**《そでがき》」（ここでは書面の余白に字句を書き添えることか）とよばれる方法で請取状に記されることが多い。だが、この「切符」は即換金できるわけではない。

給付対象者は、宛先である**幕府の**「**惣奉行**」の**元へ自ら**「**切符**」**を持参し**、**承認を受け**なければならなかった。さらに、「**惣奉行**」は、**幕府の奉行人宛て**の「**下書**《くだしがき》」とよばれる**請求書を作成**する。このときもたいていは、請求書の余白に記される。さらに給付対象者は、**数人いる幕府奉行人の元へと持参**しなければならない。そこで、**奉行人の署名・加判**《かはん》（花押《かおう》［サイン］をすえる）がなされれば、ようやくこの切符は効力を発揮するのである。

給付対象者が「支払」を受けるまで

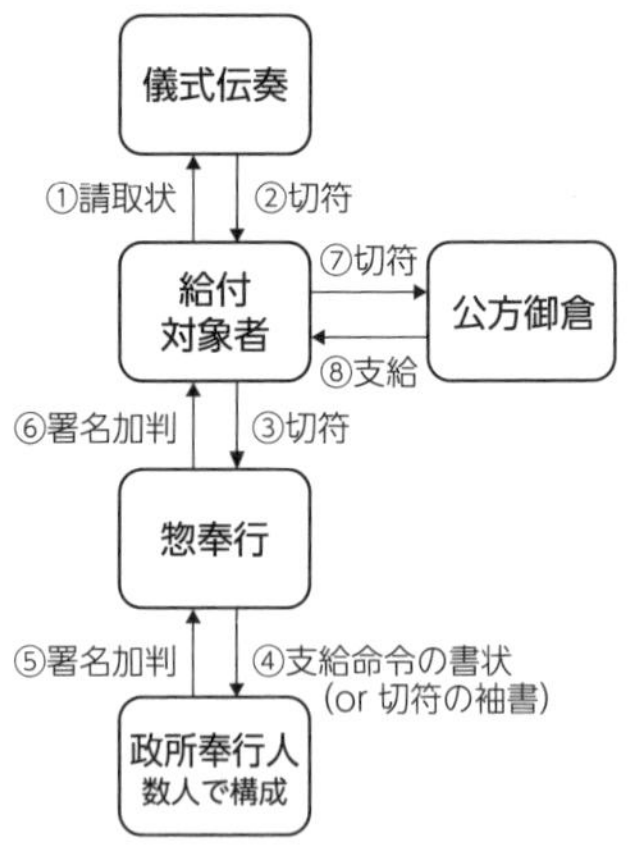

＊ただし、大規模な行事・儀式で武家主体の「公方御倉」が支払にかかわるケース。
作成・久水俊和

上図の丸数字と矢印（↓）を参照しながら、以下の文章からその流れを具体的に確認してほしい。同図のケースは、運営規模が大きい国家的行事を前提とした、財政支出的には**武家主体の「公方御倉」**がかかわる場合である。行事・儀礼規模が小さい**公家主体の「禁裏御倉」**がかかわるケースは、後述する。以下、図を参照に解説したい。

給付対象者自らが、①「**請取状**」（領収書）を作成⇓「請取状」を公家側の行事事務のしきり役（「**儀式伝奏**」）に提出⇓「請取状」を受理した「**儀式伝奏**」は、武家側の行事しきり役である幕府「政所」の「**惣奉行**」宛ての②「**切符**」を発給⇓給付対象者は、「切符」の宛先である「**惣奉行**」の元へ**自ら**③「**切符**」を持参し、承認を受ける⇓「**惣奉行**」は、幕府「**政所奉行人**」宛ての④**請求書（支給命令の書状）**を作成（もしくは切符の余白に袖書）⇓さらに給付対象者は、**自ら**その請求書・「切符」を数人いる幕府「**奉行人**」の元へと持参⇓「**奉行人**」「**惣奉行**」が順次**署名・加判**し（⑤⑥）、「切符」は効力をもつ⇓**給付対象者**は、国庫の管理機関である「**公方御倉**」へ**自ら**赴き、⑦「**切符**」の決済を受け、⑧**支給**にいたる（支給の実態については、後述）。

なんとも煩雑な「室町期型」個別下行方式

⑥までくれば、あとは国庫の管理機関である「公方御倉」へ自ら赴き、「切符」の決済を行うだけとなる。こうした煩雑ともいえる公武両財政機関の承認を経て決済される**支出構造**は、室町期特有のものであり、研究上、「**室町期型**」**個別下行**《げぎょう》（支給）**方式**と評価される（久水：二〇一一）。

しかし、実際に給付（**⑧の支給**）を受けるためには、さらに苦労をともなう。

いま述べたように、給付を受けるためには**伝奏・惣奉行・奉行人**の「公武の三部署」の承認が必要であり、それを逆手に取り、それぞれの段階で礼金を要求してくる者もいる。たいてい一割程度だが、払わないと承認が拒否されるおそれもあり、しぶしぶ払わざるをえなかった。

このような中抜き《なかぬ》行為は、室町期においては各部署にみられる。たとえば、ある物品の購入担当者が、見積書を高めに設定し、実際の購入金額との差額を懐に入れたりする。現代人にとっては、コンプライアンス（法令遵守《じゅんしゅ》）に反するような行為といえる。しかし、手当の出ない彼らにとっては、このような中抜きはいわば額の大きいチップのようなものであった。

分配役を介した公家側のみの「支出」ケース

財政規模の小さい諸社祭（神社の例祭もこの頃は公事である）や宮中の年中行事などの支出については、幕府の財政機関がかかわることはなく、朝廷側の機関のみで処理されることはすでにふれた。この場合の支出のキーマンになるのが「**分配役**」といわれる者である。「分配役」はその名のとおり、行事・儀礼に参仕した各部署に費用を分配する役目を負う者である。

前述の図に示した「**室町期型**」**個別下行**（支給）**方式**は、現実的には「伝奏」とじかに交渉ができる上級貴族に限られ、**下級官人の場合は、個別ではなく代表者に一括して支給**される。つまりその下級官人の代表者が「**分配役**」である。

「分配役」は、必要経費の請求書ともいえる「注進状《ちゅうしんじょう》」を作成し、儀式の運営の要《かなめ》である朝廷側の「**奉行**」へ提出する。「奉行」はその請求書に署名し、「添状《そえじょう》」とともに「**長橋局**《ながはしのつぼね》」へと申請する。「長橋局」とは勾当内侍《こうとうのないし》のことで、内裏の経理などの事務処理全般を統括し、天皇との取次を担当する女官をさす。つまり、天皇の財布の紐《ひも》は、彼女（「勾当内侍」）が握っているのである。

「分配役」は、「長橋局」へ「請取状」（領収書）を提出し、「**禁裏御倉**」**から費用を一括して受け取り、各部署へ配分**する

「禁裏御倉」は、天皇の金銭や御物《ぎょぶつ》を管理する特別な「土倉・酒屋」だが、僧侶が運営した「公方御倉」とは違い、辻《つじ》氏や立入《たてり》氏といった俗人が運営している。「公方御倉」研究に比べ、研究の深化は

遅れていたが、「酒屋・土倉」の系譜を引かない天皇の倉の管理者出身である辻氏の実態が明らかになるなど、「禁裏御倉」についても近年明らかになってきている（酒匂：二〇二〇）。

分配役を介した武家が「支出主体」のケース

　財政規模が大きい支出となると、公家側の財政機関のみではままならず、武家の財政機関である「公方御倉」による補完が必要となることは、先の図によって、その承認の流れを含めすでに詳細に説明した。とくに大きな行事・儀礼では、先に述べた「儀式伝奏」が置かれた。

「伝奏」が置かれない場合は、「分配役」から朝廷側の「奉行」へ注進され、「奉行」から「長橋局」へ申請されるまでは、公家が支出主体のときと変わらない。

　しかし、幕府のメインバンクである「公方御倉」から支出されるため、「分配役」は、「奉行⇓長橋局」の承認を経て、書類を整えて幕府「政所」へ赴き、「政所」の承認も経なければならない。その後、**「公方御倉」から費用を受け取り**、**「分配役」は各部署へと分配**する。

　ただし、個別で下行（支給）を受けるときと同様に、武家側により「酒直引《さかてびき》」とよばれる支出額の一割程度の控除がなされる。武家側の手数料といったところであろうか。

「伝奏」が置かれた場合は、「奉行⇓長橋局」の承認を経た後に、「伝奏」の承認も必要となり、「切符」が発給される。その後は「配分役」が「切符」を「政所」へ持参し、先の図で示した**「室町期**

型」個別下行（支給）**方式**と同様の手続きを行い、「公方御倉」から給付を受ける。

おわりに――今後の研究進展の展望について

室町期の国家財政は、室町中期までに幕府財政との共同執行により、公武同一の帳簿を用いる財政構造となっていた。

今後の研究進展の余地について述べる。

徴収構造では、「段銭」については行き着くところまで解明されていると評価できよう。むしろ、朝廷が一国単位に賦課する「国役」や、非農業民研究の大家である網野善彦氏（一九二八～二〇〇四）以降、下火となりつつある朝廷の職能民に課される税については、研究の余地が残されている。中世の地下《じげ》官人《かんにん》および商工業者の文書集である史料纂集《さんしゅう》古文書編『京都御所東山御文庫《ひがしやまごぶんこ》所蔵地下文書《じげもんじょ》』（八木書店、二〇〇九年）などは、その解明の手がかりとなりえよう。

また、「公方御倉」研究より後れをとっていた「禁裏御倉」研究についても、「禁裏御倉」を管轄した立入家の文書群も翻刻化され（『叢書　京都の史料12　禁裏御倉職立入家文書《きんりみくらしきたてりけもんじょ》』京都市歴史資料館、二〇一二年）、今後の研究の進展が期待できる。

支出構造の解明の素材として有効なのが、財政帳簿や現在のビジネス文書で用いられる見積書や請求書、そして領収書にあたる文書である。これまでの研究においては、内裏に仕えている女官の日記（たとえば「御《お》湯《ゆ》殿《どの》上《のうえ》日記」〔室町中期から江戸末まで内裏に仕える女官が書き継いだ当番制の日記〕）などの記録類に頼ることが多かった。

　そのため、実際の収支に使用された帳簿や書類を活用した研究が、あまりなされてこなかったのである。書類などは散在していることが多く、史料探訪に苦慮することも要因にあげられる。

　しかし、翻刻こそほとんどされていないものの、皇室の文庫である東山御文庫（京都市上京《かみぎょう》区の京都御所内）、皇室関係の資料を管理する宮内庁書陵部《くないちょうしょりょうぶ》（東京都千代田区）には、財政構造の解明の手がかりとなる帳簿や書類が多数所蔵されている。近年では、国立歴史民俗博物館（千葉県佐倉市）所蔵の「船橋清原家《ふなばしきよはらけ》旧蔵史料」「田中穣《たなかゆたか》氏旧蔵典籍古文書」「広橋家《ひろはしけ》旧蔵記録文書典籍類」などの文書群にも良質な解明素材がある。

「公武共同」執行の財政構造がいつ具体的に完成したかなど、まだまだ事実関係がおぼろげなことも多い。

　だが、解明の素材はそろいつつある。あとは、根気で、これらの史料群を分析し、研究の最前線を少しずつ前進させるだけである。まさに、明治大学ラグビー部元監督北島忠治氏（一九〇一〜九六）の「前へ。」の哲学である。

【主要参考文献】

市原陽子「室町時代の段銭について（Ⅰ）（Ⅱ）」（『歴史学研究』四〇四・四〇五、一九七四）
井原今朝男『室町廷臣社会論』（塙書房、二〇一四）
遠藤基郎「中世における扶助的贈与と収取」（『歴史学研究』六三六、一九九二）
桑山浩然『室町幕府の政治と経済』（吉川弘文館、二〇〇六）
酒匂由紀子『室町・戦国期の土倉と酒屋』（吉川弘文館、二〇二〇）
清水克行『室町社会史論―中世的世界の自律性』（岩波書店、二〇二一）
下坂守『京《みやこ》を支配する山法師たち―中世延暦寺の富と力』（吉川弘文館、二〇一一）
白川哲郎「鎌倉期王朝国家の政治機構」（『日本史研究』三四七、一九九一）
田沼睦『中世後期社会と公田体制』（岩田書院、二〇〇七）
早島大祐『首都の経済と室町幕府』（吉川弘文館、二〇〇六）
久水俊和『室町期の朝廷公事と公武関係』（岩田書院、二〇一一）
同『中世天皇家の作法と律令制の残像』（八木書店、二〇二〇）
松永和浩『室町期公武関係と南北朝内乱』（吉川弘文館、二〇一三）
百瀬今朝雄「段銭考」（寶月圭吾先生還暦記念会編『日本社会経済史研究』中世編に所収、吉川弘文館、一九六七）

【さらに詳しく学びたい読者のために】

「酒屋・土倉」や公武共同財政構造の研究については、以下の三点があげられよう。③は、僭越《せんえつ》ながら拙著であり主要参考文献とかぶっている。

①下坂守「中世土倉論」（日本史研究会史料研究部会編『中世日本の歴史像』創元社、一九七八）

②井原今朝男『室町期禁裏・室町殿統合システムの基礎的研究』（平成二〇年度〜平成二三年度科学研究費補助金基盤研究（C）研究成果報告書、二〇一二）

③久水俊和『室町期の朝廷公事と公武関係』（岩田書院、二〇一一）

①は、中世の土倉に関する基盤的論文である。

②は、いわゆる科研費の研究成果報告書で入手が難しいが、公武共同執行体制の様相の詳細な説明がなされている。

③は、室町期の朝廷公事の徴収構造と支出構造について、帳簿を用い図表を駆使しながら論じている。

第II部

室町幕府と都鄙

〈第五章〉
【幕府と在京大名】

幕府の全国支配と「在京大名」の重要な役割とは?

川口成人

はじめに――使われなくなった「守護大名」

室町時代の大名といったとき、多くの読者は「**守護大名**《しゅごだいみょう》」という言葉を思い浮かべるのではないだろうか。

具体的な人物としては、「応仁《おうにん》・文明《ぶんめい》の乱」(一四六七~七七年)で争った東軍の細川勝元《ほそかわかつもと》(一四三〇~七三)や、西軍の山名持豊《やまなもちとよ》(宗全《そうぜん》。一四〇四~七三)がよく知られている。また個々の人名はさておき、斯波《しば》・細川・畠山《はたけやま》・一色《いっしき》・山名・赤松《あかまつ》・京極《きょうごく》・土岐《とき》・六角《ろっかく》といった家の名も、読者はどこかで耳にしたことがあるかもしれない。

守護大名という言葉は、当時の史料にみえるわけではなく、あくまで学術的な概念・用語である。

しかし、最近の室町時代の研究において、守護大名という言葉が使われることは少なくなっている。それどころか、「大名」を「ダイミョウ」と読むことさえ、自明のものではなくなっているのである。では、**なぜ守護大名という言葉は使われなくなったのか**。そして、現在にいたる研究によって、室町時代の大名像はどのように変わったのか。**キーワードは「在京」**である。

一　「守護大名」が定着した背景

かつての通説——「守護領国制」論

守護大名という言葉は、一九五〇年代以降の室町幕府・守護研究の流れと密接に関係している。まず、先学の整理に拠《よ》って、この点を述べておきたい（川岡：二〇〇二、末柄：二〇一三）。

一九五〇年代、室町時代の守護は、**地域権力**として荘園を侵略し、在地の武士（国人《こくじん》）を被官化していくことで、守護分国《ぶんこく》の領国化を進めたとされた（**「守護領国制」**論）。この議論では、**室町幕府は守護大名による連合政権**と見なされていた。

そして、幕府から付与された使節遵行《しせつじゅんぎょう》（現地に使節を派遣して幕府の命令を執行すること）や半済《はんぜい》（所領からの収入や土地の支配を半分に分割する措置）などの権限によって、分国の支配を強化した点で、鎌倉時代の守護との差違が見いだされた。

また、幕府の任免による守護職に依拠した守護大名と、自立的な地域権力となった戦国大名との段階差も強調された。鎌倉時代の守護を前提とし、室町時代の守護が大名化して守護大名となり、それに代わって戦国時代の戦国大名が登場するという図式である。

「守護大名」の前提はすでに破綻

ところが、早くも一九六〇年代に入ると、この議論の再検討が進んだ。守護の支配が荘園制の枠組みに依拠していたことや、国人の被官化も部分的であったことが指摘された。

さらに同時期には、奉公衆《ほうこうしゅう》や奉行人《ぶぎょうにん》といった幕府の直臣《じきしん》集団や、幕府の直轄地である御料所《ごりょうしょ》といった、将軍権力の独自基盤への注目が集まった。これにより、**室町幕府は守護大名の連合政権ではなく、将軍への求心的な構造をもっていたことが重視される**ようになった。

以上のような議論によって、**守護が分国を領国化したという考え方自体が、成り立たなくなった**。先にみた「**鎌倉時代の守護→室町時代の守護大名→戦国時代の戦国大名**」**という図式の前提となる議論は、一九六〇年代にすでに破綻《はたん》していたのである**。

しかし、各時代の相違を示す術語としての利便さゆえか、「守護大名」という言葉は、研究の進展に反して定着してしまった。そして、教科書などを中心に、長らく利用されつづけているのが現状である（末柄：二〇一三）。

二　「室町幕府―守護体制」論

幕府と守護が相互補完的に結合

一九七〇年代に入り、新たな議論が模索されるなか、「**室町幕府―守護体制**」論が提唱された。その主唱者である田沼睦氏は、一九七〇年代までに進展した将軍権力・守護・国人三者の研究成果を総括した議論を展開した。

そのうえで、「幕府の全国支配のあり方を論じていくに際し、守護はやはり中心に据えられなければならない」として、幕府の全国支配のなかで守護を明確に位置づけた（田沼：一九七六）。

そして、一九八〇年代から二〇〇〇年代にかけて、川岡勉氏が「室町幕府―守護体制」論を継承し、発展させた（川岡：二〇〇二）。この議論は、以後の研究に多大な影響を与えた。さらに、本稿の内容にも密接にかかわってくるので、少し詳しくみておこう。

川岡氏は、守護をたんなる地域権力と見なすのではなく、**中央国家と地域社会の媒介項として重視**する。そのうえで、**中央と地方の双方で、幕府と守護が相互補完的に結合し機能することによって、幕府の全国支配が行われていた**ことを論じる。すなわち、

①中央では、中核となる将軍の上意《じょうい》を、守護家集団の衆議《しゅうぎ》が支えていた。

②地方では、守護に多くを依存しつつも、守護の幕政参加と守護職補任《ぶにん》を通じて、分国支配が国家

的に保証されていた。
と評価したのである。

守護在京の重要性

従来の議論では、将軍の専制的方向と守護家の合議制的方向が対立的にとらえられてきた。これに対し川岡氏は、十五世紀前半の義持《よしもち》・義教《よしのり》期における守護家の家督相続の過程を検討し、将軍の上意が優越することを重視しつつも、地域社会の状況や守護家集団の意思が、上意を規制していたことを指摘した。

また、地方で活動する自立的な国人も、守護に協力する側面があったことを指摘する。そして、守護職補任によって、守護が安定的に体制に位置づけられることで、国人統制が実現していたとした。**こうした構造を支える重要な要素が**「**守護在京**」である。田沼氏も守護在京に言及するが、幕府支配体制からの「離脱防止策」とされ、それほど重要視されてはいない。

これに対し川岡氏は、「在京守護が中央政権に参画し幕府権力の構成員となるところに、この時期の室町幕府―守護体制の重要な特質がある」とし、**在京守護の幕政参加が中央の政権運営・地方の分国支配の双方で重要な役割を果たした**ことを強調している。

川岡氏の著書（川岡：二〇〇二）の刊行に前後して、室町時代の荘園制や首都京都の社会経済的な求心構造を重視する研究が活発に行われていた（伊藤：二〇一〇、早島：二〇〇六など）。これらは、守護在京による京都の荘園領主支配の安定化や、京都と守護分国の交通の緊密化を重視する点で、川岡氏の議論と親和的な側面を有していた。

そうした研究状況も相まって、「室町幕府―守護体制」論は支持を集めていったのである。

「室町幕府―守護体制」論の問題点

ただし、中央と地方を視野に入れたスケールの大きさゆえか、「室町幕府―守護体制」論に対しては、批判も多く出されることになる。

詳細にはふれないが、二〇〇〇年代中頃から二〇一〇年代の室町時代研究は、この「室町幕府―守護体制」論をめぐる活発な論争がひとつの軸となって展開した。そこでの論点は多岐にわたったが、本稿では守護の在京に関する次の指摘を挙げておきたい（吉田：二〇一〇）。

先に述べたように、川岡氏の議論は、**守護が在京して幕政に参加したことを重視**する。ところが、よく知られているように、守護がすべて在京し、幕政に参加していたわけではない。奥州・東国・九州には、それぞれ奥州探題《おうしゅうたんだい》・鎌倉府《かまくらふ》・九州探題といった広域支配機関が設置され、諸勢力は在国していた。なお、鎌倉府配下の東国武士たちは、一定度鎌倉に集住した（「在鎌倉」）。

また、越後《えちご》（新潟県の本州部分）・信濃《しなの》（長野県）・駿河《するが》（静岡県中部・北東部）といった東国との境界地域、周防《すおう》（山口県東南部）・長門《ながと》（山口県西部）・伊予《いよ》（愛媛県）といった西国との境界地域の守護を務めた勢力は、政治情勢に応じて上洛《じょうらく》・下向《げこう》していた。

こうした恒常的に守護の在京しない地域の位置づけが、「室町幕府―守護体制」論の問題点として指摘された。そして、在京して幕政に参加する存在と、そうではない存在を一律に守護として把握する点にも疑問が呈されたのである（吉田：二〇一〇）。

三　そもそも「大名」とは？

区別されていた「大名」と「守護」

「室町幕府―守護体制」論をめぐる論争を牽引《けんいん》した吉田賢司氏の研究によって、室町幕府と在京大名に関する研究は大きく深化した。

吉田氏は、先述した「室町幕府―守護体制」問題点をふまえて、**幕政に参加する在京大名**と、**地域権力としての守護の役割や職権を明確に区別するべき**とした。そして、**在京大名は基本的に守護を兼ねるため、大名と守護は混同されてきたが、両者は活動内容により、基本的に史料上では書き分けられていたこと**を指摘した。

たとえば、将軍から諮問を受けたときや、後述する分国外の地域と交渉する場合には、「大名」と認識されている。一方、分国への下向や軍事動員など、分国と関係する案件では、史料上「守護」と表記されたのである。

また、大名家の家督交代の際には、室町殿から知行地安堵状《あんどじょう》と守護職補任状の二通が与えられていた。これに着目し、大名が家督と守護のふたつの側面を有していたことを指摘した。

以上をふまえて吉田氏は、「在京して幕政の一翼を担う諸大名が、地域行政に携わる守護職を兼ねていた」という見方を提示した。**守護が大名化して守護大名となったのではなく、大名が守護職に任じられていたというのが実態**だったのである。

史料にみえる「大名」

吉田氏の研究によって、「大名」という言葉にも注目が集まるようになった。ただし、史料にみえる「大名」という言葉自体が、さまざまに用いられている点にも留意したい。

たとえば、武家のなかでも守護職をもつ有力者に限らず、赤松氏の庶流である有馬義祐《ありまよしすけ》（?～一四二一）を、「一家」の「大名」とよんだ事例（『看聞日記《かんもんにっき》』応永《おうえい》二十八年〔一四二一〕十月二十六日条）、室町幕府の有力奉行人の飯尾清藤《いのおきよふじ》を「大名」とよんだ事例がある（『廿一口供僧方評定引付《にじゅういっくくそうかたひょうじょうひきつけ》』応永三十年〔一四二三〕正月二十一日条）。

また幕府関係者以外でも、興福寺《こうふくじ》（奈良県奈良市）の衆徒筒井《しゅとつつい》氏や越智《おち》氏を「大和《やまと》大名」と称したり（『多聞院《たもんいん》日記』永正《えいしょう》二年（一五〇五）二月六日条）、比叡山延暦寺《ひえいざんえんりゃくじ》（滋賀県大津市）に属する「山僧」の有力者を「諸大名」と表記したりした（『日吉《ひえ》神輿《しんよ》御入洛《ごじゅらく》見聞《けんぶん》略記《りゃっき》』）。

こうした事例からもわかるように、「大名」という言葉は、「ある母集団のなかでの有力者、主立った人、という意味で使用される」普通名詞である。母集団によって、「大名」のさす内容は、変化するという点を押さえておく必要がある（山田：二〇一〇）。本稿が取り上げる「大名」とは、**室町殿の下に結集し、幕府を構成する在京直臣のなかで、守護職をもつような有力武家の家格、あるいは家格に属する者**ということになるだろう（山田：二〇一〇、末柄：二〇一三）。

「大名」の読み方——ダイミョウかタイメイか？

この「大名」という言葉は、一般に「ダイミョウ」と読まれていると思われる。

しかし、吉田氏も指摘するように、当時の史料には「たいめい」「タイメイ」「大めい」といった表記が見いだされる（吉田：二〇一〇。『建内記《けんないき》』『大乗院寺社雑事記紙背文書《だいじょういんじしゃぞうじきしはいもんじょ》』『山科家礼記《やましなけらいき》』『言国卿記《ときくにきょうき》』『御湯殿上日記《おゆどののうえのにっき》』など）。なお、当時の辞書『節用集《せつようしゅう》』をみると、文明《ぶんめい》本では「大名《メイハ》守護、大名《ミヤウハ》銭《ゼニ》持《モチ》」と記し、明応《めいおう》本では「大名《タイメイ》」に「守護之儀、銭持之儀」と記しており、参考になる。

また、あくまで江戸時代の史料だが、小宮木代良氏が紹介した書札礼書《しょさつれいしょ》（文書の形式や文言などの作法・故実を記した書物）の『武家書法式《ぶけしょほうしき》』の記述も注目される（小宮：二〇〇六）。これによると、江戸時代には、「たいめい」は出自や身分の優れている者、「たいめう（ダイミョウ）」は出自が卑しくとも、文武の実力によって立身し身分を得た者とする認識があったようである。「大名」の読みは、史料の記主の読み癖や当時の呉音・漢音使用、そして古辞書の諸本といったさまざまな問題が絡んでおり、今後も検討が必要であろう。

じつは、吉田氏の研究以前にも、大名に「たいめい」と読み仮名を振る論文や著書は出されていた（百瀬：一九七六など）。しかし、研究者のなかでも「タイメイ」は一般化せず、「ダイミョウ」という読みが通用していた。その背景には、守護が大名化して守護大名となり、そして戦国大名が登場するという図式があったのではないだろうか。

筆者は、**室町殿の下に結集し幕府を構成する在京直臣のなかで、守護職をもつような有力武家を、「大名《たいめい》」あるいは「在京大名《たいめい》」として意識的におよび、研究用語として使用する立場をとりたい。**それは、従来の守護という側面だけでは把握できなかった大名《たいめい》としての活動を明らかにすることや、根強い「守護→守護大名→戦国大名」という図式を相対化することに有効だと考えるからである。

四　幕政に参加した「在京大名」

大名の幕政参加

ここからは大名《たいめい》の在京活動に注目してみたい（**以下、「大名」表記にとくに振り仮名がないものは「たいめい」と読むこととする**）。

十四世紀の「南北朝内乱」の過程における有力武家の淘汰《とうた》と、応永期（一三九四〜一四二八年）以降における幕府の階層秩序の整備により、在京大名の基本的な構成員が定着していく。具体的には、足利一門の斯波・細川・畠山・一色・山名（これらの庶流家も含む）、非足利一門の赤松・土岐・六角・京極といった家が該当する（吉田：二〇一〇）。

応永六年（一三九九）の「応永の乱」（周防の大内義弘《おおうちよしひろ》〔一三五六〜一四〇〇〕の幕府への反乱）以降、南北朝期にあった大幅な守護職の改替がなくなり、世襲によって継承されるようになる。先に挙げた古辞書類で、**大名と守護を同一視する記述がみられた背景には、こうした守護の世襲化があったと考えられる**（末柄：二〇一三）。

大名は、室町殿を補佐する管領《かんれい》（斯波・細川・畠山）や幕府の京都支配を担当する侍所頭人《さむらいどころとうにん》（一色・山名・赤松・京極・土岐）といった役職に就任して、幕政に関与した。

また、室町殿からの諮問や諸大名の合議である「大名衆議」に参加して、幕府の意思決定に重要な役割を果たした。大名衆議は、室町殿への分担金の負担・拠出（研究史上「守護出銭《しゅっせん》」とよばれる）や、軍事行動についての議案が多くを占めていた。

さらに、大名は幕府の年中行事、室町殿の御成《おなり》や寺社参詣など、さまざまな儀礼・行事に参加した。とくに、御成や分担金の拠出といった経済的な面に顕著だが、在京して幕政に参加することの負担は、非常に大きなものがあった。

「室町領主社会」の有力な構成員

ただし、大名にとっての在京を、室町殿による強制や負担としてのみとらえるのも一面的である。川岡氏も論じたように、在京して幕政に参加することは、分国支配を保証・維持することにもつながった。また、大名に限らないが、室町殿との関係を形成・維持していくことで、所領の宛行《あておこない》（給付）・安堵をはじめとして特権的な利益を享受できた。武家を組み込むことで再編・維持された荘園制の枠組みは、金融業者とも結びつき京都へ富を集積し、大名もその恩恵にあずかった（早島：二〇〇六、伊藤：二〇一〇）。

さらに、ともに在京する公家や僧侶、神職との交流によって、大名自身のみならずその配下の被官（大名被官）にまで京都の文化が受容された（川口：二〇一八）。

室町殿を中核とし、大名をはじめとする在京直臣・公家・権門《けんもん》寺社の人びとを主要構成員とする支配者集団の社会を、山田徹氏は「室町領主社会」と呼称している（山田：二〇一〇）。在京大名は、室町領主社会の有力な構成員であり、政治・経済・文化などのさまざまな面で、特権や恩恵を享受していたのである。

五　分国以外にも影響力があった「在京大名」

大名やその一門による分国外の所領支配

教科書や概説書には、守護分国ごとに色分けした地図が掲載されていることが多い。また、播磨《はりま》赤松氏、能登《のと》畠山氏というように、分国の名を冠して大名をよぶこともみられる。これらは一概に誤りというわけではないが、在京大名たちが分国以外の諸地域にも影響力をもっていたことに留意する必要がある。まず所領支配について取り上げよう。

吉田賢司氏や山田徹氏は、**南北朝期以来、中央の政局と連動しながら、大名が分国外にも大規模な所領を集積していたことを指摘**している。とくに山田氏は、畠山氏が守護を務めた越中《えっちゅう》国（富山県）における所領の構成を検討し、在京大名の斯波氏（およびその一門）や、細川氏が広大な所領を知行《ちぎょう》していたことを明らかにしている（吉田：二〇一〇、山田：二〇〇八・二〇一一）。

さらに山田氏は、守護以外の人物が郡単位で守護の権限を行使したとされる事例を再検討している。

これらは、守護権が分割されたものと評価され、「分郡守護《ぶんぐん》」とよばれてきた。だが、山田氏の研究により、これらは郡単位に設定された所領知行であることが明らかになった（山田：二〇一三）。

このなかには、細川讃州《さんしゅう》家（阿波《あわ》守護）によって知行された備前《びぜん》国児島《こじま》郡（岡山県玉野市と岡山市南区・倉敷市の一部）をはじめ、大名やその一門による分国外の所領が多くみられる。

こうした分国外所領は、室町殿との関係によって確保・維持されることが少なくない。これも、先述した大名が在京することによる特権・恩恵だったといえる。もちろん、守護分国で所領が集積され、大名の経済的な基盤となることもみられる。

ここでは、**守護の側面ではとらえられない、分国外の広範な所領支配の存在が、室町時代の中央政治や地方支配を考えるうえで軽視できない**、ということを強調しておきたい。

〝非在京の地域権力〟と交渉する「在京大名」

分国外の地域に影響力をもった事例としては、〝非在京の地域権力〟との交渉が挙げられる。これは、幕府の全国支配と関係して重要である。最後にこの点を紹介しよう。

桜井英治氏や吉田賢司氏は、おもに十五世紀前半の義持・義教期を対象に、**幕府と非在京の地域権力との交渉を、大名や将軍側近が取次役となって担っていた**ことを明らかにした（桜井：二〇〇一、吉田：二〇一〇）。その交渉の多くは、軍事命令や家督相続、所領の引き渡しといった、幕府の全国支配を考えるうえで重要な案件を扱っている。

これらの地域へ幕府が命令を下す際は、特定の大名が室町殿の文書に書状を添えて出すか、もしくは室町殿の文書なしで私的な書状を出していた。ただし、私的な書状であっても室町殿の意向を受けており、その内容は室町殿に確認・検閲されていた。

一方、地域権力の側も、特定の大名を窓口にして幕府との連絡をとっており、**大名は地域権力の中央における代弁者となった**のである。なお、地域権力が上洛した際には、取次役の大名が対応し、在京時の作法などを指南した。

実例をいくつか挙げておくと、**細川氏**が奥州や東国、**斯波氏**が奥州探題大崎《おおさき》氏や九州探題渋川《しぶかわ》氏、**畠山氏**が越後上杉《うえすぎ》氏・長尾《ながお》氏や肥後菊池《ひごきくち》氏、**山名氏**が駿河今川《いまがわ》氏・周防大内氏、**赤松氏**が伊勢北畠《いせきたばたけ》氏や薩摩島津《さつましまづ》氏との交渉を担当した。取次役は時期ごとに変遷があり、また室町殿側近が関与することもあった。細川氏のように、戦国期にいたるまで奥州との交渉を担当しつづけた事例もある。

この交渉は、大名個人で完結するものではなかった。室町殿・大名とともに大名被官が文書を発給し、地域権力からの使者や在京雑掌《ざいきょうざっしょう》（京都に置かれた地域権力の代官）と折衝することで交渉を補完していた（吉田：二〇一〇）。

たとえば、細川氏被官の寺町《てらまち》氏は、室町期から戦国期を通じて幕府と奥州の交渉に継続して関与している（川口：二〇一八）。大名に加えて、被官のもとにも交渉の文書や人脈が蓄積されていたとみられる。

室町幕府と〝非在京の地域権力〟との交渉は、在京大名によって組織的に遂行されていたのである。

幕府の多元的な全国支配

ここで紹介した、大名による分国外の所領支配と〝非在京の地域権力〟との交渉は、ともに守護職と直接関係しない活動である。

大名による分国外の所領支配は、守護職に依拠したものではない。在京大名が守護職をもつ国では、守護以外に、別の国の守護を務める大名や大名の一門による所領も確認できる場合が多いのである。

また、非在京の地域権力との交渉を担った大名は、交渉する地域の守護職に補任されていたわけではない。つまり、この交渉は、**守護としてではなく、幕政に関与する大名としての役割**として理解できる。

守護分国ごとに色分けされた地図からはうかがえないが、**在京大名は分国だけでなく、分国外の地域にも所領支配や取次役としての交渉を通じて、影響力をもっていた**のである。

「室町幕府―守護体制」論で論じられたように、幕府の全国支配のなかで、守護は重要な役割を果たした。それに加えて、在京大名としての役割に注目することで、幕府の多元的な支配のあり方がみえてくるのである。

おわりに――新たな室町時代像の構築をめざして

以上、本稿では研究史にもふれつつ、「室町幕府と在京大名」というテーマについて述べてきた。前半では、根強い「守護大名」という呼称の淵源《えんげん》を説明した。その後、「守護在京」を重視し、中央と地方の相互補完を説く「室町幕府―守護体制」論が登場し、研究者の支持を集めたことにふれた。そして、「室町幕府―守護体制」論をめぐる論争のなかから、**在京する大名が地方支配を担う守護を兼ねているという**、新たな見方が提示されたことを紹介した。この議論の一環で、大名の読み方として、「ダイミョウ」ではなく「タイメイ」が提示されていることにも言及した。

さらに後半では、「在京大名」の定着と幕政参加にふれつつ、大名が室町領主社会の有力構成員として、諸側面で特権や恩恵を享受したことを論じた。そのうえで、在京大名の分国外の所領や非在京勢力との交渉を取り上げ、守護の側面だけでは把握できない重要な役割を担っていたことを指摘した。

ここまでで、「室町幕府と在京大名」に関するすべての論点を紹介できたわけではない。本稿では大名の在京活動に重点を置いたが、守護の分国支配に関する議論も、守護以外の諸勢力の実態解明とともに研究が深められている。

室町時代の大名は、京都と地方の双方において、政治・経済・文化など広範な分野に関係する重要な存在である。したがって、その活動の解明は、さまざまな議論の進展にも寄与し、新たな室町時代像の構築へとつながる可能性を秘めているのである。

【主要参考文献】

伊藤俊一『室町期荘園制の研究』（塙書房、二〇一〇）
川岡勉『室町幕府と守護権力』（吉川弘文館、二〇〇二）
川口成人「大名被官と室町社会」（『ヒストリア』二七一号、二〇一八）
小宮木代良『江戸幕府の日記と儀礼史料』（吉川弘文館、二〇〇六）
桜井英治『室町人の精神』（『日本の歴史』12、講談社、二〇〇一）
末柄豊「大名は任国ではなく京で幕政に関与した」（『応仁・文明の混迷と戦乱』〈『週刊新発見！日本の歴史』24、朝日新聞出版、二〇一三〉）
田沼睦「室町幕府・守護・国人」（同著『中世後期社会と公田体制』岩田書院、二〇〇七、初出一九七六）
早島大祐『首都の経済と室町幕府』（吉川弘文館、二〇〇六）
百瀬今朝雄「応仁・文明の乱」（朝尾直弘ほか編『岩波講座日本歴史七 中世三』岩波書店、一九七六）
山田徹「南北朝期における所領配分と中央政治―室町期荘園制の前提」（『歴史評論』七〇〇号、二〇〇八）
同「室町領主社会の形成と武家勢力」（『ヒストリア』二二三号、二〇一〇）
同「室町期越中国・備前国の荘郷と領主」（東寺文書研究会編『東寺文書と中世の諸相』思文閣出版、二〇一一）

同「「分郡守護」論再考」(『年報中世史研究』三八号、二〇一三)
吉田賢司『室町幕府軍制の構造と展開』(吉川弘文館、二〇一〇)

【さらに詳しく学びたい読者のために】

①川岡勉『室町幕府と守護権力』(吉川弘文館、二〇〇二)
②大薮海「室町期守護論の「これまで」と「これから」」(『増補改訂新版　日本中世史研究入門—論文を書こう』勉誠出版、二〇二一)
③吉田賢司『室町幕府軍制の構造と展開』(吉川弘文館、二〇一〇)
④河村昭一『南北朝・室町期一色氏の権力構造』(『戎光祥研究叢書』8、戎光祥出版、二〇一六)

①は、「室町幕府—守護体制」論を確立した名著。同論をめぐってはさまざまな議論が交わされたが、将軍と大名を対立ではなく相互補完・融和的にとらえる視点や、守護在京を重視する点は、以後の研究にも継承されている。
②は、今回十分にふれられなかった、守護の地方支配に関する論点を丁寧にまとめた最新の論文である。同論文の著者も「室町幕府—守護体制」論をめぐる論争の当事者であるが、自説だけでなく、それに対する批判にも言及がある。この論文の引用文献から、「室町幕府—守護体制」論をめぐる議論を具体

的に追っていくとよいだろう。

③は、室町時代の大名像を転換させた重要な研究で、本稿も内容的に大きく依拠した点が多い。また今回は言及できなかったが、十五世紀中頃から後半の足利義政期における軍事決裁制度の研究は、義政側近の伊勢貞親《いせさだちか》と管領・大名の活動から、幕府体制の転換を論じている。戦国期の室町幕府への展望も示しており、同書は室町・戦国期の幕府研究を架橋する成果でもある。

④は、一色氏の権力構造を、その被官の活動の詳細な分析から解明した大著。長年の研究成果を集成するだけでなく、最新の荘園制論や武家勢力の在京・在国を重視する研究視角を取り入れてまとめられている。一色氏研究だけにとどまらない重要な指摘も多く、守護・被官研究のひとつの到達点といえる。

〈第六章〉【幕府と東国情勢】

「鎌倉府」の盛衰を左右した幕府・鎌倉公方の対立

駒見敬祐

はじめに――着実に進展をみせている研究分野

自立性と幕府の外交対象としての存在が注目される

室町時代に幕府の地方統治機関として関東を支配したのが、足利尊氏《あしかがたかうじ》（一三〇五〜五八）の四男基氏《もとうじ》（一三四〇〜六七）を祖とする「鎌倉公方《かまくらくぼう》」を頂点に戴《いただ》く、「鎌倉府」という政治組織であった。

鎌倉府に関する総合的な研究は、すでに渡辺世祐《わたなべよすけ》による戦前期の研究が存在し、いまもなお参照されている（渡辺：一九二六）。とはいえ鎌倉府研究は、近年になって着実に進展をみせている分野であり、とりわけ歴代鎌倉公方の時代における政治的事件や発給文書、公方一門や奉行人、そして関東管《かんとうかん》領《れい》（公方の補佐役）や東国の守護などを網羅的に検討する「シリーズ・関東足利氏の歴史」全五巻（戎光祥出版）は、当該研究を進める際のひとつの指標といえる。

また、「鎌倉府」と書名のついた論文集の数も増えている（小国：二〇〇一、山田：二〇一四、植田：二〇一八、黒田編：二〇二〇）。さらに、近年の鎌倉府研究では、あらためて室町幕府との関係性をとらえなおす視点も注目されている（杉山：二〇一四など）。とりわけ足利義持《よしもち》・義教《よしのり》期（十四世紀後半から十五世紀中頃）に関しては、鎌倉府の自立性という側面とともに、幕府の外交対象としても注目されている。

貴種性ゆえに対立する将軍と公方

鎌倉公方は、たびたび京都の将軍と対立関係に陥った。

鎌倉公方の二代氏満《うじみつ》（一三五九～九八）は、康暦《こうりゃく》元年（天授《てんじゅ》五年。一三七九）の「康暦の政変」（幕府管領の細川頼之《ほそかわよりゆき》（一三二九～九二）が失脚）に際し、武蔵府中《むさしふちゅう》（東京都府中市）まで出陣して京都をうかがったとされる。三代満兼《みつかね》（一三七八～一四〇九）は、周防《すおう》国（山口県東南部）の大名大内義弘《おおうちよしひろ》（一三五六～一四〇〇）が三代将軍義満《よしみつ》（一三五八～一四〇八）に対して起こした「応永《おうえい》の乱」（一三九九年）で、義弘と結んで上洛《じょうらく》を試みようとした。

また、四代持氏《もちうじ》（一三九八～一四三九）は将軍職を望んだとされ、四代将軍義持（一三八六～一四二八）・六代将軍義教（一三九四～一四四一）としばしば対決し、最終的には永享《えいきょう》十年（一四三八）の

「永享の乱」（持氏が、補佐役の関東管領である上杉憲実《うえすぎのりざね》〔一四一〇〜六六〕と対立）で敗北して自害し、鎌倉府は一時的な滅亡を迎える。

こうした鎌倉公方と将軍との対立は、鎌倉公方が「足利」の貴種性をもっていたがゆえの出来事であったと評価できる。ここでいう貴種性とは、「足利」の血筋を尊いものとする室町時代に広まっていた思想であり、近年、室町時代を通底する「足利氏」の貴種性についての研究が深化され、とりわけ鎌倉府を取り巻く問題については、「応永の乱」に際して、三代満兼が大内義弘により擁立される形で幕府へ反抗したものととらえられている（谷口：二〇一九）。

持氏期から次代の五代成氏《しげうじ》期（十五世紀中頃〜末期）にかけて成立したとされる『鎌倉年中行事《かまくらねんちゅうぎょうじ》』（鎌倉府の行事・儀礼の先例を記録した故実書。『殿中《でんちゅう》以下年中行事』や『成氏年中行事』ともよばれる）には、「京都鎌倉ノ御両殿（筆者註・将軍と鎌倉公方）ハ天子ノ御代官」と記され、将軍と鎌倉公方とを並列した存在としている。これは鎌倉公方がもつ貴種性による自意識の表れだったといえよう。

以下、歴代鎌倉公方の歩みを、幕府との関係を中心にたどってみたい。

一　「鎌倉府」の安定期――足利氏満・満兼時代

政治組織の完成と支配の確立

鎌倉府が安定期を迎えたのは、二代氏満・三代満兼の時期（十四世紀後半〜十五世紀初め）であった。初代の基氏が没したとき（一三六七年）、氏満はまだ幼少で金王丸《こんのうまる》と名乗っていた。幕府は基氏没後の関東を、二代将軍義詮《よしあきら》（一三三〇〜六七）の側近である佐々木道誉《ささきどうよ》（一二九六？〜一三七三）を関東に下向させ、直接的に経営しようとした可能性もある。しかし、その直後に義詮が没したことから、幕府は関東の経営を基氏の遺児金王丸（二代氏満）を中心とする鎌倉府に委《ゆだ》ねることになる。

そして上杉憲顕《のりあき》（一三〇六〜六八）が初代の関東管領に座ることで、「鎌倉公方―関東管領」による鎌倉府の基本的な政治組織が完成する。氏満期（在任一三六七〜九八年）には、「平一揆《へいいっき》の乱」（一三六八年）、「小山義政《おやまよしまさ》の乱」（一三八〇〜八二年）、「小田孝朝《おだたかとも》の乱」（一三八七年）など、関東の有力勢力との戦いを経て、鎌倉府の支配が確立されていく。

二〜三代目公方を支えた犬懸上杉朝宗

応永《おうえい》五年（一三九八）に氏満が没した後には、その子満兼がすぐさま三代目公方として文書を発給しており、安定した政権運営が可能になっていたことが示唆される。満兼期（在任一三九八〜一四〇九年）には、鎌倉府の管轄領域が奥州にまで広がり、また「関東八屋形《かんとうはちやかた》」（宇都宮《うつのみや》氏、小田氏、小山氏、佐竹《さたけ》氏、千葉氏、長沼氏、那須《なす》氏、結城《ゆうき》氏などの名族をよぶ概念。「関東之八家《はちけ》」とも）とよばれるような、東国諸大名の家格秩序も形成されていった（清水亮：二〇一五）。

この間、公方を支えたのが犬懸《いぬがけ》上杉朝宗《ともむね》（一三三六?～一四一四）である（山田：二〇〇三、駒見：二〇一六a）。朝宗は応永二年から関東管領となり、同十二年まで氏満・満兼期を通じて関東管領を務め、満兼はその「養君《やしないぎみ》」（朝宗が満兼を養い育てた）とされている（「上杉系図大概」）。朝宗の存在は、関東管領として鎌倉府を支えたことのみならず、氏満・満兼の近臣として安定期の鎌倉府体制を支えていたといえる。

朝宗は、三代満兼の死をきっかけに家督を子息氏憲《うじのり》（禅秀《ぜんしゅう》。?～一四一七）に譲って隠遁《いんとん》する。そしてこの大きな支えを喪失したことが、鎌倉府のその後の変遷につながっていくことになる。

二 「上杉禅秀の乱」と四代目・足利持氏

「乱」の勃発と逃亡する持氏

応永二十三年（一四一六）十月二日、前関東管領の上杉禅秀が、四代目公方の持氏に対して挙兵した。

禅秀は、持氏の叔父にあたる足利満隆《みつたか》（?～一四一七）と、持氏の弟で満隆の養子となっていた持《もち》仲《なか》（?～一四一七）を擁していた（鎌倉公方・古河公方略系図を参照）。この「上杉禅秀の乱」（一四一六～一七年）は、鎌倉では南北朝期の新田義興《にったよしおき》（義貞《よしさだ》の次男。一三三三～五八）の鎌倉進攻以来六十年ぶりの戦乱となった。近年、同乱については、鎌倉府において犬懸上杉氏が公方の近臣として台頭してきた過程であったり（駒見：二〇一六b）、東国における地域社会の動向を重視する視点であったり（植田：二〇一〇）、さまざまな観点から研究が深められている。

持氏は父満兼の死により、応永十六年に十二歳で公方の家督を継いでいたが、幼少ということもあり、しばらくの間、鎌倉府の実権は、持氏の叔父満隆と関東管領上杉禅秀が握っていた（江田：二〇〇五）。持氏が十八歳となり、評定での意見始《いけんはじめ》を行って自らの意思を表出するようになると、持氏はしだいに禅秀と対立し、禅秀は関東管領を辞することになる。その結果起こった同乱により、持氏は鎌倉を落ちて駿河《するが》国（静岡県中部）へと逃れた。

鎌倉公方・古河公方略系図

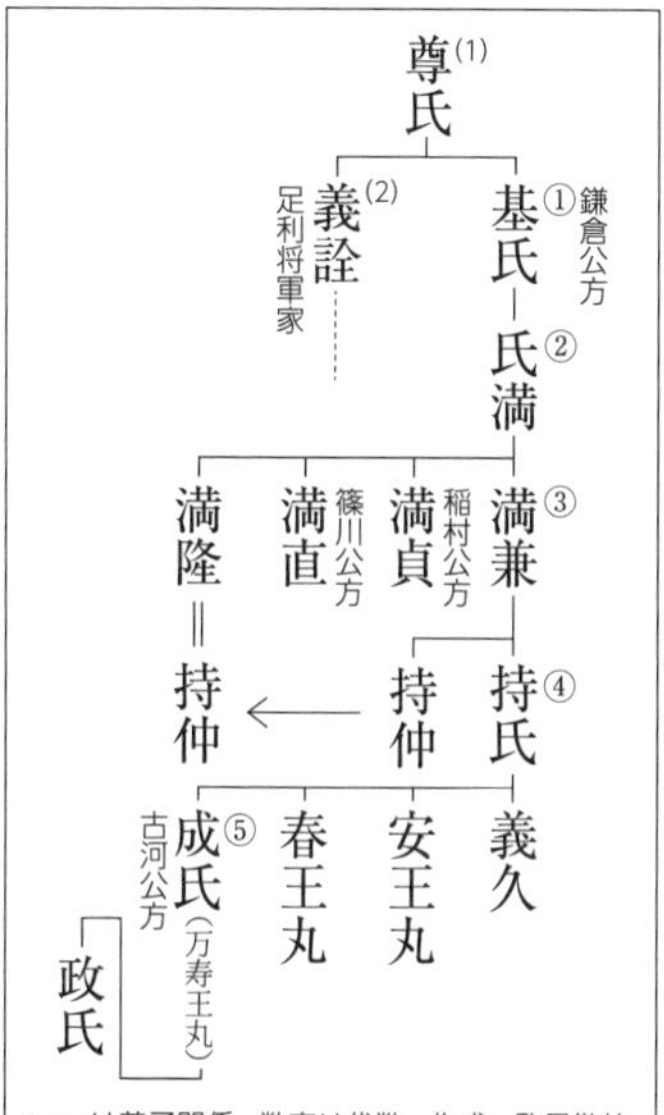

＊＝は養子関係。数字は代数。作成・駒見敬祐

持氏の救援要請と幕府の対応

禅秀と満隆は、同乱により一時的に持氏を追い落として鎌倉を制圧した。そしてその体制は、約二カ月のあいだ続く。犬懸上杉氏の政治的影響力は、当時姻戚《いんせき》関係を通じて広くに及んでおり、満隆を公方に、禅秀を関東管領とする政治体制は、東国の諸氏に対して大きな違和感を与えることがなかったのではないかと思われる。

こうした乱の情報が幕府に届けられたのは、『看聞《かんもん》日記』(後花園《ごはなぞの》天皇の実父伏見宮貞成《ふしみのみやさだふさ》親王の日記)や『満済准后《まんさいじゅごう》日記』(後述)によると、同乱が発生して十日ほど経《た》った応永二十三年(一四一六)十月十三日頃のことであった。当初は「持氏討死」など混乱した情報が届けられていたが、その後駿河国に逃れた持氏からの救援要請によって、幕府は乱の全容をつかんでいく。十月二十九日、幕府は面々を集めた評定を行い、持氏側への支援を決定する。

しかし幕府では、同時期に義持の異母弟義嗣《よしつぐ》(一三九四〜一四一八)が出奔する事件が発生したため、その対応に追われて関東への出兵は遅延した。その間にも持氏は再三幕府へ合力《ごうりき》要請を出し、幕府の権威の象徴である「武家御旗《みはた》」の調進まで望んでいる(『看聞日記』)。持氏は自力で鎌倉の回復をすることが難しい状況にあったのである。

「乱」の終息と幕府の存在感の増大

応永二十三年（一四一六）十二月になってようやく幕府が禅秀の討伐に動き出すと、形勢はいっきに持氏・幕府方に傾き、翌二十四年正月十日、鎌倉で満隆・禅秀が自害することで同乱は終息を迎える。

「上杉禅秀の乱」は、鎌倉府の成立（時期は諸説あるが、ここでは文和《ぶんな》二年〔一三五三〕に足利尊氏が上《じょう》洛《らく》し、基氏が鎌倉公方として独自に権限を振るいだした頃とする）以来、幕府が直接的に関東の戦乱に関与した初めての事態であった。

鎌倉府は、氏満・満兼の時代に安定期を迎えると、その自立性を強めていき、鎌倉公方を頂点と仰ぐ東国武士にとってもその存在は自明なものともなっていた。しかし、持氏は幕府の援助によって、ようやく反乱を鎮圧することに成功した。「上杉禅秀の乱」における幕府・持氏側の勝利は、一方で「室町幕府」が全国政権としての存在感を関東に示す契機ともなった。

多くの東国武士たちも、そのことを意識しただろうし、何よりもそれを強く感じた持氏は、自らの力を試すためにも、関東で持氏に反抗的な勢力の討伐を積極的に進めていく。その矛先となったのが、初めは禅秀に与同していた勢力であり、次に幕府と個別に関係を結んで持氏に反抗した「京都扶持《きょうとふち》衆《しゅう》」とよばれる勢力だった。

三　足利持氏と「京都扶持衆」の関係

「京都扶持衆」＝反持氏勢力か？

「京都扶持衆」とは、鎌倉公方の管轄国に所在しながら、幕府と直接的・個別的に関係を結び、幕府の指示に従って行動したものを表す、この時期の都鄙《とひ》（京都と鎌倉）関係を考える際に特徴的な存在である。

従来の研究では、この勢力は「上杉禅秀の乱」の延長線上に位置づけられ、禅秀与党として持氏に反し、持氏から討伐の対象となり、その後幕府が鎌倉府へのくさびとして彼らを取り込んだものが京都扶持衆であるといわれてきた。禅秀与党の多くが、その後京都扶持衆になっていったことは事実だが、京都扶持衆がイコール禅秀与党でなかったことは、乱勃発後に一貫して禅秀方と対峙《たいじ》した下野国《しもつけ》（栃木県）の宇都宮持綱《もちつな》（一三九六〜一四二三）らの存在をみても明らかである。

近年では、禅秀与党を単純に京都扶持衆と結びつける見方は否定され（杉山：二〇一四）、「応永末期から永享期に現出した幕府と鎌倉府の全面的な対立という特殊な政治状況の産物」と位置づける植田真平氏の見解が、京都扶持衆の本質をとらえたものといえる（植田：二〇一六a）。

代表的な京都扶持衆には、常陸国《ひたち》（茨城県）の佐竹（山入《やまいり》）与義《ともよし》（?〜一四二二）、大掾満幹《だいじょうみつもと》（?〜一四三〇）、小栗満重《おぐりみつしげ》（?〜一四二三）、下野国の宇都宮持綱などの北関東勢や、奥州の諸勢力が挙げられる。

反持氏勢力を糾合する「篠川公方」足利満直

とりわけ京都とのつながりを深め、公方持氏に抵抗したのが、奥州の「篠川《ささがわ》公方」足利満直《みつなお》（?～一四四〇）だった。

篠川公方とは、陸奥《むつ》国安積《あさか》郡篠川（福島県郡山《こおりやま》市）に置かれた、鎌倉府による奥州の出先統治機関である。満直は二代公方氏満の子で、持氏にとっては叔父にあたる。

かつては満直の兄で、陸奥国岩瀬《いわせ》郡稲村《いなむら》（福島県須賀川《すかがわ》市）に置かれた「稲村公方」足利満貞《みつさだ》（?～一四三九）とともに、三代鎌倉公方の満兼治世下である応永六年（一三九九）頃に、一緒に奥州に赴いたものとされていた。しかし近年の研究で、両者の活動には時期的な差異があり、当初奥州に設置されたのは稲村公方であり、応永二十年代（一四一三～二二年）になって犬懸上杉氏とのかかわりで派遣されたのが、篠川公方だったとされている（杉山：二〇一四）。

そうしたことから「上杉禅秀の乱」で満直は、当初禅秀方にあったようで、その後、自ら鎌倉公方の地位を望み、奥州の京都扶持衆を糾合する存在となっていた。

近年の篠川公方研究の成果によれば、篠川公方は、持氏から討伐を受けた一族を積極的に登用し、持氏を討伐するよう幕府へ主張しつづけた。一方で、篠川公方自身は、南奥《なんおう》（南東北地方）社会に対して幕府の権威なくしては影響力を及ぼしえなかったとされる（杉山：二〇一四）。

京都扶持衆の多くは、持氏に対して反抗的な態度をとっていたため、持氏がその討伐を進めるのは、持氏の進める鎌倉府の政権構想にとっては当然であった。このことが、直接都鄙関係の悪化につながっていくが、注意したいのはこの時期においては、持氏が幕府に抵抗しようとか、幕府とは独立した権力を築こうと考えて行動していたわけではなかったことである。

幕府としても、強いて鎌倉府と対立することを望んだはずもなく、この時期の都鄙関係をことさら協調的と見なす必要もないし、とりわけのちに起こる両者の対立を必然的にとらえる見方も慎むべきだろう。

ギリギリのバランスを保つ幕府の立ち位置

持氏は、自身に反する勢力の討伐を執拗《しつよう》に進めていく。応永二十九年（一四二二）には、佐竹与義、同三十年には宇都宮持綱を殺害し、同年五月には常陸国の小栗満重の討伐に繰り出す。彼らは京都扶持衆の面々である。

小栗満重征伐を受け、幕府は持氏の行動を重大なものと認識し、鎌倉府に対して強い行動に出る。つまり、「室町殿」足利義持は在京していた鎌倉府の使節を追い返し、東国の「京都扶持衆」へ持氏に従わないよう命令したのである。さらに具体的に鎌倉への進軍計画を進め、篠川公方の満直をはじめ、都鄙間の「国境」の国であった甲斐《かい》（山梨県）・信濃《しなの》（長野県）・駿河国に対して鎌倉攻めを命じ、京都からは在京していた上杉禅秀の遺児を大将として鎌倉に下すことを決定した。

応永三十年八月、小栗城（茨城県筑西《ちくせい》市）を攻略した持氏は、十一月に幕府に対し使者を遣わし、翌年二月には幕府に対して反抗心はない旨の誓文《せいもん》を捧《ささ》げたことで、都鄙関係は回復されることになる。和睦《わぼく》に関しては、幕府による禅秀遺児の庇護《ひご》が大きな争点となっていた。幕府は持氏の申し出を許諾し、禅秀遺児を遠ざけるなど一定の譲歩をもって「都鄙和睦」に応じた（和氣：二〇〇七）。

こうしていったんは都鄙の関係は改善された。とはいえ、持氏の積極的な軍事行動は、幕府にとって見逃せない状況になっていたことは紛れもない事実であった。そのようななかでも、「室町殿」義持期（一四〇八～二八年）の「無為《むい》」（無理に干渉せず平穏を主とすること）を重んじる政治姿勢により、都鄙関係はギリギリのバランスを保っていたといえよう。

四　義教の六代将軍就任と持氏の政治姿勢の変化

「室町殿」義持の猶子を望んでいた持氏

持氏が鎌倉公方として君臨した時代は、関東管領上杉氏の排除、近臣の積極的登用などによる、持氏の専制期とも評されている。しかし、持氏期（在任一四〇九～三九年）にも時期によって差がみられる。

これまでみてきたように、持氏はけっして幕府に反抗しようとしたわけではなかったし、応永三十年(一四二三)の「小栗攻め」には関東管領上杉憲実の関与も見受けられる。また、持氏近臣である一色《いっしき》氏などが顕著な活動をみせるのは、禅秀与党の鎮圧活動をとおしてのものであり、応永末(一四二〇年代)から正長《しょうちょう》・永享期(一四三〇年代)にかけてである。

持氏期の変質に強く影響を与えた出来事が、六代将軍義教(一三九四〜一四四一)の将軍就任であった。もともと持氏は、応永三十二年の五代将軍義量《よしかず》(一四〇七〜二五)の死にあたって、「室町殿」義持に対して自身が義持の猶子《ゆうし》(擬制的な親子関係を結ぶこと)となって将軍職を継ぐことを望んでいたという(『看聞日記』)。この頃持氏は、これまでの鎌倉公方家が用いていた花押《かおう》型ではなく、将軍家の花押型に近いものに花押を改めていた。

ふたたび悪化する「都鄙関係」から再度の「都鄙和睦」へ

しかし、応永三十五年(一四二八)正月に義持が没すると、幕府は持氏の存在を一顧だにせず、「籤引《くじび》き」によって義宣《よしのぶ》(のちの義教)を将軍に決定した。持氏は気分を害したにちがいない。ここにおいて都鄙《とひ》間の対立関係がふたたび惹起《じゃっき》する。

正長二年(一四二九)九月に改元され年号が「永享」となった後も、持氏は「正長四年」(永享三年)

まで改元を無視した。こうした都鄙関係の悪化にとりわけ影響をうけたのが、南奥情勢であった。結《ゆう》城《き》白川氏（陸奥国南部白河地方）と石川氏（同国南部石川郡）との間の争いが、それぞれ「結城白川—室町幕府」と「石川氏—鎌倉府」という対立構造となっていた。持氏は、結城白川氏への圧力をかけるために北関東に出兵、それを受けて篠川公方は、幕府に対して関東への出兵を要求し、義教もそれに応えようとする。

しかしここで、ふたたび鎌倉府は幕府に異心なき旨の使者を遣わし、和睦交渉を行うことになる。この使者を取り計らったのは、関東管領の上杉憲実であったとされる（田辺：一九九九）。幕府でも管領斯《し》波《ば》義淳《よしあつ》（一三九七〜一四三四）や畠山満家《はたけやまみついえ》（一三七一〜一四三三）をはじめとした諸大名《たいめい》が和睦を推奨したことで、永享三年（一四三一）七月には義教が鎌倉府の使節と対面し、ふたたびの「都鄙和睦」が実現されることになった。

「都鄙関係」に重要な役割を担う上杉憲実

義教と鎌倉府の使節との対面に、篠川公方満直は反対するが聞き入れられず、これ以後満直と幕府とのやり取りは下火となり、以後の都鄙のやり取りは関東管領上杉憲実が中心的に行っていく。

永享期（一四二九〜四一年）の都鄙関係のなかで、重要な役割を果たしたのがこの上杉憲実である。越《え》後《ちご》上杉房方《ふさまさ》（一三六七〜一四二一）の子で、応永二十五年（一四一八）正月に山内《やまのうち》上杉憲基《のりもと》（一三九

上杉氏略系図

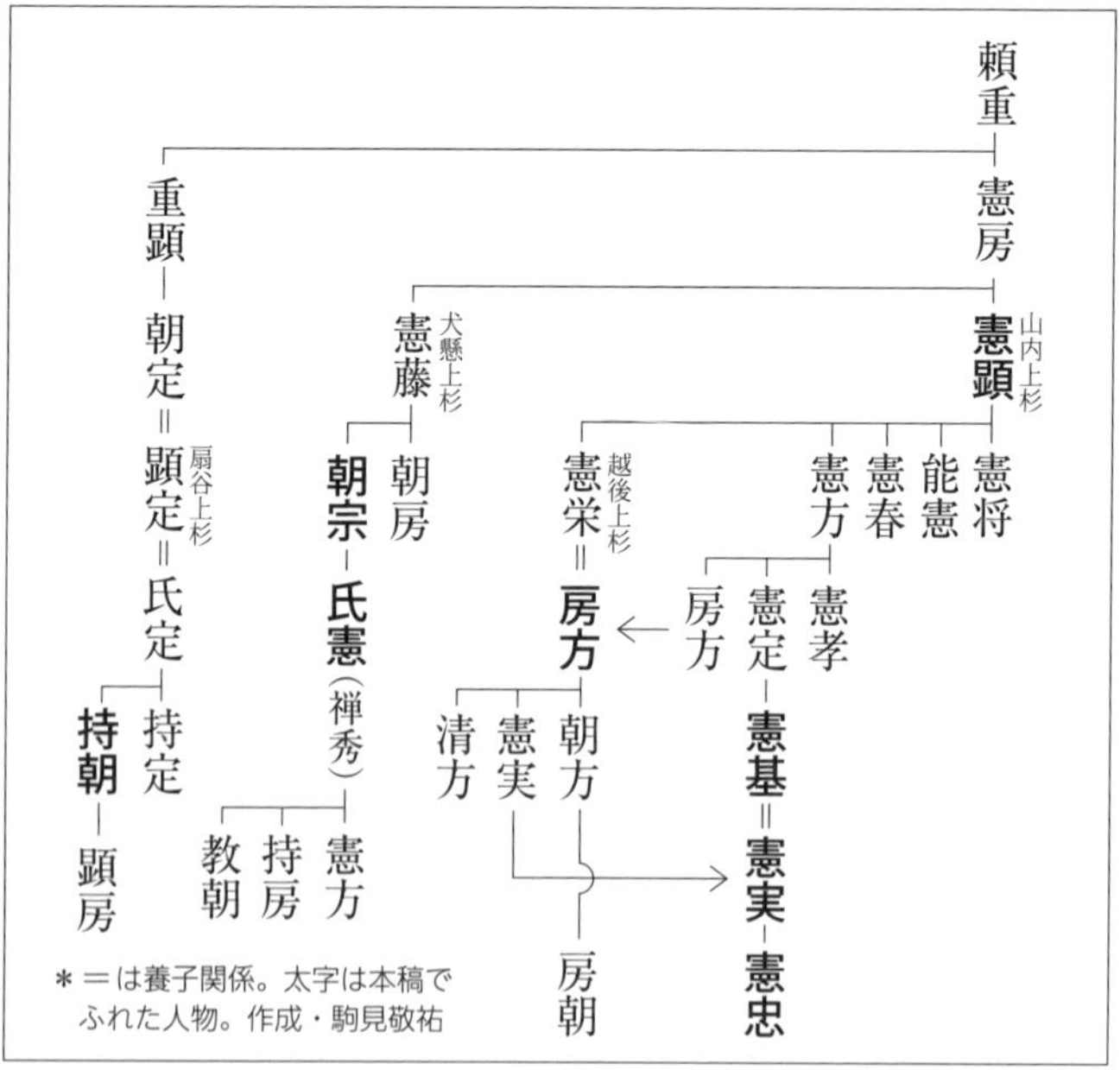

二〜一四一八）の急死をうけて、鎌倉に入り山内上杉氏の家督を継いだ（上杉氏略系図を参照）。

憲実の人物像は、鎌倉府にありながら幕府と通じ、都鄙の間を揺れ動く苦悩の人物であったり、最終的には主君である持氏を死に追いやった狡猾《こうかつ》な人物であったりと、とりわけ軍記物語の印象で描かれることが多い。『鎌倉大草紙《かまくらおおぞうし》』（鎌倉公方や古河《こが》公方〔後述〕を中心に、十四世紀末から十五世紀末の関東の歴史を記す）などの軍記物では、憲実をはじめ上杉氏のことは意図的に忠臣として叙述される傾向が強い。それに対し軍記物と一次史料とを比較検討し、憲実の実像に迫る研究も進んでいる（菅原：一九九七）。

憲実の行動も持氏期をとおして一貫していたわけではない。幼少で山内上杉氏の家督を継いだ憲実は、元服以前ではあったが応永年間（一三九四～一四二八年）には「小栗城攻め」など、持氏の軍事行動に従って行動している。先にも記したように「小栗城攻め」は幕府からの鎌倉府に対する反感の対象となったため、当初から憲実が幕府の意を重んじて行動していたわけではない。

鎌倉公方・持氏と関東管領・憲実の対立

上杉憲実が都鄙間でのやり取りを行うようになるのは、将軍が足利義教になった正長期（一四二八～二九年）以降、永享の都鄙和睦以降であった。この頃の都鄙交渉をみるうえで重要な史料が、醍醐《だいご》寺《じ》（京都市伏見区）の僧で将軍護持僧《ごじそう》の満済《まんさい》（一三七八～一四三五）が記した『満済准后日記』である。

ここに記された関東関係の記述をみると、正長年間までの都鄙交渉では、幕府と篠川公方足利満直とのやり取りが多くみえる一方で、永享の都鄙和睦以降は、満直とのやり取りはほとんどみられなくなり、代わって憲実とのやり取りが頻繁に行われるようになる。そうしたなかで、永享年間（一四二九～四一年）には、持氏と憲実の対立がしだいに現れるようになっていく。

永享九年（一四三七）、幕府管轄国である信濃国内の争いに対して持氏が積極的に介入をしたのをきっかけに、両者（憲実・持氏）の対立がはっきりとし、翌年の「永享の乱」へとつながっていく。

近年の研究では、永享九年の段階で、すでに両者の間には軍事的な緊張関係が顕在化していたことから、「永享の乱」の始期を永享九年に置く説がある。そして永享十年八月、持氏と対立する憲実が、鎌倉を出て上野《こうずけ》国（群馬県）に下向したことにも、前年の対立をふまえ、憲実が事前に幕府と打ち合わせて計画的に持氏打倒のために行動したとする（呉座：二〇一三）。

五　「永享の乱」と持氏の死、そして鎌倉府の滅亡へ

関東諸勢力に〝憲実支援〟を命じる幕府

鎌倉公方の足利持氏と関東管領の上杉憲実の対立に端を発した争いは、持氏討伐を決めた幕府の派兵によって、最終的には持氏が自害して鎌倉府は滅亡することになる。この「永享の乱」については、都鄙対立が頂点に達したものとして多くの研究で言及されてきた。

それらの研究は『鎌倉持氏記』（「永享の乱」「結城合戦」〈後述〉を描いた軍記）や『永享記』（「永享の乱」「結城合戦」からその後の東国情勢を描いた軍記）などの軍記物の記述をもとにするものが多かったが、近年では軍記物と一次史料とを突き合わせた形で乱の様子と構造を解き起こした研究も進んでいる（植田：二〇一六b）。

永享十年（一四三八）六月、持氏の嫡男が鶴岡《つるがおか》八幡宮（神奈川県鎌倉市）で元服を行い、「義久《よしひさ》」（一四二三～三九）と名乗った。代々の鎌倉公方は幕府将軍から「偏諱《へんき》」（将軍が臣下に自分の名前の一字を

与えること）を受けていたが、今回はその慣習を破ったのである。

上杉憲実はこれに反対したことで持氏と対立し、ついには持氏による「憲実誅伐」の噂《うわさ》がたつ（『鎌倉持氏記』）。同年八月、憲実は上野国へ逃れ、ここに両者は決別する。「永享の乱」の勃発である。将軍義教が、憲実の下国の直前に、関東の諸勢力に対し憲実を支援するよう命じていたことからも、憲実の下国は幕府との事前の連絡があってのものであったことがわかる。

しかし義教は、憲実の逃走地が上野国であったことに驚いている。これは、憲実が幕府の援護を受けやすい伊豆《いず》国（静岡県伊豆半島、東京都伊豆諸島）に逃れると、憲実が幕府と通じて持氏に反抗したことが疑われるため、あえて上野国を逃走地に選んだとする説もある。ただ、前記したように近年の研究により、「永享の乱」の前兆はすでに前年（一四三七年）にあり、憲実の行動も幕府と相談のうえのものと考えられているため、両者の意思疎通の行き違いがあったものだろう。

持氏、進軍するも離反者が続出

持氏は、憲実追討のため武蔵府中（東京都府中市）へ進軍する。

持氏はこの戦いを憲実の「反謀」（謀叛《むほん》）としていて、表面上は幕府との対決とは認識していなかった。しかし、幕府は憲実を援護し、持氏討伐を決める。東海道から鎌倉に迫った幕府軍は、一進一退の攻防の末、鎌倉に迫る。永享十年（一四三八）十月、持氏は武蔵府中から相模《さがみ》国海老名《えびな》（神奈川県海老名市）へ陣を進めるが、鎌倉の留守居《るすい》を務めていた三浦時高《みうらときたか》（一四一一～九四）が幕府方へ離反したことで、持氏は窮地に陥った。

さらに上野国から憲実の軍が鎌倉へと進軍すると、持氏方からは離反者が続出する。結果、十一月に持氏は出家して降伏、鎌倉永安寺《ようあんじ》（現在は廃寺。鎌倉市二階堂の紅葉谷《もみじだに》にあった）へ隠遁《いんとん》した。持氏の助命を望んだ憲実だったが、幕府からの「持氏追討」の厳命を受け、翌永享十一年二月、持氏は扇谷《おうぎがやつ》上杉持朝《もちとも》（一四一六～六七）や、一時は持氏を支持していた下総守護《しもうさ》の千葉胤直《たねなお》（一四一九～五五）によって永安寺を攻められ、自害を遂げる。ここに鎌倉府は一時的な滅亡を迎えたのである。

六　「結城合戦」と〝鎌倉府再興〟を果したもう一人の遺児

幕府との戦いに敗れ、処刑された安王丸・春王丸

持氏の自害後、幕府は東国をどのように経営しようとしたのか。

どうやら将軍義教は、自身の子息を公方として鎌倉へ送り込む計画もあったらしい。近年その義教の子は、義永《よしなが》という名前であったことが明らかにされている（清水克行：二〇一六）。

しかし、永享十二年（一四四〇）三月、持氏の遺児安王丸《あんおうまる》（一四三一？～四一）・春王丸《しゅんおうまる》（一四三〇？～四一）の兄弟が常陸国で兵を挙げた。兄弟はこの後、結城氏朝《うじとも》（一四〇二～四一）に迎えられ、結

城（茨城県結城市）を拠点としたことから、この戦いは「結城合戦」（一四四〇～四一年）とよばれる。ただし近年、結城氏朝は当初から兄弟を擁していたわけではなく、もとは幕府の指示に従って兄弟を追討する立場だったのが、途中で兄弟を擁する立場に変わったことが明らかにされている（木下：二〇〇九）。

この戦乱は、結城城における安王丸・春王丸の存在を〝震源地〟として、各地に広まっていった。近年では、こうした地域的な戦乱の存在にも評価がなされ、「結城合戦」という局所的な名称を使うことへの疑義も呈されている（石橋：二〇一八）。

結城城に籠もった安王丸・春王丸は、幕府軍との戦いに善戦したが、永享十三年（嘉吉《かきつ》元年。一四四一）四月についに同城は落城した。捕縛された安王丸・春王丸は、京都へ連行される途中、美濃《みの》国垂井《たるい》（岐阜県垂井町）で処刑された。

「室町殿」義教の暗殺事件と「鎌倉府」の再興

こうして持氏遺児による〝鎌倉府再興〟は頓挫《とんざ》するかにみえたが、嘉吉元年（一四四一）六月、自身の子を鎌倉に送ろうとしていた「室町殿」義教が暗殺される（「嘉吉の変」）。

東国では、持氏のもう一人の遺児万寿王丸《まんじゅおうまる》（のちの成氏）を新公方として推戴《すいたい》する動きが活発となり、幕府もこれを容認した。文安《ぶんあん》四年（一四四四）頃に鎌倉へ入った万寿王丸は、第五代の鎌倉公方として復権した。これが足利成氏（一四三一～九七）である。

関東管領には、「永享の乱」後に隠遁した憲実の子憲忠《のりただ》（一四三三～五五）が就任した。憲忠の関東管領就任には、山内上杉氏の重臣長尾景仲《ながおかげなか》（一三八八～一四六三）らの働きがあった（黒田：二〇一五）。

ここに「鎌倉公方―関東管領」による鎌倉府が復興されたわけだが、その綻《ほころ》びは早かった。

おわりに――「享徳の乱」を境に世は戦国時代へ

宝徳《ほうとく》二年（一四五〇）四月、成氏は江の島（神奈川県藤沢市）に移座し、山内上杉氏の重臣長尾景仲や扇谷上杉氏の重臣太田資清《おおたすけきよ》（道真。一四一一～八八）らと戦闘状態に入り、腰越《こしごえ》、由比ヶ浜《ゆいがはま》（いずれも神奈川県鎌倉市）で合戦が行われた（「江の島合戦」）。

成氏が幕府管領の畠山持国《もちくに》（一三九八～一四五五）に送った書状では、成氏は幕府に対して異心があるわけではなく、長尾・太田の専横のため合戦となったと弁明している。成氏が公方に就任してわずか数年の間に、公方と上杉氏家臣の間に深刻な対立関係が惹起していたのである。また成氏は、すでに隠遁していた上杉憲実の関東管領復帰を幕府に切望していた。これは、上杉方の長尾・太田らの影響力を弱める意図があったとみられる（駒見：二〇一八）。しかし憲実の固辞もあり、成氏の要望は何ひとつかなえられることなく、「江の島合戦」は半年で終結、両勢力の対立は深まるだけとなった。

享徳《きょうとく》三年（一四五四）十二月、成氏は関東管領の上杉憲忠を謀殺し、翌年にかけて上杉方との戦闘態勢に入った。その後の成氏は、下総国古河（茨城県古河市）へ移座し、ここを拠点とする（これにより成氏は、「古河公方」とよばれる）。この「享徳の乱」（一四五四〜八二年）を境にして、東国は戦乱の時代へと突入していくのである。

【主要参考文献】

石橋一展「足利持氏没後の騒乱と鎌倉公方足利成氏の成立」（黒田基樹編著『足利成氏とその時代』「関東足利氏の歴史」第5巻、戎光祥出版、二〇一八）
植田真平「上杉禅秀の乱の実像と意義」（同『鎌倉府の支配と権力』校倉書房、二〇一八。初出二〇一〇）
同編『足利持氏』（「シリーズ・中世関東武士の研究」第二〇巻、戎光祥出版、二〇一六a）
同「永享の乱考」（黒田基樹編著『足利持氏とその時代』「関東足利氏の歴史」第4巻、戎光祥出版、二〇一六b）
同『鎌倉府の支配と権力』（校倉書房、二〇一八）
江田郁夫「鎌倉公方連枝足利満隆の立場」（同著『室町幕府東国支配の研究』、高志書院、二〇〇八、初出二〇〇五）
小国浩寿『鎌倉府体制と東国』（吉川弘文館、二〇〇一）
木下聡「結城合戦前後の扇谷上杉氏―新出史料の紹介と検討を通じて」（黒田基樹編著『扇谷上杉氏』「シリ

ーズ・中世関東武士の研究」第五巻、戎光祥出版、二〇一二。初出二〇〇九)
黒田基樹『長尾景仲―鎌倉府を主導した陰のフィクサー』(「中世武士選書」26、戎光祥出版、二〇一五)
同編著『鎌倉府発給文書の研究』(戎光祥出版、二〇二〇)
呉座勇一「永享九年の「大乱」―関東永享の乱の始期をめぐって」(植田真平編『足利持氏』「シリーズ・中世関東武士の研究」第二〇巻、戎光祥出版、二〇一六。初出二〇一三)
駒見敬祐「関東管領上杉朝宗考」(『文学研究論集』四六、二〇一六a)
同「犬懸上杉氏と上杉禅秀の乱」(黒田基樹編著『足利持氏とその時代』「関東足利氏の歴史」第4巻、戎光祥出版、二〇一六b)
同「江の島合戦の経過と意義」(黒田基樹編著『足利成氏とその時代』「関東足利氏の歴史」第5巻、戎光祥出版、二〇一八)
清水克行「まぼろしの鎌倉公方―足利義永について」(『駿台史学』一五七、二〇一六)
清水亮「鎌倉府と「関東之八家」(「関東八屋形」)」(黒田基樹編著『足利満兼とその時代』「関東足利氏の歴史」第3巻、戎光祥出版、二〇一五)
杉山一弥『室町幕府の東国政策』(思文閣出版、二〇一四)
田辺久子『上杉憲実』(吉川弘文館、一九九九)
谷口雄太『中世足利氏の血統と権威』(吉川弘文館、二〇一九)

山田邦明「犬懸上杉氏の政治的位置」（黒田基樹編『関東管領上杉氏』「シリーズ・中世関東武士の研究」第一一巻、戎光祥出版、二〇一三。初出二〇〇三）
同『鎌倉府と地域社会』（同成社、二〇一四）
和氣俊行「応永三一年の都鄙和睦をめぐって―上杉禅秀遺児達の動向を中心に」（植田真平編『足利持氏』「シリーズ・中世関東武士の研究」第二〇巻、戎光祥出版、二〇一六。初出二〇〇七）

【さらに詳しく学びたい読者のために】

鎌倉府の研究は近年着実に進んでいる分野であり、その成果については、専門書はもちろん一般向けの書籍としてもまとめられてきている。本稿文中でも述べたシリーズ「関東足利氏の歴史」（全五巻、戎光祥出版）が、各鎌倉公方の時代をまとめたものとして便利である。そのほかで挙げるなら次の四冊だろう。

①杉山一弥編『図説鎌倉府―構造・権力・合戦』（戎光祥出版、二〇一九）
②植田真平『鎌倉府の支配と権力』（校倉書房、二〇一八）
③植田真平編『足利持氏』（「シリーズ・中世関東武士の研究」第二〇巻、戎光祥出版、二〇一六）
④黒田基樹編著『鎌倉府発給文書の研究』（戎光祥出版、二〇二〇）

①は、近年の鎌倉府研究がわかりやすくコンパクトにまとめられている。図版も多く、鎌倉府とは何か、

という一般向けの入門書としては手に取りやすい。

②は、鎌倉府研究の最前線に立つ気鋭の研究者による専門書で、鎌倉府という組織の実像や、地域社会とのかかわりについて詳細に論じている。

③は、本稿で述べてきた足利持氏期についての重要論文十五本を収録する。足利持氏期の研究成果と評価を論じた編者による総論も重要。

④は、鎌倉府研究を進めている「関東足利氏研究会」による論文集で、鎌倉府権力の主要構成員の発給文書を網羅的に取り扱い、分析が加えられている。

〈第七章〉
【幕府と九州情勢】

九州・上方で活躍する周防国・大内家の歴代当主

藤井　崇

はじめに——室町中期の大内家当主と「室町殿」

室町中期にあたる十五世紀初頭から同末における将軍足利《あしかが》家の家長《かちょう》という意味での「室町殿」といえば、四代将軍義持《よしもち》（一三八六〜一四二八）、六代将軍義教《よしのり》（一三九四〜一四四一）、八代将軍義政《よしまさ》（一四三六〜九〇）の三人をさす。

この三人の時代は、筆者が研究対象としている西国の有力大名《だいみょう》、周防国《すおう》（山口県東南部）の大内家《おおうち》でいえば、南北朝期中期にあたる十四世紀中期に周防国を平定し、大名となった弘世《ひろよ》（一三二五〜八〇）を初代とすると、三代盛見《もりみ》（一三七七〜一四三一）、四代持世《もちよ》（一三九四〜一四四一）、五代教弘《のりひろ》（一四二〇〜六五）、六代政弘《まさひろ》（一四四六〜九五）の、およそ百四十年間の時代にあたる（次頁の大内氏略系

大内氏略系図

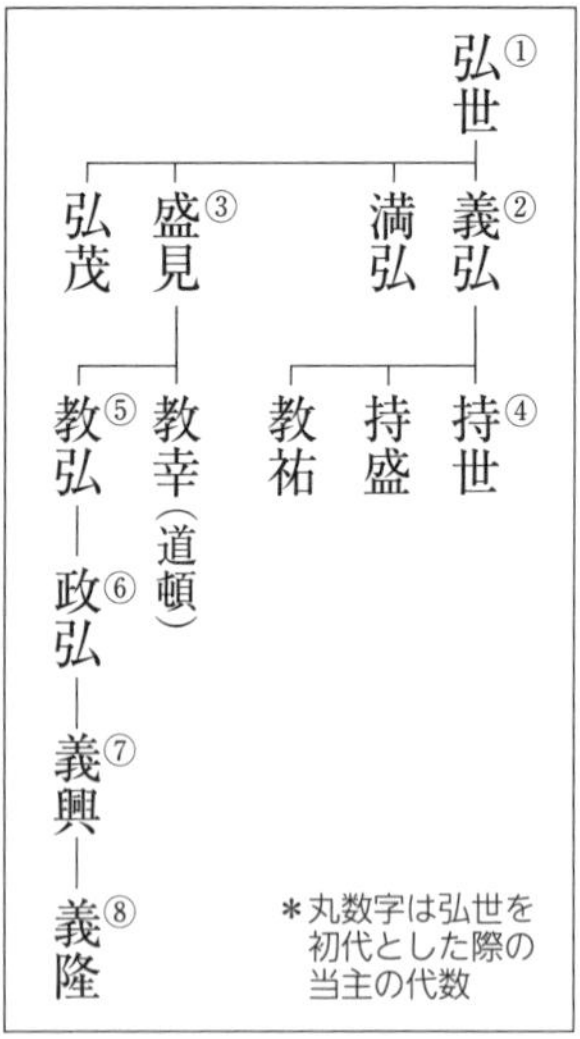

図参照）。

彼らのうち、四代から六代の名前には、三人の「室町殿」の名前の下の文字、「持」「教」「政」をそれぞれ拝領して名前の上の字に置いているが、これは大名が将軍家から名前の一字をもらう、いわゆる拝領偏諱《へんき》である。

なお、書き遅れたが、本稿で用いる「大名」という語は、池享氏らによる「大名領国制」論（池：一九九五）を念頭に置いた国規模武家領主を意味する研究概念であり、幕府関係の史料に散見される「大名《たいめい》」呼称や、それをもとにした最近の議論とは無関係であることをお断りしておきたい。

では、以下、大内家を軸とした室町中期の九州の諸情勢について、川添昭二氏や佐伯弘次氏らの研究を参考にしつつ、紹介・議論していきたい。

一　三代・大内盛見と北九州

反幕府勢力から転身した大内家

南北朝・室町期の九州地方における本格的大名家は、本国を冠してよぶと、筑前国《ちくぜん》少弐《しょうに》・豊後国《ぶんご》大友・肥後国《ひご》菊池《きくち》・薩摩国《さつま》島津《しまづ》の四家しかない（次頁の地図参照）。九州の広さに比して大名家の数が少ないということは、それだけ一家あたりの支配領域が広いということであり、この四家は鎌倉期やそれ以前より九州に蟠踞《ばんきょ》した、まさに大族であった。

京都の室町幕府からすれば、九州は遠方なうえ、強大な四大名家が存在するのだから、やっかいな地という印象をもっていたことだろう。その幕府にとってやっかいな地、九州への関与を期待された大名家が、中国地方西端の周防国大内家であった。同家は平安期以来の周防国国衙《こくが》の在庁官人《ざいちょうかんじん》出身で、鎌倉期には幕府御家人《ごけにん》として六波羅探題《ろくはらたんだい》（鎌倉幕府の京都出先機関）に出仕していたらしい。

ただ、もともと大内家は反室町幕府勢力で、南北朝中期にあたる十四世紀中頃に幕府方の勢力を破って周防国と西隣の長門国《ながと》（山口県西部）を占領し、その後、北東の石見国《いわみ》（島根県西部）や東隣の安芸国《あき》（広島県西部）にまで勢力を拡大していた。この反幕府勢力時代の大内家当主が初代の弘世である。

弘世は大内家の分国《ぶんこく》（領国）の基礎を形成しおえたところで、全国的戦乱の終息を急ぐ二代将軍義《よし》

1380年頃の九州勢力

＊九州探題は、今川了俊の解任後、渋川氏が世襲した

詮《あきら》期（将軍在職一三五八〜六七年）の幕府より、好条件で幕府体制下に入ることを打診された。弘世は貞治《じょうじ》二年（一三六三）にこれを受け入れたが、好条件というのは、その勢力圏の現状追認に加え「九州の戦乱が終わるまでは、幕府は大内家の国内所領の問題に関与しない」というものであった。

　これは、具体的にいえば、大内家が幕府の九州出先機関たる九州探題を助けるためであれば、分国内の荘園・国衙領から兵員を徴発し、その年貢物を戦費に充ててよいことを意味する。また、大内家は、やはり九州探題後援のためか、初代弘世か二代義弘《よしひろ》（一三五六〜一四〇〇）の頃、九州、豊《ぶ》前《ぜん》国（福岡県東部、大分県北部）の守護職を与えられていた。

九州探題・渋川家と今川了俊

さて、室町幕府の九州出先機関である九州探題の基本戦略は、川添昭二氏の説を参考にすれば、筑前国博多《はかた》（福岡市博多区）を本拠とし、少弐家から筑前国・肥前国《ひぜん》（佐賀県と対馬市《つしま》・壱岐市《いき》を除く長崎県）を奪って探題直轄領にするというものであったらしい（川添：一九七八a・b）。そんな歴代探題のなかで、もっとも権力をもっていたのは、足利家一門の今川了俊《いまがわりょうしゅん》（一三二六～一四二〇？）といって差し支えないだろう。

了俊は、応安《おうあん》三年（一三七〇）頃に幕府管領《かんれい》の細川頼之《ほそかわよりゆき》（一三二九～九二）によって、九州南朝方の征西府《せいせいふ》に手こずっていた足利家一門の渋川義行《しぶかわよしゆき》（一三四八～七五）の後任として九州探題に起用された。

了俊は応安五年に筑前国大宰府《だざいふ》（福岡県太宰府市）に拠《よ》る征西府の懐良親王《かねよし》（一三二九？～八一）を敗北させ、永和《えいわ》元年（一三七五）にそれまで共闘していた有力大名の少弐冬資《ふゆすけ》（一三三七～七五）を暗殺し、探題の権力確立をなかばなしとげていた。しかし、応永《おうえい》二年（一三九五）に、了俊はその権力拡大を嫌忌した三代将軍義満《よしみつ》（一三五八～一四〇八）に罷免された。

その後、ほどなくして渋川満頼《みつより》（義行の次男。一三七二～一四四六）が探題に起用され、以後、同職は渋川家が世襲することとなった（次頁の渋川氏略系図参照）。

渋川氏略系図

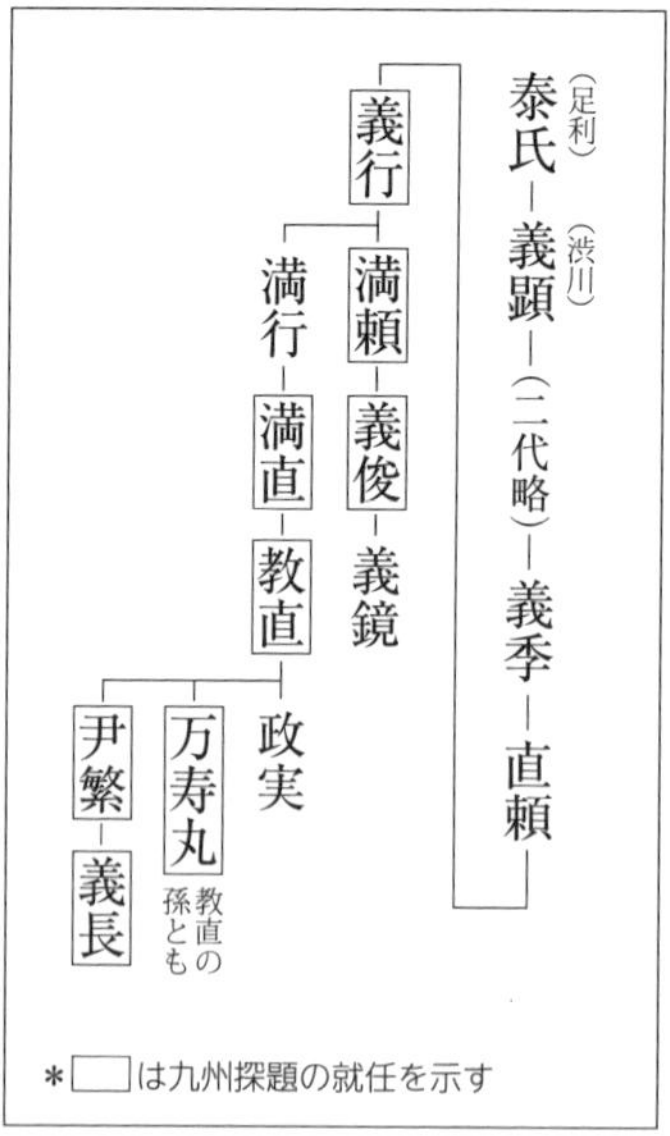

大内盛見の勢力拡大と戦死

　そんな九州探題渋川家を後援しつつ、少弐家を筑前国から肥前国に追いやったのが、大内家三代当主の盛見であった。

　盛見は、応永六年（一三九九）に足利義満指揮下の幕府軍と和泉《いずみ》国堺《さかい》（堺市堺区）で戦って討死した二代義弘の弟である。当初、盛見は大御所的立場の義満や四代義持、それに九州探題の渋川満頼から敵と見なされていた。しかし、盛見は義満派遣の討伐軍を打ち破り、自身が大内家当主であることを義満らに認めさせた。

　その後、応永十五年に義満が死去したこともあって、幕府方勢力となった盛見は、探題の渋川義俊《よしとし》（満頼の子。一四〇〇〜三四）や、その次代の探題、渋川満直《みつなお》（満頼の甥《おい》。一三九〇〜一四三四）の補佐・後援を名目に、少弐家当主の満貞《みつさだ》（一三九四〜一四三四）と対峙《たいじ》した。しかし、満貞は豊後国の大友持直《もちなお》（?〜一四四五）や肥後国（熊本県）の菊池兼朝《かねとも》（一三八三〜一四四四）らと連携し、〝反大内家同盟〟とでもよぶべき勢力を形成していた。だが、情勢はしだいに軍事力で勝る大内家の優勢になっていった。

さらに大内盛見は、足利義教の六代将軍就任（一四二九年）直後に上洛《じょうらく》してその歓心を買い、幕府直轄料国（名目的な幕府直轄領）となった筑前国の代官職を獲得することに成功した。盛見は同代官職を与えられたことで、軍事面のみならず権威面においても少弐家を上回ることとなった。

しかし、盛見は永享《えいきょう》三年（一四三一）六月、追いつめられた少弐満貞・大友持直・菊池兼朝らの奇襲攻撃によって、筑前国怡土《いと》郡深江《ふかえ》荘（怡土荘萩原《はぎわら》とも。福岡県糸島《いとしま》市）で戦死してしまう。盛見が戦死すると京都政界はおおいに驚いたが、「室町殿」義教は微妙な反応を示した。

義教は、筑前国が幕府の直轄料国なだけに九州の戦況が気になり、彼の政治顧問として知られる醍《だい》醐《ご》寺（京都市伏見《ふしみ》区）の三宝院満済《さんぽういんまんさい》（一三七八～一四三五）にそれを尋ねた。満済は、大内家京都代官の安富定範《やすとみさだのり》より聞いた「盛見の後継を廻《めぐ》って持世と持盛《もちもり》（一三九四～一四三三）の兄弟――いずれも二代義弘の子で、持世は庶兄《しょけい》で持盛は嫡弟《ちゃくてい》であったらしい――の内戦が激化しているが、持世側が劣勢だから、大内家は九州どころではない」との情報を義教に告げた。

すると、義教は驚きながらも「以後の処置は容易になるように思う」と述べ、満済もその観測に同意した。将軍義教や満済としても、九州の大名とはいいがたい大内家が、九州に関与するから同地より戦乱がなくならないことをよくわかっていたにちがいない。

二　巧妙に立ちまわる四代・大内持世

〝幕府系連合軍〟の主要指揮官となった持世

盛見の戦死後、四代大内家当主となったのは、熾烈《しれつ》な兄弟間の内戦と京都での外交戦に勝利した持世であった。

そんな持世の課題は、当然ながら、叔父盛見を死に追いやった少弐満貞・大友持直への復讐《ふくしゅう》であったろう。ちなみに菊池兼朝は、将軍義教の筑後《ちくご》国守護職を与えるとの調略《ちょうりゃく》により、やはりこれを望んでいた大友持直と不和になり、反大内家同盟から離脱していた。

ただし、持世は幕府の勧めもあって短慮に兵を動かすことはせず、慎重に幕閣と交渉した。結果、持世は吉田賢司氏が注目したように、四職《ししき》家（室町幕府の侍所《さむらいどころ》長官である所司《しょし》に任ぜられた四家のこと）の山名時熙《やまなときひろ》（一三六七〜一四三五）から、同家分国の備後《びんご》国（広島県東部）の守護代である犬橋満《いぬはしみつ》泰《やす》らを主将とする援軍を引き出すことに成功した（吉田：二〇一〇）。

そして、持世自身は幕府より少弐満貞・大友持直を討てとした「治罰御教書《ちばつのみぎょうしょ》」と、足利家の「御《み》旗《はた》」を与えられたことで〝幕府系連合軍〟とでもよぶべき軍勢の主要な指揮官となった。同連合軍の主力は大内持世、山名家の犬橋満泰、安芸国の武田信繁《のぶしげ》（一三九〇〜一四六五）、伊予《いよ》国（愛媛県）の河野通久《こうのみちひさ》（?〜一四三五）、反大友持直派の大友一門、大友親綱《ちかつな》（?〜一四四五）の軍であった。

九州に渡海した持世は、幕府系連合軍をよく指揮し、永享五年（一四三三）八月には筑前国秋月城《あきづき》（福岡県朝倉市）などを攻略して少弐満貞を討ち、永享八年六月頃、大友持直が籠城する豊後国姫岳城《ひめだけ》（大分県臼杵市《うすき》ほか）を攻略してこれを没落させた。

幕府の面子と持世の戦略

さて、幕府は九州の問題について大内家と手を切り、九州の大名である少弐家や大友家と手を結ばないのはなぜだろうか。

それは、まず、幕府としては、少弐・大友家は幕府料国代官の大内盛見を討ったのだから、それは幕府に対する敵対行為に等しく、許すことができないということがあろう。次いで、永享六年（一四三四）に少弐家一門の横岳頼房《よこたけよりふさ》が、肥前国神崎《かんざき》（佐賀県神埼市）において、同国支配をめぐって対立する九州探題の渋川満直を討ってしまったことの影響も大きい。

探題の渋川家は、討たれた満直の子の教直《のりただ》（一四二二〜七九）が相続したが、以後、肥前国綾部《あやべ》（佐賀県みやき町）に本拠を置く、一地方勢力に転落していくことになる。一方、少弐家としては、このことで肥前国での支配力が多少強まったかもしれないが、幕府の心証を完全に害してしまったことだろう。

ただ、持世は、敵である少弐家一党の多くが対馬国（長崎県対馬市）に逃亡し、ときとして朝鮮半島沿岸部を襲う倭寇《わこう》化した事態をみて、少弐満貞の子である嘉頼《よしより》（一四二一〜四一）を幕府に執りなすことで恩を売る戦略をとった。佐伯弘次氏が明らかにしたように、朝鮮国日本通信使の働きかけも大きかった（佐伯：一九九二）。大友家については、逃亡中の大友持直の弟である大友親隆《ちかたか》（?〜一四七〇）を幕府に執りなすことで、やはり恩を売る戦略をとった。

新名一仁氏の研究に詳しいが、永享十二年頃、将軍義教の異母弟の大覚寺義昭《だいかくじぎしょう》（一四〇四〜四一）が、義教からその存在を疎まれたことで九州に出奔した際、持世は捜索の責任者として九州探題のような役割を果たした（新名：二〇一五）。持世はこの功績が評価され、義昭を討ち取る功を挙げた薩摩国島津家の取次《とりつぎ》に准《じゅん》ずるような立場に内定していたらしい。

三　幕府との関係を悪化させた五代・大内教弘

「治罰御教書」を獲得した教弘

正式な九州探題ではないが、探題のような役目を果たしていた持世は、永享十二年（一四四〇）に上洛したところ、翌嘉吉《かきつ》元年（一四四一）六月に発生した四職家赤松満祐《あかまつみつすけ》による六代将軍義教の暗殺事件（「嘉吉の変」）に遭遇し同年七月に負傷死してしまう。

持世の後は、三代盛見の子である教弘が五代当主となった。教弘は、実力的には四職家筆頭の山名宗全《そうぜん》（一四〇四～七三）の養女（石見国守護職の山名熙貴《ひろたか》〔?～一四四一〕の娘。持世と熙貴には「嘉吉の変」に遭遇し、負傷死したという共通点があった）を嘉吉三年に妻に迎え、事実上、〝山名・大内家同盟〟とでもよぶべき関係が成立した。

教弘は九州方面の軍事については、敵対していた少弐教頼《のりより》（嘉頼の弟。一四二六～六九）、大友持直、菊池兼朝、肥前国人《こくじん》で千葉《ちば》氏一族の同胤鎮《たねしげ》（一三九九～一四五五）に加え、大内家の家督をねらう庶兄の大内教幸《のりゆき》（道頓《どうとん》。?～一四七二?）らについての「治罰御教書」を幕府から獲得した。教弘の軍勢は、彼らを北九州各所で破り、情勢は嘉吉二年末までに彼らの逃亡先の捜索へと移行した。

管領・細川勝元との対立の顕在化

教弘はこうした情勢を受け、肥前国綾部の九州探題渋川教直を後援しつつ、同国神崎郡支配に着手し、以後、有力被官を同郡代官として派遣するようになった。

しかし、大内家による高野山《こうやさん》領、筑前国粥田《かいた》荘（福岡県宮若市）の押領《おうりょう》（武力で所領を奪う行為）が材料とされたのか、幕府管領の細川勝元《かつもと》（一四三〇～七三）の主導により、文安《ぶんあん》二年（一四四五）頃、宿敵少弐家の少弐教頼に筑前国守護職が与えられた。教弘としては、勝元に対して不快の念をもったことだろう。

ただし、管領が畠山持国《はたけやまもちくに》（一三九八～一四五五）に交代した後の宝徳《ほうとく》三年（一四五一）頃より、教弘はふたたび幕府から守護職同様に扱われている。しかも、後土御門天皇《ごつちみかど》(一四四二〜一五〇〇)即位にともなう大嘗会《だいじょうえ》費用のための段銭《たんせん》(段別賦課《ふか》税)について、寛正《かんしょう》六年(一四六五)に「九州の面々に急ぎ進上せよと御命令されよ」との指令を幕府より受けていることから、教弘は前代の持世同様、幕府より九州探題のような扱いをされることもあった。

しかし、教弘は三管領家(室町幕府将軍の幕政を補佐・代行する管領に任ぜられた三家)の細川勝元と伊予国をめぐって対立を深刻化させた。西日本物流の大動脈たる瀬戸内海の制海権を握りたい教弘としては、讃岐《さぬき》国(香川県)・土佐《とさ》国(高知県)・阿波《あわ》国(徳島県)を一門の主要分国とする勝元が、伊予国河野家の内紛に乗じて同国を奪取し、四国全土を影響下に置くことを阻止したかったのであろう。

教弘は、京都政界において勝元と対立していた幕府政所《まんどころ》執事の伊勢貞親《いせさだちか》(一四一七〜七三)とは、最後まで連絡をとりつづけていたが、総体的にいえば、幕府との関係を悪化させた。

教弘は、細川勝元と決着をつけるべく、嫡子の政弘を伴って伊予国に出陣した。しかし、教弘は寛正六年九月、同国興居島《ごごしま》(愛媛県松山市)で陣没してしまう。教弘は出陣前から体調を崩していたようで、そのため病死なのだろうが、大内家からすれば、戦死に等しい感覚であったにちがいない。

四　六代・大内政弘と「応仁・文明の乱」

叔父・大内道頓の挙兵

教弘の陣没を受け、その嫡子の政弘が名実ともに六代当主となった。政弘はそのまましばらく伊予国で細川勢と合戦を続け、細川勝元の配下である土佐国守護代の新開《しんかい》氏を討ち取った。そのため、以後、政弘は勝元の主導によって「治罰御教書」を出され、幕府の討伐対象となった。しかし、文正《ぶんしょう》元年（一四六六）、政弘は伊勢貞親の執りなしにより赦免され、勝元は面目を失ってしまう。

その頃、京都政界では実力的には三管領家筆頭の細川勝元と、同じく四職家筆頭の山名宗全の対立が激化し、それに将軍家、管領家斯波《しば》家、同畠山家などの家督争いが絡みあった、いわゆる「応仁《おうにん》・文明《ぶんめい》の乱」（一四六七〜七七年）が発生した。政弘は盟友、宗全の要請をいれ、応仁元年（一四六七）、陸路と海路より二万余の大軍を率いて上方《かみがた》に進出し、宗全を総大将とする、いわゆる西軍に属した。

しかし、文明元年（一四六九）十月、いわゆる東軍の総大将となっていた細川勝元の指令により、東軍の山名是豊《これとよ》（宗全の次男。父とは不和）と赤松政則《まさのり》（一四五五〜九六）の軍勢が、政弘の兵站《へいたん》基地、兵庫（神戸市兵庫区）に打撃を与えた。そのうえ、国許では、勝元と連絡をとっていた政弘の叔父の大内道頓《どうとん》（教幸）が文明二年に反政弘の兵を挙げた。

東西両陣営の和睦を周旋する政弘

これに呼応し、ここまで政弘傘下にあった九州探題の渋川教直が、肥後国に移動したうえで東軍・大内道頓方となった。少弐教頼とその子の政資《まさすけ》（一四四一〜九七）や、大友親隆の娘婿で後継の大友親繁《ちかしげ》（一四一一〜九三）も細川勝元と連絡をとり、東軍方となって反政弘の兵を挙げ、筑前・豊前・肥前国に攻め込んだ。

しかし、文明三年（一四七一）末までに、政弘の筆頭被官、陶弘護《すえひろもり》（一四四五〜八二）が率いる大内政弘留守軍は大内道頓軍を圧倒した。また、肥後国の菊池重朝《しげとも》（一四四九〜九三）は最初東軍方についていたが、やはり筑後国をめぐって少弐・大友軍と対立し、結果的に政弘方についた。政弘率いる大内本軍も上方でねばりづよく戦った。

こうして政弘にとって戦局は徐々に好転した。文明五年の上方が、大豊作であったことも兵粮《ひょうろう》確保の点で政弘をおおいに助けたことであろう。

西軍の総大将である山名宗全と東軍の総大将細川勝元が、文明五年の三月と五月に死去すると、政弘は同年八月、大内家の京都屋敷に八代将軍義政の異母弟で、文明元年より西軍陣営で将軍扱いをされていた足利義視《よしみ》（一四三九〜九一）を迎えた。こうして政弘は西軍の総大将格となったが、結局、東軍に擁された「室町殿」義政本人を討とうとする動きをみせなかった。

政弘のそのような姿勢は、文明五年十二月に東軍陣営において将軍職を嫡子の義尚《よしひさ》（一四六五〜八九）に譲って大御所的立場になっていた義政から一定の評価をされたらしい。文明八年九月、政弘は義政から東西両陣営の和睦《わぼく》周旋を要請された。幕府は翌文明九年三月に大友政親《まさちか》（親繁の長男。一四四四〜九六）に対し、現在、政弘が東西両陣営の和睦周旋中なので、政弘と敵対中の大内道頓に味方しないようにと命じている。

「幕府料国代官職」から「筑前国守護職」へ

政弘は和睦周旋に取り組む一方で、幾度か苦杯をなめさせられていた大和国《やまと》（奈良県）の東軍方である興福寺《こうふくじ》系国人の筒井順永《つついじゅんえい》（一四一九〜七六）・順尊《じゅんそん》（一四五一〜八九）父子との合戦に本腰を入れた。

政弘は、その政治的立場が東軍なのか西軍なのかをはっきりさせないまま、西軍の雄、畠山義就《よしひろ》（一四三七?〜九一）の軍と連携し、文明九年（一四七七）十月、筒井氏ら東軍の拠点になっていた山城国木津城《やましろきづ》（京都府木津川市）を攻略した。そのうえで政弘は、有力被官の杉弘相《すぎひろすけ》を主将とする軍勢を南下させ、事実上、奈良を支配下に置いた。これによって政弘は面子《めんつ》を保つことに成功した。東西和睦も成ったことで、政弘は同年十一月、約十年を過ごした近畿を離れ、帰国の途についた。

さて、政弘は離京直前の同年十月、九代将軍の義尚より各国守護職と所領を保証された。その文書によると、和睦周旋成功の恩賞的な意味あいなのか、大内家の筑前国支配の公的称号が、「幕府料国代官職」から「筑前国守護職」に変わっていた。筑前国をめぐる少弐家との大義名分上の争いという観点からすると、軽視すべきではないだろう。

政弘の博多出陣と筑前・豊前国の奪還

政弘は文明九年（一四七七）十二月、本拠地、周防国山口（山口県山口市）に帰還し、翌年九月、大軍を率いて北九州に出陣した。

政弘指揮下の大内軍は、少弐政資の軍を打ち破り、筑前・豊前国を奪還し、政弘は同年十月、筑前国博多に入った。その後、政弘は論功行賞や傘下にある各人の所領の保証業務を行う一方で、筑前国人の麻生弘家《あそうひろいえ》とその分家家延《いえのぶ》の内紛、肥前国人の千葉胤朝《たねとも》（小城《おぎ》千葉氏。一四三五～八六）と胤盛《たねもり》（のちに祇園《ぎおん》千葉氏。?～一四七八）兄弟の内紛に、それぞれ弘家、胤朝に肩入れする形で介入した。

その間、政弘は、九州の人に限れば、少弐家被官筋の対馬国宗貞国《そうさだくに》（一四二二～九四）、壱岐国波多《はた》泰《やすし》、豊前国人城井俊明《きいとしあき》、豊後国の大友政親、肥前国の九州探題渋川教直・万寿丸《まんじゅまる》、同国人の千葉胤朝や同有馬貴純《ありまたかずみ》、同松浦皎達《まつらこうたつ》、肥後国の菊池重朝、同国人相良為続《さがらためつぐ》（一四四七～一五〇〇）、日向《ひゅうが》国人伊《い》東祐尭《とうすけたか》（一四〇九～八五）らより対面ないしは書状で挨拶を受けた。

目的を果たした政弘、そして渋川家の衰退

「応仁・文明の乱」のさなか、幕府を擁する細川勝元や大内道頓と気脈を通じ、東軍として政弘留守軍と戦った九州探題の渋川教直や大友家、そして少弐政資はわりをくうことになった。

彼らは、乱中に北九州地域をほぼ掌握したものの、大内家本国の周防国に侵攻するまではせず、そうこうするうちに、政弘が京都から帰還し、同地域を奪還されてしまった。

探題の渋川教直は、肥前国人の小城千葉家の胤朝・胤盛兄弟の内紛については弟の胤盛を支持していた。ところが、博多在陣中の大内政弘は兄の胤朝を支持していたため苦境に立たされた。しかし、渋川教直はねばりづよく政弘と交渉し、胤朝優位ではあったろうが、両者の和睦に持ち込んだらしい。

ただし、このとき教直は、大内家当主の政弘どころか政弘の筆頭被官である陶弘護より少弐家残党の討伐を命じられ、その関連情報を詳細に報告している。乱中、大内留守軍を率いていたのが弘護であったため、敵対行動をとっていた教直としては負い目があり、他家の被官である弘護のために、汗をかくはめに陥ったということであろう。

そんな教直は、翌文明十一年（一四七九）に本拠地、肥前国綾部で死去し、教直の子か孫とされる渋川万寿丸（一四六八〜八七）が跡を継いだ。以後、九州探題渋川家は大内家傘下の中規模国人のような存在となり、同じく勢力を縮小する少弐家との抗争を続けることになる。

大友家では、これ以前に政弘の妹を娶《めと》っていた大友政親が当主となっていて、文明十年の政弘の博

多出陣に際しては、政親の被官大和常長《つねなが》が少弐政資残党の掃討に参加している。政弘は所期の目的を果たし、文明十一年十二月、周防国山口に帰った。以後、大内家は戦国大名化していくことになる。

おわりに――幕府の対大内家戦略のゆくえ

室町中期の九州をめぐる政治情勢を、周防国大内家を軸にまとめると、大内家と幕府の関係が良いときは、幕府と少弐・大友家の関係が悪くなり、大内家と幕府の関係が悪いときは、幕府と少弐・大友家の関係が良くなるというものになろう。ただし、五代教弘以後の大内家は、管領細川家に含むところはあっても、足利将軍家に対し深い意趣をもっているわけではなく、少弐・大友家も大内家に含むところはあっても、足利将軍家に対し深い意趣をもっているわけではない点は注意が必要だろう。

そして、三代将軍義満や管領細川勝元が行った、大内家との関係が悪くなると、少弐・大友家に対し、大内家の勢力圏である筑前・豊前国への侵攻を勧めるという戦略は、ほぼそのまま、戦国初期にあたる十五世紀後半の幕府管領にして勝元の子である細川政元《まさもと》（一四六六～一五〇七）に引き継がれることとなった。

【主要参考文献】

池享『大名領国制の研究』（校倉書房、一九九五）
川添昭二「渋川満頼の博多支配及び筑前・肥前経営」（竹内理三博士古稀記念会『続荘園制と武家社会』吉川弘文館、一九七八a）
同「九州探題の衰滅過程」（『九州文化史研究所紀要』二三、一九七八b）
佐伯弘次「永享十二年少弐嘉頼赦免とその背景」（地方史研究協議会編『異国と九州―歴史における国際交流と地域形成』雄山閣出版、一九九二年）
同「室町時代における大内氏と少弐氏―蜷川家文書「大内教弘条書案」の検討」（『史淵』一三〇、一九九三）
新名一仁『室町期島津氏領国の政治構造』（戎光祥出版、二〇一五）
藤井崇『室町期大名権力論』（同成社、二〇一三）
同『大内義興―西国の「覇者」の誕生』（「中世武士選書」21、戎光祥出版、二〇一四）
同『大内義隆―類葉武徳の家を称し、大名の器に載る』（ミネルヴァ書房、二〇一九）
同「守護の法―周防国大内家の法を中心に」（日本史史料研究会監修・松園潤一朗編『室町・戦国時代の法の世界』吉川弘文館、二〇二一）
吉田賢司『室町幕府軍制の構造と展開』（吉川弘文館、二〇一〇）

【さらに詳しく学びたい読者のために】

①黒嶋敏『中世の権力と列島』（高志書院、二〇一二）

②桜井英治『室町人の精神』（講談社学術文庫、二〇〇九、初出二〇〇一）

①は歴代の九州探題について詳細に考察したもの。【主要参考文献】に載せた川添昭二氏の「九州探題の衰滅過程」と併せて読めば理解が深まるだろう。

②は、講談社版「日本の歴史」第12巻として刊行された室町時代の通史である。三代大内盛見や九州探題にも言及がある。中央政治史と九州情勢の関係を確認するのに最適だろう。

〈第八章〉

【幕府の軍事編成】

室町殿は、どのように軍事指揮を執っていたのか？

永山　愛

はじめに――地方の紛争に対する軍勢派遣のシステム

室町殿の権力が確立し、安定期を迎えた十五世紀の前半、守護を基軸とする、中央と地方とを結ぶさまざまなルートを伝って、各種の情報や訴えが京都の室町殿のもとに持ち込まれた。

それらのなかには、地方における武力衝突をともなう紛争の情報や、それにともなう援軍派遣要請も含まれていた。紛争解決のために、室町幕府が動員しうる軍事力などの後ろ盾を得たいと望む各地の紛争当事者や、その関係者によって持ち込まれた訴えに対応する形で、室町幕府軍は室町殿によって編成された。

ふだん京都に所在する大名《たいめい》（以下、大名に関する事柄は第五章の川口論文を参照）は、紛争に際して、自らの守護管国内に所在する武家勢力（国人《こくじん》）を動員することを、室町殿から認められており、また、自身の被官を動員することもできた。室町殿は、持ち込まれた軍勢派遣の訴えに対し、ひとりの大名が動員しうる軍勢で対応可能な場合は、大名との個人的やり取り（単独大名に対する動員命令など）で派遣を決定していた。

軍勢派遣に際して、複数の大名が影響を受ける案件については、義持《よしもち》・義教《よしのり》期（一四〇八〜四一年）においては大名衆議《しゅうぎ》に諮られ、訴えに対する対応が決められた。そこでは、どれだけの軍勢をどのように派遣するか、その可否が諮られ、正式に室町殿の命令を発出して軍勢を動員するか、あるいは大名が守護として内々に管国内の軍勢を動員するか、といった、軍勢を動員する際の形式も同時に問題となった（『満済准后日記《まんさいじゅごうにっき》』永享《えいきょう》四年〔一四三二〕正月十八・二十三日・三月十六日条）。

後者の方式で軍勢を派遣するも、その後の経過で、守護の内々の動員では対応しきれなくなり、前者の方式へと移行する場合もあった（川岡：二〇〇二）。

室町時代における軍事関係文書の概要

以上、吉田賢司氏の成果（吉田：二〇一〇）によって、当時の軍勢派遣にいたる流れを概観したが、本稿に与えられた課題は、室町幕府軍の軍事編成について、古文書学的見地により、戦《いくさ》の勃発から戦後の恩賞にいたるまでを、研究状況をふまえながら紹介する、というものである。

ただし、戦時特有の、戦争に参加した軍事勢力の側が作成した文書も広汎《こうはん》に残る、十四世紀中葉の南北朝期（松本：二〇一九）と異なり、本書で扱われる時代には、室町幕府の発給する軍事命令や、軍事行動をねぎらったり賞したりする文書、あるいは軍事情報を伝達する書状など、上部権力である室町幕府の発給に係る文書が、現存の軍事関係文書の中心となる。

そこで、まずは、大名衆議を経て、室町幕府軍が派遣される際に、室町幕府の文書が発給される人びとの範囲について、現在にいたる研究状況を概観することからはじめる。その後、当時の室町幕府軍制の大枠を示したのちに、近年の史料紹介や研究によって明らかになってきた、軍事関係文書（命令書・報告書）の伝達のあり方を紹介することとしたい。

一　室町殿の命令を受ける武家勢力

室町期の権力と、その編成に関する研究の状況

かつて、室町幕府は、将軍と守護大名《だいみょう》との、あるいは、守護大名の連合政権である、と規定されていた。一九五〇年代頃までのこのような議論においては、室町将軍権力がさしたる実証をともなわずに、弱いものと認識されていた。

そうしたなかで、一九六三年に佐藤進一氏は、将軍権力の求心力の問題を議論の俎上《そじょう》に載せられた。

そこでは、室町幕府の「地頭御家人《じとうごけにん》」が「将軍権力を直接に支える人的基礎」と措定《そてい》され、その「地頭御家人を将軍に絶対服従させうる装置」が問題となった。

その「装置」には、

(A) **地頭御家人を一国別に守護に指揮統制させる。**

(B) **地頭御家人の一部を将軍の膝下《しっか》に置いて将軍の親衛軍とする。**

のふたつがあったとされ、室町幕府が動員しうる軍勢に関する説明がなされることとなった（佐藤：一九九〇）。

佐藤氏は、(A)のように**守護の指揮下に属する御家人**と、(B)のように**将軍に直属する御家人**は、十四世紀に二分された（前代以来の(A)とは別に、(B)が新たに編成された）ものと把握されたが、近年では、観応《かんのう》の擾乱《じょうらん》（観応年間〔一三五〇〜五二年〕）を中心に、室町幕府内部の対立から始まり、混乱を全国へ波及させていった政治的事件）以降に、この二類型化が進行したともいわれている（渡邉：二〇一〇、堀川：二〇一三）。

さて、本稿で主たる対象とする、十五世紀前半の室町幕府の安定期においては、(A)(B)の方式が具体的にあらわれたものとして、室町幕府が発給する文書の宛先が注目されている。室町幕府軍制の研究を牽引《けんいん》し、その全体像を提示された吉田氏によれば、室町幕府の発給する文書を直接受給する（文書の宛先になる）勢力が限定されるようになるというのである（以下、吉田：二〇一〇）。

吉田氏は、(A)の、守護をとおして動員される御家人（当時の史料には「国人」と出てくることが多いので、以下、国人とする）を「**一般国人**」、(B)の、幕府発給文書を直接受給する、奉公衆《ほうこうしゅう》（一番から五番に分かれて月六日ずつ室町殿へ近侍する人びと。福田：一九九五、山田：二〇一〇）などの国人を「**直属国人**」と概念化され、室町殿は、このふたつのルートで命令を伝達し、軍事指揮を行っていた、と主張された。

軍事動員される人びとの実像に迫る

吉田氏の議論においては、「直属国人」には守護の軍事指揮が及ばないことが強調されていた。しかし、その後、「直属国人」も守護の指揮下に入っていた（守護の命令に応じて出陣していた）ことが示され、従来提示されてきた(A)(B)のような枠組みを、実際の軍事行動のあり方を反映したものとしてとらえることには、現在、疑義が呈されている（呉座：二〇一三）。

また、幕府発給文書の宛先にあらわれる勢力が限定されることについても、文書の受給者の所在や時期・地域・文書の種類による差などが論点として提示されており（山田：二〇一〇・二〇一一）、今後、研究の進展が期待されるところである。

なお、「国人」とは、現地において、守護の動員に対応する人びとのことをさす。京都周辺の国々では、在地で年貢徴収の実務を担うような、小さな勢力も「国人」であった。その一方で、京都から離れた地域においては、鎌倉期の地頭御家人の系譜を引く、かなり大規模な勢力が「国人」とよばれることになったという（山田：二〇一〇）。

また、そのような京都から離れた地域においては、個々では「国人」として動員されえない小さな勢力が寄り集まり、その集団（一揆《いっき》）が動員の枠組みとして幕府に把握される（一揆宛ての幕府文書が発給される）こともあったことが、明らかにされている（呉座：二〇一四）。

二　室町時代の軍事制度を概観する

軍事行動の特徴は、中央と前線の連携

ここでは、現在体系的に提示されている、室町期における軍事編成の基本的な枠組みを示しておきたい（以下、吉田：二〇一〇）。

室町幕府は大名衆議を経て、敵対勢力の退治や味方への合力《ごうりき》、合戦に際しての出陣などを命ずる文書を諸勢力に発給した。このような文書は、基本的には紛争の発生している地域へ、文書の宛先の勢力を派遣する際に作成された。そのため、現在、この文書は一般に軍勢催促状とよばれている。

室町幕府の命令を受けた人びとは、その命令を承知した旨を報告することが義務づけられていたらしく、その報告書（「御請《おうけ》」）は京都の室町殿のもとに届けられた。京都の幕府は、この報告に基づいて、事前に参陣者を把握し、軍事行動を遂行しようとしていた、と考えられている。

また、現地における戦況（各部隊の戦功や損害など）も、各種のルートで室町殿のもとに届けられた。そのような現地からの報告によって、京都の幕府は前線の状況を把握しつつ、増援部隊の派遣などの対応を検討した。

このように、当時は中央の幕府主体の軍事動員が図られていたようである。

各種のルートで軍事動員を命じられ、現地に出陣した武家勢力は、前線において合議を行い、敵対勢力へ帰降を促す際の条件の調整を行うなど、戦略の意思統一を図っていたこと、前線における談合で対処できない案件については、中央の幕府の判断を仰いでいたこと、が明らかにされている。

室町期の軍事行動は、このように中央と前線とが連携して遂行されていた点に特徴がある、と評価されている。京都の幕府によって現地へと送り込まれる各国の軍勢は、前線の諸将による談合で調整され、組織化されていたのである。

所領の維持のために出陣する国人たち

戦闘に参加した軍勢の戦功は、各種のルートで現地から京都の幕府へ報告された。それに対して、幕府は戦功を賞する文書を発給し、現地の勢力に応えた。

この文書を感状《かんじょう》とよんでいるが、義教期（一四二八〜四一年）には感状が大量に発給されはじめるとともに、武具を下賜する文言を含む室町殿発給感状が登場しはじめることが明らかにされている。この感状は、権益の獲得や保護を幕府に訴える際の証拠文書のひとつに数えられるなど（『毛利《もうり》家文書之二』一一七号）、現実的な効力も期待されていた。

しかし、それだけではなく、受給者の側は、感状を与えられたこと自体を「面目《めんぼく》」（名誉を得た）と認識し、感激していた、すなわち、精神的褒賞としての側面も、感状の機能として重要であったことが指摘されている。

戦後、恩賞として所領や各種の権益が給付されることもあったが、義持期（一四〇八〜二八年）には、軍事行動が和解や赦免《しゃめん》によって終了したことにともなう給付可能な没収地の減少もあって、所領給付の事例は限られていた。

一方で、現地の国人に対しては、守護が所領などを給付することが多くなっていたようである。

室町幕府軍を構成した武家勢力は、新たに恩賞として所領を得るためというよりは、基本的には、彼らが各種の権益を得ている所領の支配を維持するため（出陣を拒否して幕府・守護などから所領を没収されることを防ぐため）に、幕府の動員に応じていた、というイメージでとらえることが穏当であるように思われる。

三　軍事関係文書の発給と伝達のあり方

軍勢催促状の宛先からみた軍事指揮系統の復元

続いて、近年の研究によりながら、具体的に軍事関係文書の伝達のあり方を紹介したい。

室町幕府が発給した軍勢催促状を収集し、分析した吉田氏の成果（以下、吉田：二〇一〇）によれば、このような文書の宛先は、義持期にはほぼ守護に限定されるようになり、以降の幕府の軍事動員は、守護の統治が不安定な国を除き、基本的には守護によって請け負われるようになったらしい。

さらに義教期になると、地方での叛乱《はんらん》鎮圧のために、奉公衆などの「直属国人」が、その所在（京都にいるか、自身の本拠地にいるか）に関係なく、随時動員を受けて前線に派遣されるようになったため、幕府発給文書の宛先が守護と直属国人とに限定されるようになり、そこからⒶ「**幕府—守護—一般国人**」と、Ⓑ「**幕府—直属国人**」といった軍事指揮系統が明確になる、といわれている。

送信経路は宛先の所在によって変わる

ただし、実際の動員命令は、宛先の勢力がどこに所在するかによって、送信経路が変化したことが指摘されている（以下、呉座：二〇一三）。

正長《しょうちょう》元年（一四二八）八月、南朝皇胤《こういん》を擁した伊勢国司《いせこくし》の北畠満雅《きたばたけみつまさ》（?〜一四二八）は、鎌倉公方《くぼう》の足利持氏《もちうじ》（一三九八～一四三九）とも連絡をとりながら、挙兵した（森：二〇〇四）。

その討伐にあたって、美濃《みの》国（岐阜県南部）の諸勢力に対し、伊勢守護への合力が命じられたが、その際には、(A)「**美濃国々人以下在国守護家人《けにん》**」の動員が美濃守護に命じられるとともに、(B)「**近《きん》習《じゅう》土岐《とき》名字外山《とやま》以下者共**」には直接、室町殿より合力が命じられたらしい（『満済准后日記』正長元年〔一四二八〕八月十一日条）。

この事例は、(A)と(B)のふたつの軍事指揮系統が明確にあらわれたものとして位置づけられていた（吉田：二〇一〇）。しかし、(A)の「**美濃国々人**」は、「**在国守護家人**」とともに登場しており、美濃に在国中の国人たちと考えられること、(B)は、室町殿の「**近習**」で、美濃国に下向して用意を致し、合力するよう命じられていることから、彼らはこの命令が発出された当時、京都に所在していたこと、がわかる。

このことから、(A)と(B)の**送信経路の相違**は、**命令を受ける人びとの所在の差異に起因**するものであることが指摘されている。

また、新出史料を用いた送信経路の復元からも、**室町殿の動員命令**は、その**宛先が現地の勢力であった場合**、**守護を基軸とした中央と地方とを結ぶネットワーク**に乗って運ばれることが多かったものと考えられている。

文書の実際の送信経路を示す史料は、室町殿が発した命令文書に比して残りづらいため、残された室町殿の文書のみから、それが直接、宛先の勢力へ守護をとおさずに伝達された、と考えることは難しい。文書の送信経路は、判明する事例を積み重ねたうえで、受給者の所在に注意しつつ、個々に検討していくべき段階にあると思われる。

おわりに――文書伝達の複雑な動きを追ってみる

文書の伝達について、その複雑さを示す事例をひとつ挙げて本稿を終えることにしたい。

永享元年（一四二九）、少弐《しょうに》・菊池《きくち》両氏が蜂起《ほうき》し、筑前国《ちくぜん》（福岡県北部中央）は混乱に陥った。それを鎮めるため、御料国《ごりょうこく》（守護ではなく代官が置かれ、代官から年貢が足利将軍家に送られる国）とされた筑前国の代官として下向した大内盛見《おおうちもりみ》（一三七七～一四三一）は、永享三年六月、大友《おおとも》・少弐両氏のために現地で戦死してしまう（佐伯：一九七八）。それを受けて、大内氏に合力するよう命ずる室町殿義教の文書が、七月十六日付で発給された。

この文書は現在、原本が伝来する、毛利小法師《こぼうし》宛ての一通（「末家証文《ばっけしょうもん》」『毛利家文書之四』一三五六号）と、活字の形で残る、竹原安芸入道《たけはらあきにゅうどう》宛ての一通（『小早川《こばやかわ》家文書之二』「小早川家証文」三二三号。底本の近世写本は、一九二七年に刊行本が出版された後、一九四五年の大空襲で焼失したと思われる）の、計二通が知られている。

ここでは、この文書の発給の経緯を確認し、試みに送信経路についても考えてみたい。

大内盛見が筑前国の合戦で永享三年六月二十八日に死去したという九州の大内氏重臣からの報告は、同年七月十三日に室町殿のもとに届いた。この知らせに室町殿義教は慌てふためき、同日深夜から翌日にかけて幕府中枢では種々の対応がなされた。大内氏の在京雑掌《ざっしょう》は、一日も早く方々に幕府の文書を発給してほしい、と訴えたが、日柄《ひがら》の都合で同月十六日に文書の発給が検討されることになったらしい（『満済准后日記』永享三年七月十三日条）。

その七月十六日には、安芸・石見《いわみ》の国人各々《おのおの》に、大内に合力せよ、という文書を発給することについて、大内氏の在京雑掌の訴えに基づき審議がなされた結果、方々へ文書が発給されたようである（『満済准后日記』永享三年七月十七日条）。

七月十六日付で大内氏への合力を命ずる、前述の二通の文書は、このように大内氏の在京雑掌の働きかけによって発給されたのである（呉座：二〇一三）。

伝達ルートを確定する難しさ

この文書は、大内氏をとおして伝達され、命令を承知した旨を認《したた》めた「御請」も、大内氏をとおして幕府に送られたことが推測されている（以下、吉田：二〇一〇、呉座：二〇一三）。

この伝達ルートを示すのが、同じく七月十六日付で作成された、大内氏に属し、筑前国の合戦で討死した石見国人の子息に宛てて、そのことを賞し、ますますの忠節を求めた、義教の文書である（『益田《ますだ》家文書之二』一一四号）。

この文書は、これに添えられた大内氏の重臣の書状（『益田家文書之二』一一五号）とともに伝来し、その書状から、大内氏の使者がこれらの文書を石見国人のもとへ運んだことが判明する。また、この大内氏重臣の書状のなかで、義教の文書（感状）は、室町殿義教が出陣を求めたものとして用いられるとともに、出陣を承知した「御請」を、京都に報告するため、この文書を伝達した使者に渡してほしい、と大内氏側は求めている。

この事例から、大内氏に合力するよう命じた七月十六日付の文書二通も、同様の送信経路によって伝達されたもの、と考えられている。

以上三通の七月十六日付の室町殿義教の文書のうち、原本の残る二通は、ともに縦一七センチ以下、横二五センチ以下の小形の紙（小切紙《こきりがみ》とよばれている）に書かれ、活字の形で残る一通も、現存の写本（柳井市立柳井図書館所蔵「小早川御什書写《ごじゅうしょううつし》　四」〔「浦家文書」三四〕）の書きぶりも参照するに、同様の小切紙に書かれたもの、と判断してよいと思われる。京都で発給された小形の文書は、大内氏をとおしてまとめて現地の勢力へ伝達されたもの、とひとまずは推測できそうである。

ただし、七月十六日付の義教の文書の宛先に登場する竹原安芸入道と室町幕府中枢との連絡関係は、必ずしも大内氏をとおしてのものだけではなかったらしい。この文書と同日付の、義教側近である細川持賢《もちかた》（一四〇三〜六八）の書状は、細川氏の使者によって伝達されていることが明らかであり（『小早川家文書之二』「小早川家証文」三二二号。川口：二〇一八）、残された史料のみから伝達ルートを確定するのは、やはり難しいようである。

すでに指摘されているところではあるが（呉座：二〇一三）、室町殿が発給した文書が実際にいかに伝達され、機能したかについては、実際にその文書を利用する人びとの動向や、その文書を保管し持ち伝えてきた側の視角から、残された史料を基に確定しつつ、当時の軍事動員の実態を明らかにしていくことが求められていよう。

【主要参考文献】

石田晴男「室町幕府・守護・国人体制と「一揆」」（池上裕子・稲葉継陽編『展望日本歴史12　戦国社会』東京堂出版、二〇〇一、初出一九八八）

川岡勉「中世後期の守護と国人―山名氏の備後国支配を中心として」（同著『室町幕府と守護権力』吉川弘文館、二〇〇二、初出一九八六）

川口成人「細川持賢と室町幕府―幕府‐地域権力間交渉と在京活動の検討から」（『ヒストリア』二六六号、二〇一八）

呉座勇一「伊勢北方一揆の構造と機能」（同著『日本中世の領主一揆』思文閣出版、二〇一四、初出二〇〇七）

同「室町期の守護と国人―吉田賢司氏の批判と反論に接して」（『東京大学日本史学研究室紀要』一七号、二〇一三）
佐伯弘次「大内氏の筑前国支配―義弘期から政弘期まで」（川添昭二編『九州中世史研究第一輯』文献出版、一九七八）
佐藤進一「室町幕府論」（同著『日本中世史論集』岩波書店、一九九〇、初出一九六三）
福田豊彦『室町幕府と国人一揆』（吉川弘文館、一九九五）
堀川康史「南北朝期播磨における守護・国人と悪党事件」（『史学雑誌』一二二編七号、二〇一三）
松本一夫『中世武士の勤務評定―南北朝期の軍事行動と恩賞給付システム』（戎光祥出版、二〇一九）
森茂暁『満済―天下の義者、公方ことに御周章』（ミネルヴァ書房、二〇〇四）
山田徹「室町領主社会の形成と武家勢力」（『ヒストリア』二二三号、二〇一〇）
同「書評　吉田賢司著『室町幕府軍制の構造と展開』」（『日本史研究』五八八号、二〇一一）
吉田賢司『室町幕府軍制の構造と展開』（吉川弘文館、二〇一〇）
渡邉元観「南北朝期室町幕府における「当参奉公人」と軍勢催促」（『年報中世史研究』三五号、二〇一〇）

【さらに詳しく学びたい読者のために】

①松本一夫『中世武士の勤務評定―南北朝期の軍事行動と恩賞給付システム』（戎光祥出版、二〇一九）

②吉田賢司『室町幕府軍制の構造と展開』（吉川弘文館、二〇一〇）

①は、南北朝期の室町幕府を素材としたものだが、各種の軍事関係文書の解説からはじまり、近年の研究動向をふまえて、当時の戦争の様子もわかりやすく叙述された一冊。文書写真も多く、見ていて楽しい。

②は、当該分野の基礎文献。本稿があるのはひとえにこの著書のおかげである。著者によって収集された膨大な軍事関係文書の一覧表は学界の共有財産であるが、眺めるだけでも楽しい。このなかには寺社勢力に宛てた文書も含まれており、これらの文書の位置づけも、今後の課題となっているように思われる。本稿でふれえなかった義満期（一三六七～一四〇八年）・義政期（一四四三～九〇年）に関する論文も収録されている。

第III部

室町幕府と宗教

〈第九章〉

【幕府と武家祈禱】

室町殿の〝身体護持〟を担う門跡寺院と護持僧

生駒哲郎

はじめに――国家安穏を加持祈禱する密教僧

中世には「三門真言《さんもんしんごん》」という仏教の言葉がある。

「三門」とは、天台宗《てんだいしゅう》の**延暦寺**《えんりゃくじ》（山門《さんもん》。滋賀県大津市）・**園城寺**《おんじょうじ》（寺門《じもん》。同前）・**東密**《とうみつ》（仁和寺《にんなじ》〔京都市右京区〕・醍醐寺《だいごじ》〔同伏見《ふしみ》区〕などの真言《しんごん》宗寺院の僧が、おもに東寺《とうじ》〔同南区〕で祈禱《きとう》をしたことに由来）をさし、国家安穏《あんのん》などの密教の加持《かじ》祈禱は、これら「三門」の密教僧が担った。

室町時代に幕府が京の都に誕生すると、朝廷が主催して行っていた祈禱を武家も都で行うようになる。室町殿・室町将軍の身体護持《しんたいごじ》を祈る、いわゆる「武家祈禱」は、室町幕府初期では基本的に鎌倉幕府が行っていた祈禱を踏襲していた。

初代将軍の足利尊氏《あしかがたかうじ》（一三〇五～五八）と密教については、醍醐寺三宝院《さんぼういん》の賢俊《けんしゅん》（一二九九～一三五七。日野俊光《としみつ》〔一二六〇～一三二六〕の子息）との関係が有名であるが、貞和《じょうわ》二年（一三四六）五月と六月の武家祈禱は、一条《いちじょう》澄助《ちょうじょ》（山門）・実相院《じっそういん》増基《ぞうき》（寺門。一二八二～一三五二）・三宝院賢俊（東寺〔醍醐寺〕）が務め、賢俊は最末席という立場であった。

理由は、中壇《ちゅうだん》（中心）を務めるのは臈次《ろうじ》（年数）によっていたからである。したがって新参の賢俊は、尊氏との密接な関係があっても最末という扱いで、当時は武家祈禱を主導する立場ではなかったのである（大田：二〇一四）。

一「武家祈禱体制」成立への道――義満期から義持期へ

三宝院による護持僧の統括が実現

武家祈禱に大きな変化がみられるのは、足利義満《よしみつ》期（一三六七～一四〇八年）である。康暦《こうりゃく》元年（一三七九）に三宝院主光助《こうじょ》は、武家護持僧《ごじそう》の管領《かんれい》に任命された。臈次によらない、三宝院による護持僧の統括が実現したのである。さらに武家護持僧の構成は、全員が醍醐寺の院家《いんげ》（本寺の醍醐寺を補佐する寺院）の僧となった。

また、武家護持僧の祈禱とは別に、武家が主催する「五壇法《ごだんほう》」（五大明王《みょうおう》を勧請《かんじょう》して同時に修する密教修法）という祈禱では、それぞれ「三門」ごとに担当僧が固定された。そのなかで中壇は、寺門（園城寺）派が担当することになり、明徳《めいとく》二年（一三九一）から武家五壇法は、寺門派の僧がすべてを担当することになった。

これにより、武家護持僧による祈禱と五壇法を修する祈禱が区別され、武家護持僧は醍醐寺、五壇法を修する僧は園城寺で占められるという体制になったのである。

また、義満（一三五八〜一四〇八）は、北山第《きたやまだい》（京都市北区）において、新たな祈禱を恒例として行った。主立ったものには「北山第大法《だいほう》」と廻《めぐり》祈禱があり、これらの祈禱は護持僧の枠を超えて諸門跡《もんぜき》寺院（天皇子息の法親王《ほっしんのう》〔出家後に親王宣下《せんげ》を受けた皇子〕や摂関家の子息が入室した寺院）の僧に割り振られた。

准后に宣下された護持僧

しかし、義満の次の義持《よしもち》期（一四〇八〜二八年）には、護持僧の体制は「三門真言」による体制に戻され、義満が北山第で始めた祈禱は縮小された。

義持（一三八六〜一四二八）はふたたび護持僧の充実を図った。足利義満の出家した子息だけではなく、護持僧に対しても朝廷より准后《じゅごう》（正式には准三宮《じゅさんぐう》といい、太皇太后《たいこうたいごう》・皇太后・皇后《こうごう》の三后〔三宮〕に准ずること）に宣下（天皇の命令を伝える公文書を公布）されたのは、義持のときである。義持が将軍のときに醍醐寺三宝院主であった**満済**《まんさい》（一三七八～一四三五）は、准后となったのである。

　このように武家祈禱体制は、三代将軍の義満期に大きく変化し、体制として整うのは四代将軍の義持期である。本稿ではこの点をふまえて、十四世紀中頃から十五世紀初めの義満期から義政《よしまさ》期（一四四三～九〇年）まで（安定期室町殿の時代）の歴代将軍と祈禱を担った門跡寺院の僧との関係を述べることにしたい。

二　将軍義満の出家した子息、摂関家・二条良基の出家した子息

門跡寺院に武家の子息が入室

　まずは、三代将軍義満のときの護持僧について検討する。義満は、摂関の二条良基《にじょうよしもと》（一三二〇～八八）と非常に密接であったことが指摘されている。その点については、義満の宗教政策についても同様である。

　まずは、義満の出家した子息についてみてみたい。

　出家者は、仁和寺（真言）の**法尊**《ほうそん》（一三九七～一四一八）、大覚寺《だいかくじ》（真言。京都市右京区）の**義昭**《ぎしょう》（一四〇四～四一）、青蓮院《しょうれんいん》（山門。同東山区）の**義円**《ぎえん》（のちの六代将軍義教《よしのり》〔一三九四～一四四一〕）、梶井宮《かじいのみや》（山門。同左京区）の**義承**《ぎしょう》（一四〇四～六七）、相国寺《しょうこくじ》（臨済《りんざい》。同上京区）の**虎山永隆**《こざんえいりゅう》（一四〇六～六七）

表　室町殿・摂関家・足利家庶流出身の護持僧

出自	門跡寺院	系統
足利義満・子息		
法　尊	仁和寺	東密
義　昭	大覚寺	東密
義　円（のちの将軍義教）	青蓮院	山門
義　承	梶井宮	山門
二条良基・子息（猶子）		
道　豪	曼殊院	山門
良　順	曼殊院	山門
桓　教	実乗院	山門
道　意	聖護院	寺門
満　意	聖護院	寺門
増　珍	実相院	寺門
足利満詮・子息		
持　弁	浄土寺	山門
増　詮（義運）	実相院	寺門
義　賢	三宝院	東密
持　円（義快）	地蔵院	東密

＊山門＝比叡山延暦寺。寺門＝園城寺。東密＝仁和寺・醍醐寺・東寺などの真言宗寺院。作成・生駒哲郎

である。

虎山永隆は相国寺に入ったが、同寺は足利将軍家の菩提寺《ぼだいじ》であるのでここでは検討しない。注目する点は、そのほかの義満の出家した子息たちが、ことごとく本来は天皇家の皇子《みこ》や摂関家の子息が入室する門跡寺院に入っていることである。

まずは、仁和寺である。同寺はとくに御室《おむろ》とよばれ、歴代天皇の親王（法親王）が入る寺院であった。大覚寺は、鎌倉時代後期の両統迭立《てつりつ》期に大覚寺統（のちの南朝）とよばれるように、南朝系の法親王が入室した寺院である。一方、十四世紀の南北朝時代には、仁和寺は北朝天皇の法親王で占められていた。したがって、南朝天皇の法親王は大覚寺に入ったのである。

義満は、北朝の仁和寺、南朝の大覚寺のそれぞれに自身の子息を入室させた。つまりは、南北両朝の法親王が入る二大寺院が、義満の子息に独占されたことになる。

比叡山延暦寺については、延暦寺の門跡寺院である青蓮院と梶井宮にも義満の子息が入室した。両門跡とも本来は、天皇の法親王や摂関家の子息が入室しており、武家の子息が入室したのは義満の子息が初めてであった。

園城寺系寺院を占めた二条良基の一族

この状況をふまえて、摂関家の二条良基の子息（猶子《ゆうし》〔養子の一種〕を含む）が入った門跡を確認すると、曼殊院《まんしゅいん》（山門。京都市左京区）の**道豪**《どうごう》・**良順**《りょうじゅん》（ともに良基の猶子で、良基の子である二条師良《もろよし》〔一三四五～八二〕が実父）、実乗院《じつじょういん》（山門。現在は廃寺）の**桓教**《こうきょう》（良基の猶子、師良の子）、聖護院《しょうごいん》（寺門。京都市左京区）の**道意**《どうい》・**満意**《まんい》（ともに良基の実子）、実相院（寺門。同前）の**増珍**《ぞうちん》（良基の猶子、今小路《いまのこうじ》良冬《よしふゆ》〔一三二二?～?〕の子。?～一四一三）、一条院（興福寺《こうふくじ》〔奈良県奈良市〕）の**良玄**《りょうげん》（良基の猶子）である（前頁の表参照）。

一条院は藤原氏の氏寺《うじでら》興福寺の院家であるので、義満子息の相国寺の虎山永隆と同様に、ここでは検討しない。特徴的なのは、園城寺（寺門）系の院家が多いということである。とくに園城寺の二大院家ともいうべき、聖護院と実相院の両院は、二条良基の子息と猶子が門主《もんしゅ》であった。

聖護院には道意が入ったが、これを後押ししたのが義持期に准后宣下を受けた二条家出身の常住《じょうじゅう》院《いん》（寺門。現在は廃寺）**良瑜**《りょうゆ》である。道意は良瑜の弟子で、良瑜にとっては姪孫《てっそん》（甥《おい》の子）であった。良瑜は常住院がもっていた熊野三山検校《くまのさんざんけんぎょう》職《しき》を道意に譲った。これを期に、同検校（熊野三山の監督役職）は聖護院に付されることになった。実相院の増珍も良瑜の弟子で、増珍の実父である今小路良冬は、もともと二条家出身で良冬と良瑜は実の兄弟であった。

良瑜の常住院については、のちに**尊経**《そんきょう》が良瑜と同様に准后宣下を受けることになる。尊経は摂関家の九条経教《くじょうつねのり》（一三三一〜一四〇〇）の子息であったが、経教は、関白二条道平《みちひら》（一二八七〜一三三五）の子で九条道教《みちのり》（一三一五〜四九）の養子となっていた。九条経教は、二条良基と兄弟でもあった。このように園城寺（寺門）系は、ほぼ二条良基の一族で占められていた。それを実現させたのは、常住院良瑜の存在が大きかったのである（松岡：二〇一四、近藤：二〇一七）。

二条家と所縁であった三宝院満済

また、二条良基との関係でいえば、おもに四代将軍義持と六代将軍義教のときに、幕府護持僧として活躍した醍醐寺の三宝院満済がいる。

満済は三代将軍義満の猶子となるが、それは満済の母親が義満の御台所《みだいどころ》であった日野業子《ひのなりこ》（一三五一〜一四〇五）に仕えていたのが縁とされる。しかし、そればかりではない。満済の父は、二条家庶流の今小路良冬を祖とする今小路基冬《もとふゆ》（一三四一～八二）であった（満済はのちに、義満だけではなく兄師冬《もろふゆ》の猶子となったと考えられる）。したがって満済も、二条家と所縁の僧であった。

さらに、満済が猶子となった兄師冬の子**聖通**《しょうつう》（のちに聖円《しょうえん》と改める）は、満済と同じく醍醐寺に入り、同寺の門跡である地蔵院《じぞういん》に入室することになった。

門跡寺院を独占する義満・良基の子息

以上、足利義満と二条良基の子息（猶子を含む）の出家先を概観してみた。

そこには大きな特徴がある。まずは、義満の出家した子息からみると、相国寺の虎山永隆を除くと、門跡寺院に入った義満の子息の前任は、すべて後光厳院《ごこうごんいん》（一三三八～七四）の皇子（法親王）であった。二条良基についても猶子が多いが、良基の実子である道意・満意が入室した聖護院は、前任が後光厳院の皇子**覚増**《かくぞう》法親王であった。

つまり、義満と良基の子息によって、後光厳院の法親王が入っていた門跡を独占しているという見方も可能であろう。

これらの門跡は、本来、後光厳院の子息後円融《ごえんゆう》天皇（一三五九～九三）の皇子が入寺すべきである。しかし、後円融天皇の出家した皇子はひとりのみで、仁和寺上乗院《じょうじょういん》の**道朝**《どうちょう》法親王がいた。しかも道朝は、仁和寺の歴代にはならなかった。

つまるところ、門跡は時の権力者と密接とはいっても、じつは権力者の子どもの人数に左右されていた。子どもの人数は、門跡寺院の後継者問題としては非常に重要なポイントであった。二条良基関係の僧で、良基と猶子関係にある者が多いこともこの問題と無縁ではない。

三　義満の弟、足利満詮の出家した子息たち

子息四人が「三門真言」寺院に入室

義満には、同母弟の足利満詮《みつあきら》（一三六四～一四一八）がいた。満詮の子息は、全員出家している。入寺した門跡寺院は次のようである（泉涌寺《せんにゅうじ》〔京都市東山区〕住持となる**聖芳**《しょうほう》は密教でなく律宗〔院〕寺院に入るので除く）。

浄土寺《じょうどじ》（山門。京都市左京区）に**持弁**《じべん》、実相院（寺門）に**増詮**《ぞうせん》（のちに義運《ぎうん》に改める）、三宝院（醍醐寺）に**義賢**《ぎけん》（一三九九～一四六八）、地蔵院（醍醐寺）に**持円**《じえん》（のちに義快《ぎかい》と改める。一四〇六?～?）である。満詮の子息四人は、「三門真言」の寺院にすべて入室していることがわかる（208頁の表参照）。

特徴的なことは、満詮の子息の出家先の前任者が、二条良基関係の僧であるということである。実相院の増珍―増詮、三宝院の満済―義賢、地蔵院の聖通（三宝院満済の兄の子）と持円（聖通とは師弟関係にない）である（浄土寺の持弁については、前任が良基関係の僧ではない）。また、良基関係の僧と

はいっても、二条家庶流の今小路家出身の僧たちという傾向にある。

地蔵院の聖通と持円については師弟関係にないが、それは聖通が地蔵院門主にならなかったからである。聖通が門主にならなかったのは、四代将軍義持の推挙によって満詮の子息である持円が地蔵院に入室したからであった。

そもそも醍醐寺の地蔵院は、同じ醍醐寺の三宝院のように、足利将軍家と縁のある院家ではなかった。地蔵院は源氏とはいっても、代々久我《こが》家（公家の村上源氏本家）の血縁者が入っていたのである。しかし、地蔵院は後継者問題で久我家の血縁者の入室が見込めない、という現実があったようである。

将軍義持が主導する門跡寺院への入室

当時の久我家出身の地蔵院門主聖快《しょうかい》（聖弟。久我通相《みちすけ》〔一三二六～七一〕の子）は、すでに醍醐寺三宝院主であった満済の尽力もあり、満済の甥《おい》である聖通（聖通の父である今小路師冬と満済は猶子関係）を受け入れたのである。しかし、状況が変化した。

応永《おうえい》二十年（一四一三）三月二十三日に、満詮の子息持円が地蔵院に入室した。持円の入室については、同年正月から満済も加わって日程調整などが行われており、入室にかかわる諸事については、義持の前ですべてが定められた。持円は地蔵院入室の四日後に義持に面謁《めんえつ》し、その場で法眼《ほうげん》（僧位の第二階）に直叙《ちょくじょ》されたのである（伴瀬：二〇一六）。

つまり、聖通が地蔵院門主になることは、持円が入ったことで可能性がほぼなくなったのである。それは、三宝院主満済にとってはどうにもできないことであった。

持円が入室した年の八月末、七十歳になっていた地蔵院主の聖快は、遺言状を記した。八月二十七日に二通、二十八日に一通の計三通である。この遺言状によると、門主候補として聖通と持円が挙げられている。聖通が門主候補として持円と並べられていることは、持円入室以前の聖通の立場を端的に示している。しかし、地蔵院は聖快―聖通という系譜が実現せず、聖快―持円という系譜になったのである。

以上のように、地蔵院は聖通が門主になることはなかった。地蔵院については、満詮の子息持円の入室を義持が主導していたことがわかる。これは地蔵院のみではなく、三宝院の義賢、実相院の増詮の入室についても、十五世紀初めの義持期であることは重要である。

四　足利将軍と歴代の醍醐寺三宝院門跡

尊氏と日野家出身僧・賢俊との出会い

足利将軍と醍醐寺三宝院の関係については、満済が「護持僧管領」であったことが指摘されている。したがって武家の祈禱に関しては、三宝院が重要な役割を果たしたことがわかる。十四世紀末から十五世紀末の満済から義政期までの約百年間の三宝院門主をみると、次のようになる。

歴代の順番は、醍醐寺歴代座主《ざす》に関する詳細な記録である『五八代記《ごはちだいき》』の記載順による。（7）の**重賀**《ちょうが》については、『五八代記』では**政紹**《せいしょう》、**持厳**《じごん》、重賀の順となっているが、本稿での説明の便宜上、政紹の後に記載した。番号は通しで著者が付した。

（1）**満済**
【出自】今小路基冬の息、足利義満の猶子【師】実済《じっさい》・隆源《りゅうげん》【在任期間】応永《おうえい》二年（一三九五）十二月二十九日～永享《えいきょう》六年（一四三四）四月三日。

（2）**義賢**
【出自】足利満詮の息、足利義持の猶子【師】満済【在任期間】永享六年四月三日～応仁《おうにん》二年（一四六八）閏《うるう》十月二日。

（3）**教済**《きょうさい》×　＊のちに教賢《きょうけん》。「×」の意味については後述。
【出自】一条兼良《いちじょうかねよし》（一四〇二～八一）の息、足利義教（一三九四～一四四一）の猶子【師】義賢。永享三年十二月二十九日、宝地院《ほうちいん》に入室。六歳。同十二年四月八日、「御得度《おとくど》」。戒師《かいし》は義賢。宝《ほう》徳《とく》元年（一四四九）四月三日、寂す。

（4）**政深**《せいじん》

【出自】近衛房嗣《このえふさつぐ》（一四〇二～八八）の息、足利義政（編纂《へんさん》物では義教）の猶子【師】義賢【在任期間】応仁二年九月～文明《ぶんめい》元年（一四六九）六月十八日。

宝徳元年十二月十五日入室。「号《ごう》宇治門主宝地院」御歳十三歳。応仁二年九月、座主。文明元年、義政により追却。

（5）**義覚**《ぎかく》

【出自】足利義政の息【師】報恩院賢深《ほうおんいんけんしん》【在任期間】文明元年～同十五年。

文明元年御年三歳。同十四年二月十八日、得度。御年十四歳。戒師は報恩院賢深。同十五年九月十六日、御逝去《ごせいきょ》。御年十六歳。

（6）**政紹**

【出自】九条政忠《まさただ》（一四四〇～八八）の息、足利義政の猶子【師】賢深・重賀【在任期間】文明十六年十二月二十二日～延徳《えんとく》三年（一四九一）頃まで。

文明十六年八月十日、入室・得度。戒師は賢深。延徳三年十二月二十七日、御入滅。二十六歳。

（7）**重賀**　＊中性院権僧正《ちゅうしょういんごんのそうじょう》。「当寺《とうじ》平民《へいみん》極官《ごっかん》之初例《のはつれい》」

【師】満済・義賢。

応永二十二年、誕生。正長《しょうちょう》二年（一四二九）四月五日、得度。戒師は満済。永享十一年十一月十四日。義賢（四十一歳）受法。延徳二年閏八月十六日、入滅（七十六歳）。

右の三宝院の歴代のなかで、まずは（7）の重賀を除いて考えたい。なぜなら、後述するが重賀は例外だからである。

歴代の足利将軍と三宝院との関係は、すでにふれたように初代の足利尊氏と賢俊との関係から始まる。

後醍醐《ごだいご》天皇（一二八八〜一三三九）と対立した尊氏は、北朝からの征夷大将軍補任《せいいたいしょうぐんぶにん》を望み、当時北朝に仕えていた日野家を頼った。そうしたなかで、日野家の使者として尊氏の望みをかなえる院宣《いんぜん》（上皇からの発給文書）を携えてきたのが賢俊であった。

このことをきっかけに尊氏と賢俊は密接な関係を築くが、当時は後醍醐天皇の護持僧でもあった**弘真**《こうしん》（文観房殊音《もんかんぼうじゅおん》。一二七八〜一三三九）が三宝院に入っていた。しかし、弘真は、後醍醐天皇が吉野（奈良県吉野町）へ移るときに付き従い、空いた三宝院には尊氏も尽力し賢俊が入ったのである。

醍醐寺座主になるための条件

三宝院の歴代は日野家出身の僧が続くが、その性格を変えたのが三代義満のときの満済である。十五世紀初めの満済以降の三宝院歴代のなかで、足利義政の子息である（5）の義覚を除くと、ときの摂関の子息が、三宝院門跡の門主となっていることがわかる（九条政忠の子息、政紹など）。さらに、三宝院主は武家護持僧になるので、歴代の足利将軍と猶子関係を結ぶことになる。満済については、摂関家ではなく二条家庶流の今小路家出身であるが、その背後に摂関の二条良基がいたことは前に述べたとおりである。

さらに、義満以降、歴代の三宝院主は将軍から偏諱《へんき》（将軍が、自身の名の一字を与えること）を受けている。

（1）満済は、足利義満の「満」の字
（2）義賢は、足利義持の「義」の字
（3）教済（教賢）は、足利義教の「教」の字
（4）政深は、足利義政の「政」の字
（5）義覚（義政の実子）は、足利義政の「義」の字
（6）政紹は、足利義政の「政」の字

ということになる。こうした偏諱の先例は、足利義満のときから始まったことが指摘されている（松岡：二〇一四、石田：二〇一五）。

また、『醍醐寺新要録《しんようろく》』や『諸門跡譜《しょもんぜきふ》』などの編纂物では、（4）の政深は足利義教と猶子関係を結んだとする。しかし、政深は「義」や「教」ではなく、「政」の字を付しているという矛盾がある。『五八代記』などによると、政深は宝徳元年（一四四九）十二月十五日の入室である。しかし、足利

義教は嘉吉《かきつ》元年（一四四一）に「嘉吉の変」ですでに他界している。政深が入室したときの将軍は、足利義政であった。

政深が実際に三宝院主に就任するのは、応仁二年（一四六八）九月からで、同年十二月十七日に政深は、義政より護持僧に補任されている。したがって、政深が猶子関係を結んだのは足利義政であると考えられる。

以上のように、足利将軍と醍醐寺三宝院との関係について検討してみた。三宝院主にとっての足利将軍との猶子関係は、醍醐寺座主になるための条件のひとつと考えられる。こうした体制は、足利義満が画期になっていることは言うまでもない。

五　三宝院主にならなかった教済

院主の後継者をめぐって

先に掲載した三宝院歴代で、（3）の教済（教賢）については名の下に「×」を付した。なぜに「×」を付したかというと、三宝院主にならなかったからである。教済は、一条兼良の子息で足利義教の猶子でもあった。出自的には、のちの三宝院主として申し分なかったといえる。

永享三年（一四三一）十二月二十九日に、教済はまず宇治《うじ》（京都府宇治市）の宝地院に入室した。この時期、彼は「都々丸《ととまる》」「都々若公」などとよばれていた。数え六歳であった。

当時の三宝院主満済も、のちの門主として期待していた。教済は義教の「教」の字と、満済の「済」の字を合わせた法名である。満済の次の三宝院主は、足利満詮の子息義賢であったが、満済は置文《おきぶみ》（遺言書）にのちのち教済を門主にすると述べている（藤井：二〇〇八）。

満済—義賢—教済という三宝院の系譜実現のため、永享十二年四月八日に教済の「御得度」が戒師義賢によって行われた。このとき、義賢の「賢」の字を取って、教済から教賢に改名したという。しかし、教賢は宝徳元年（一四四九）四月三日に、二十四歳で寂したのである。このときの三宝院主は、まだ義賢が務めていた。したがって教賢は、三宝院主となることはなかった。

六　追却された三宝院門主・政深

三宝院法脈の継承危機

宝徳元年（一四四九）に寂した教賢の後任として三宝院に入ったのが、（4）の政深である。政深は、教賢が寂した同年十二月十五日入室し、教賢と同じく「号《ごう》宇治門主宝地院」とよばれていた。しかし政深は、文明元年（一四六九）六月十八日に義政によって追却《ついきゃく》（罪を犯して追放されること）されてしまう。「不慮《ふりょ》」の追却とあるので詳細は不明である。

『五八代記』などに政深が義政の猶子と記されないのは、この追却と関係するかもしれない。また、政深は門主にならなかった教賢と同じように「宝地院」と号されたので、教済時代の事績と混同された可能性もあるだろう。

この追却があって、義政の第二子である（5）の義覚が三宝院に入った。「不慮」とあるように入室は急であったと思われ、義覚は数えで三歳であった。三歳で門主を務めるのはさすがに無理なので、三宝院の「門下」が実際は「寺務」を取りしきることになったのである（石田：二〇一五）。

実際に義覚が得度するのは、文明十四年二月十八日で「御年《おんとし》十四歳」であった。しかし、翌年の九月十六日に義覚は「御逝去」してしまう。そのときの彼の年齢は「御年十六歳」と記されている。

ここで問題になるのが、義覚の戒師である。師は賢深であった。本を正せば、三宝院と同じ法流とはいっても、賢深は報恩院《ほうおんいん》（醍醐寺の山内寺院。流祖は鎌倉期の憲深《けんじん》）である。つまり、政深が追却されてしまったので、満済—義賢—政深で三宝院の法脈がとだえてしまったのである。

この問題で浮上するのが、先の三宝院歴代で例外とした（7）の重賀である。重賀については、政深が追却される際、「法流《ほうりゅう》重賀《ちょうが》預《にあずけ》申《もうす》歟《か》」と記されている。つまり、政深の法流は重賀に預けられたということなのである。

七　満済以降の三宝院法流を受け継ぐ重賀

出自が詳細不明の重賀

八代将軍義政の第二子の義覚は、先にふれたように文明十五年（一四七三）に「御逝去」してしまった。したがって、三宝院の次の門主として九条政忠の子息で、義政の猶子となった政紹が文明十六年八月十日に入室・得度した。戒師は義覚と同じく報恩院賢深であった。

ただし、政紹の師は賢深のみではなかった。延徳《えんとく》二年（一四九〇）三月十六日、政紹は（7）の重賀から両部灌頂《りょうぶかんじょう》（胎蔵界《たいぞうかい》・金剛界《こんごうかい》の両部の秘法を伝授）を受法したという。つまり、政深でとだえた法流を、**政深—重賀—政紹**という系譜で復活させようとしたのである。

重賀については、「当寺平民極官之初例」と『五八代記』には記載されている。「平民」とは、身分としてふさわしくないという意味である。重賀については「重冬入道実孫《しげふゆにゅうどうじっそん》」とあるが、「不姓俗《ふせいぞく》」（出自不明）とも記されており、重賀の出自については詳細不明である。

満済の遺書によれば、重賀は五歳のときより満済の元に置かれて「昼夜」召仕《めしつかわ》せたという。重賀は正長《しょうちょう》二年（一四二九）四月五日、戒師満済によって得度し、永享十一年（一四三九）十一月十四日、義賢から受法を受けたという。つまり重賀は、満済以降の三宝院の法流を受け継いだ僧であった。

なぜ『五八代記』に重賀の項が設けられたのか?

結局『五八代記』には、(4)の政深は「門跡並びに法流の相続はあるといえども、これを除く」、(5)の義覚は「受法無きによって、門跡相承《そうしょう》これを除く」、(6)の政紹は「入壇受法ありといえども、御早世《そうせい》したので附法叶《ふほうかな》わずこれを除く」と記載されることになる。「平民」と記載されながらも、『五八代記』に(7)の重賀の項が設けられたのは、三宝院の法流を重視してのことであったと思われる。

以上、三代将軍の足利義満から、八代将軍の足利義政期までの醍醐寺三宝院の歴代について概観した。義政以降、足利将軍家に混乱がみられると、三宝院門跡の門主は歴代足利将軍の猶子となっていた関係上、三宝院にも混乱がみられるようになる。ただそれは、世俗権力と三宝院との関係だけではなく、三宝院内の法流の継承問題に与える影響も大きい。その火種は、足利義政のときにすでにあったのである。

八　諸門跡寺院で活躍する護持僧

足利満詮の三人の子息たち

醍醐寺三宝院主は、十五世紀初めの義満期以降、歴代将軍の猶子となった。このことはすでに研究者により指摘されているが、ほかの門跡寺院はどうだったのであろうか。

先に検討した醍醐寺地蔵院については、足利満詮の子息持円が入ったが、それは足利義持の意向によるところである。持円の「持」は、義持から偏諱を受けた可能性が高い。文安《ぶんあん》三年（一四四四）二月十三日の印信《いんじん》（師僧が、秘法伝授の証《あかし》として弟子に与える文書）では、持円は、自身を「義快」と記している。

この改名は、将軍が足利義持から義量《よしかず》（早世。一四〇七〜二五）を経て義教になったためと思われる。「義快」とは、義教の「義」と師僧聖快（久我家出身）の「快」の字を合わせた法名である。足利満詮の子息持円（義快）は、義持・義教両将軍の護持僧を務めた。

同じく満詮の子息増詮は実相院に入ったが、義持の護持僧になるときに「義運」と名を改めている。また、満詮の子息で浄土寺の持弁も義持のときに護持僧となるが、持弁の「持」の字は義持からの偏諱を受けた可能性が高い。ただし、『建内記《けんないき》』永享十一年（一四三九）二月二十八日条に記載がある彗星《すいせい》出現のための「室町殿御祈禱」の護持僧十人に、浄土寺の持弁の名が記載されているが、義教の時代でも「持弁」と名乗っていたことがわかる。

また、足利将軍家の一族では、足利尊氏の実子直冬《ただふゆ》（足利直義《ただよし》〔一三〇七〜五二〕の養子となる。一三二七?〜?）の子で足利冬氏《ふゆうじ》の子息実相院の**義命**《ぎみょう》、下河原《しもがわら》（東寺）**義俊**《ぎしゅん》が足利義教から偏諱を受けている。

そのほかの将軍の護持僧たち

延暦寺の門跡勝長院《しょうちょういん》の**持玄**《じげん》は、関白《かんぱく》・左大臣《さだいじん》の一条経嗣《つねつぐ》（一三五八〜一四一八）の子息であるが義持の猶子となった。持玄の「持」は、義持から偏諱を受けている。

足利義教の時代、園城寺の門跡円満院《えんまんいん》（滋賀県大津市）の**教助**《きょうじょ》（のちに花山院《かさのいん》と号す。華頂門跡《かちょうもんぜき》）は、内大臣《ないだいじん》の花山院持忠《もちただ》（一四〇五〜六七）の子息とされるが義教の猶子となっていた。教助の「教」は、義教からの偏諱を受けた可能性が高い。教助は義教の護持僧となった。延暦寺の門跡妙法院《みょうほういん》（京都市東山区）の**教覚**《きょうがく》（権大納言《ごんだいなごん》の徳大寺実盛《とくだいじさねもり》〔一四〇〇〜二八〕の子息）も義教の猶子となった。教覚の「教」は、義教から偏諱を受けた可能性がある。

足利義政の時代は、円満院の**政尊**《せいそん》（一条兼良の子息）が義政の猶子となり、義政から「政」の字の偏諱を受けた。

また、足利将軍家の出家した子息では、義満の子で大覚寺に入った義昭、青蓮院に入った義円（のちの六代将軍義教）、梶井宮（山門）の義承に「義」の字がみられる。足利義教の子息では聖護院の義《ぎ》観《かん》（一四三九〜六四）、浄土寺に入った義尋《ぎじん》（のちの足利義視《よしみ》〔一四三九〜九一〕）に「義」の字がみられる。つまりは、将軍の実子の僧も、将軍の猶子となった僧と同じようなこと（偏諱）が行われているということである。

また、延暦寺の実乗院の桓教が病になったとき、相傳《そうでん》の法流秘書を義満の子息である延暦寺青蓮院の義円（のちの将軍義教）に伝えることを幕府に申請している。醍醐寺三宝院で検討したように、法流の附法《ふほう》（師が弟子に教法を授けること）という面からも、興味深い記事であることを付け加えておく。

おわりに——子どもの人数確保、法流の継承という視点が重要

本稿では、室町幕府の三代将軍足利義満から、八代将軍の足利義政までの期間の武家祈禱を修した護持僧を中心に検討した。

本書の大きなテーマは「安定期「室町殿」の時代」ということだが、三代将軍の足利義満のときに、いままで武士が入れなかった門跡寺院に、将軍の子息が入室するなど、寺院政策・制度という点では画期となる時代であることは間違いない。ただし、門跡寺院に関しては、権力者たちの子息（猶子）が安定して入室したとはとてもいえない。

門跡寺院は、世俗の権力と無縁ではない。子息の入室は、権力者の子どもの人数に左右されたからである。そういう点では、護持僧という視点からは安定期というのは時代をとおしてほぼないといっても過言ではない。この点は各家の世俗の後継者問題と同じなのだが、門跡寺院の数の多さからみると、こちらのほうが現実的には深刻かもしれない。

近年注目される室町殿の「貴種」性

また、門跡寺院については、天皇家・摂関家・将軍家との関係という視点からの研究が進んでいる。とくに室町殿の「貴種」としての性格に注目する論考が目立っている（相馬：二〇二一、高取：二〇二一）。本稿でも三代将軍の足利義満のときに、いままで武士が入ったことのない門跡寺院に子息を入室させたことを述べた。これらの現象について、かつては天皇家・摂関家と将軍家との対立軸で説明される場合が主であった。

つまり、足利将軍家が天皇家や摂関家が入室していた門跡についても、その権限を剝奪《はくだつ》していくという構図である。寺院と将軍家という視点でも、室町殿の子息の入室や、室町殿と門跡寺院の院主との猶子関係を、武家による寺院統制という視点で研究されていた。

しかし、近年室町殿の「貴種」性に注目し、天皇家・摂関家が、両家では補塡《ほてん》できない部分を、将軍家に期待する側面があったことを指摘している。また、門跡寺院も門主の「貴種」性を確保するため、室町殿に子息の入室や猶子関係を要請する場合があったことが明らかにされている。室町殿と密接な貴種僧が、室町殿権力の一翼を担う結果となったのである（西尾：二〇一七）。

具体的には個別事例の検討が必要であるが、朝廷・武家・寺社の三権門の協力体制で門跡についても検討するという新たな視点が、注目されはじめているのである。今後もこうした視点での研究成果が増えていくだろう。

ただし、武家祈禱はあくまでも密教の修法《すほう》であるので、法流の秘儀伝授・師子相承という視点も重要である。そういう意味では、醍醐寺三宝院で検討したように、足利義政の時代、醍醐寺は動揺をみせはじめるのである。

それは、たんなる門跡寺院と世俗との関係ということではなく、法流の継承という、寺院の根幹にかかわる部分に直結する場合があったからである。王法《おうほう》（世俗の法律・習慣）と仏法《ぶっぽう》（仏《ほとけ》の教え）という、中世社会のしくみの根底に深く根ざす、ふたつの支配原理ともかかわるきわめて大きなテーマにもつながるのである。

【主要参考文献】

石田出「十五～十六世紀における室町幕府祈禱体制―醍醐寺三宝院の動向を中心に」（『学習院史学』第五十三号、二〇一五）

大田壮一郎『室町幕府の政治と宗教』（思文閣出版、二〇一四）
近藤祐介『修験道本山派成立史の研究』（校倉書房、二〇一七）
佐藤稜介「三宝院持厳考」（奈良国立博物館研究紀要『鹿園雜集』第二十二号、二〇二〇）
相馬和将「中世後期の猶子入室と門主・家門・室町殿」（『史学雑誌』第一三九編九号、二〇二一）
髙鳥廉「室町前期における足利将軍家出身僧の身分と役割」（『歴史学研究』九八七、二〇一九）
同「足利将軍家子弟・室町殿猶子の寺院入室とその意義―室町殿と寺院・公家社会との関係を探る」（『史学雑誌』第一三九編九号、二〇二一）
西尾知己『室町期顕密寺院の研究』（吉川弘文館、二〇一七）
伴瀬明美「室町期の醍醐寺地蔵院―善通院聖通の生涯を通して」（『東京大学史料編纂所研究紀要』第二十六号、二〇一六）
藤井雅子『中世醍醐寺と真言密教』（勉誠出版、二〇〇八）
松岡隆史「室町期における醍醐寺座主の出自考察」（『古文書研究』第七十七号、二〇一四）
水野智之『室町時代公武関係の研究』（吉川弘文館、二〇〇五）
森茂暁『満済―天下の義者、公方ことに御周章』（ミネルヴァ書房、二〇〇四）

【さらに詳しく学びたい読者のために】

室町殿の猶子となる門主については、次の二論文が最新研究であるのでお薦めしたい。

①相馬和将「中世後期の猶子入室と門主・家門・室町殿」(『史学雑誌』第一三九編九号、二〇二一)

②髙鳥廉「足利将軍家子弟・室町殿猶子の寺院入室とその意義—室町殿と寺院・公家社会との関係を探る」(『史学雑誌』第一三九編九号、二〇二一)

①②は、室町殿を「貴種」として位置づけ、室町殿と門跡寺院の門主との猶子関係や門主が入室する際の各門跡の個別の事情を、詳細に検討している。また、①②はともに、門跡寺院に入室した室町殿猶子の詳細な表を作成し掲載しているので、室町殿と門跡との関係を調べる際の手がかりとして非常に有益である。

〈第十章〉

【幕府と五山】

〝巨大企業体〟のような組織だった禅僧集団

芳澤　元

はじめに——〝ZEN〟の固定観念を疑う

室町時代の宗教といえば、室町殿（足利《あしかが》将軍）が建設した鹿苑寺《ろくおんじ》金閣《きんかく》（京都市北区）・慈照寺《じしょうじ》銀閣《ぎんかく》（同左京区）のような禅宗《ぜんしゅう》が想起されるだろう。

この連想は現代でも一般的なものらしいが、当時は、天台宗《てんだい》の僧が臨済宗《りんざい》の僧に参禅《さんぜん》し、逆に禅僧が密教を学ぶこともあった。しかし現代人は、右のように、宗派をひとつの単位にして仏教を理解している。

これはこれで重要な視点だが、一方、同じ集団に属する人間がみな、すべて同じ信条で結ばれているとはかぎらない。それは当時の僧侶も同じで、親に対しては子、商店に行けば客、妻帯者なら夫というように、場面に応じてその顔は幾通りにも変貌《へんぼう》する。

当時の禅僧も、荘園経営者、金融業者、留学生など、個々の社会的属性は多様だった。〃禅僧＝坐《ざ》禅《ぜん》〃という固定観念に比べ、彼らは実際には、けっこう世間を忙しく動き回っており、宗派というのも、ある局面で立ち現れる属性のひとつにすぎない（芳澤：二〇一七）。幕府と協働して時代を築いた禅院の「五山《ござん》」にも、こうした側面はある。

このような観点に基づき、五山という複合的な組織と室町幕府の関係を、政治・経済・宗教の面から考えてみたい。

一　五山成立の歴史的意義とは？

鈴木大拙の活躍と歴史研究の進展

近代以降、禅といえば〃開明的〃な鎌倉武士の内面を支えた、というように、どちらかといえば精神論的なとらえ方が目立っていた。

こうした理解は、明治・大正期から仏教学者の鈴木大拙《すずきだいせつ》（一八七〇〜一九六六）によって、いわゆるオリエンタリズムを含んだ〃ZEN〃として欧米諸国に紹介された。その反響が日本に逆輸入された影響もあり、日本文化の粋《いき》を代表する一種のコードとしても印象づけられた。

他方、昭和期に入り、歴史研究によって「官寺」である臨済宗寺院の住持《じゅうじ》任命に関するしくみが分析され、戦後をとおして五山の制度史的な研究が確立した（玉村：一九五五、今枝：一九七〇ほか）。結果、史料の豊富な室町期を中心に、禅院という巨大組織の人事をめぐるヒトやカネの流れが分析され、室町時代の文化に関する理解にも資することになった。

そもそも「五山」とは何か？

日本で一般的に五山といえば、建仁寺《けんにんじ》（京都市東山区）、東福寺《とうふくじ》（同）、万寿寺《まんじゅじ》（同）、相国寺《しょうこくじ》（同上京区）、天龍寺《てんりゅうじ》（同右京区）の五つに、相国寺の加入時（足利義満《よしみつ》期の一三八六年）に別格（五山之上）に格上げされた南禅寺《なんぜんじ》（同左京区）を加えた「京都五山」と、建長寺《けんちょうじ》、円覚寺《えんがくじ》、寿福寺《じゅふくじ》、浄智寺《じょうちじ》、浄妙寺《じょうみょうじ》（いずれも神奈川県鎌倉市）の「鎌倉五山」をさす。

この五つに格づけされた京都と鎌倉の禅院が、〝狭義の五山〟であり、各五つの枠組みのなかで、時の政権によって昇格と降格が行われた。さらに、頂点である狭義の五山だけでなく、五山の格に次ぐ「十刹《じっさつ》」「諸山《しょざん》」の格をもつ列島各地の禅院までを含めて「叢林《そうりん》」と定義し、〝広義の五山〟ととらえる見方もある（斎藤：二〇一八）。

五山に次ぐ「十刹」とは、暦応《りゃくおう》四年（一三四一）に初代将軍足利尊氏《たかうじ》（一三〇五～五八）によって、鎌倉浄妙寺・鎌倉禅興寺《ぜんこうじ》・筑前国《ちくぜん》聖福寺《しょうふくじ》（福岡市博多区）・京都万寿寺・鎌倉東勝寺《とうしょうじ》・鎌倉万寿寺・

上野国《こうずけ》長楽寺《ちょうらくじ》（群馬県太田市）・京都真如寺《しんにょじ》・京都安国寺《あんこくじ》・豊後国《ぶんご》万寿寺（大分県大分市）の十カ寺が設定された。

三代足利義満（一三五八〜一四〇八）の頃までに何度も改正を経て増加し、〝十刹＝十カ寺〟という方針は転換された。そして至徳《しとく》三年（一三八六）に、相国寺を加えた五山の位次《いじ》は以後もほぼ維持されたが、十刹は京都と鎌倉に計二十カ寺も設けられて倍増し、その後も増加を続けた。

これに対して、十刹に次ぐ寺格である「諸山」には、とくに数の制限はなかった。五山制度は中国北宋《ほくそう》（九六〇〜一一二七年）で始まり、科挙《かきょ》（中国の官吏《かんり》登用試験）と同様に能力主義が重んじられた。日本でも当初は、住持として能力が適正と認められれば、地方出身者でも「諸山→十刹→五山」と、昇進コースを駆けのぼることができる制度として導入された。

相国寺造営と「天下之大事」・「一国大儀」

京都五山に列せられた禅院のうち、その創建に室町幕府が関与したのは、天龍寺と相国寺である。永徳《えいとく》二年（一三八二）、義満の号令で相国寺の造営が始まると、京都の東寺《とうじ》（教王護国寺《きょうおうごこくじ》）が支配した播磨国《はりま》矢野荘《やの》（兵庫県相生市《あいおい》）などの荘園に課役の負担が命じられた。矢野荘は中国山地の良質な材木資源に恵まれており、かねてよりその旨味を熟知していた播磨国守護の赤松氏《あかまつ》によって、現地から京都まで材木を運搬する人夫が多数徴集された。

この矢野荘に対する東寺の僧の言葉によれば、足利義満が主導する相国寺造営のための材木引《びき》（製材作業）は「天下之大事《てんかのだいじ》」であると認識されていた。現地の守護側は、この「天下」の論理を「一国大儀《いっこくたいぎ》」と言い換え、「守護役」という新たな公事《くじ》（臨時課税）を創り、分国《ぶんこく》（知行国《ちぎょうこく》）で収奪する論理にすり替えている（伊藤：一九九三、岸田：一九九九、川岡：二〇〇一）。

つまり、相国寺の造営は京都だけではなく、地域社会にも変動を促すものだった。室町殿だけでなく、幕府の構成員である守護や地域社会側の視点を間に挟むことで、却《かえ》って義満が創建する相国寺の特異性や影響の大きさが、はっきりとみえてくるのである。

二　五山の出世コースとカネの流れ

住持の任命プロセスと、その資金

通常、禅院の住持は、いきなり最上格の五山の住持にはなれない。禅院ではヒラの修行僧の首席を「首座《しゅそ》」とよび、その上位に**住持**がいる。以下、順に沿って出世コースのキーワードを説明し、その流れをたどってみたい。

①秉払《ひんぽつ》：首座たちが住持に昇進するには、まず**秉払**という儀礼を終えて住持の承認を得、**諸山**の住持資格を取得する必要があった。秉払とは、法堂《はっとう》（仏教を講義する講堂）に登壇し、払子《ほっす》（獣の毛などを

束ねて柄を付けた仏具）を振りかざし説法《せっぽう》演説する儀礼のことで、室町期には予行練習があり、なかば出来レースでもあった。

後花園《ごはなぞの》天皇（一四一九〜七一）の実父である伏見宮貞成《ふしみのみやさだふさ》親王（一三七二〜一四五六）は、異母弟の用健周乾《ようけんしゅうけん》（一三七六〜一四三二）が秉払する際に、天龍寺へ参観に赴くなど（『看聞《かんもん》日記』応永《おうえい》二十五年〔一四一八〕四月十五日条）、五山の昇進コースでは最初の見せ場でもあった。ただし、室町後期になると、秉払を経ずに住持資格を得ようとする不正行為も多く現れた。
②**書立《かきたて》・爪点《そうてん》・公帖《くじょう》**：その後、五山の行政や室町殿の宗教儀礼を差配する相国寺の鹿苑僧録《そうろく》（詳細は後記）が、住持候補者リスト（**書立**）を室町殿に提出する。室町殿は適格者の名に爪《つめ》で印《しるし》（**爪点**）をつけ、住持職の辞令文書である**公帖**の発給を指示した。
この公帖によって初めて、栄《は》えある住持職に補任《ぶにん》（任命）され、受給した禅僧は各地勢力の菩提寺《ぼだいじ》や寺庵を拠点に活動することができた。この候補者リストを室町殿に取り次いだのは、五山の行政を差配する鹿苑僧録を補佐した相国寺の蔭凉軒主《いんりょうけんしゅ》である。蔭凉軒とは、もともと相国寺内に数ある塔頭《たっちゅう》のひとつだったが、その軒主（住持）がやがて鹿苑僧録の職務を代行するようになった。

こうして諸山の住持を務めた禅僧は**西堂**《せいどう》とよばれ、さらに十刹を経て五山の住持の任を果たすと**東堂**《とうどう》と呼称された。一連の昇進コースは、いわゆる「出世《しゅっせ》」の語源のひとつになっており、室町殿や僧録らが握るこれらの人事は、地方の勢力にとっても大きな関心事だった。

③坐公文《いなりくもん》・公文官銭《くもんかんせん》：だが、実際には任命された住持は禅院に赴任せず、名目だけの補任が増えた。こうした名義上の住持就任を**居成**《いなり》、その補任状を**坐公文**とよぶ。

もっとも、入寺《にゅうじ》して途中から居成に転じたり、任期を全うしたりと、実際に補任された実質をともなった例もある。この坐公文を得るための手数料を**公文官銭**といい、幕府の下で坐公文が希望者に売られた。金額は、銭一千疋《びき》（十貫《かん》）から八千疋（八十貫）に及ぶ。

この公文官銭をおもに拠出したのは禅僧当人ではなく、彼らのパトロンとなっていた守護・国人《こくじん》層である。彼らが支払った官銭は、大蔵経《だいぞうきょう》の書写事業、遣明船《けんみんせん》、寺社修築など、おもに室町幕府の仏事関係の経費に流用された。一方、中下級の公家出身者で、老貧の僧に栄誉を与える場合（**功徳成**《くどくなり》）には、官銭の支払いは免除された。

いずれの場合にしろ、禅僧は自らの懐を痛めず、地方の有力な支援者の協力によって住持職の地位を得る手段があったことになる。これらの流れは次頁の図（「五山僧の出世コース」）を参照されたい。

④「坐公文」の意義：このような五山僧の出世は、中央にいる室町幕府と各地にいる武家勢力との意思統一・合意形成により実現したと考えられている。

一方で公文官銭が幕府財政に占めた割合は、従来いわれていたほど多額ではなく、ごく一部にすぎないとの指摘もある（斎藤：二〇一八）。とすると、幕府にとって、地方勢力が推挙する禅僧に住持職という名誉を与えるメリットは何か、という疑問もよぎる。

五山僧の出世コース

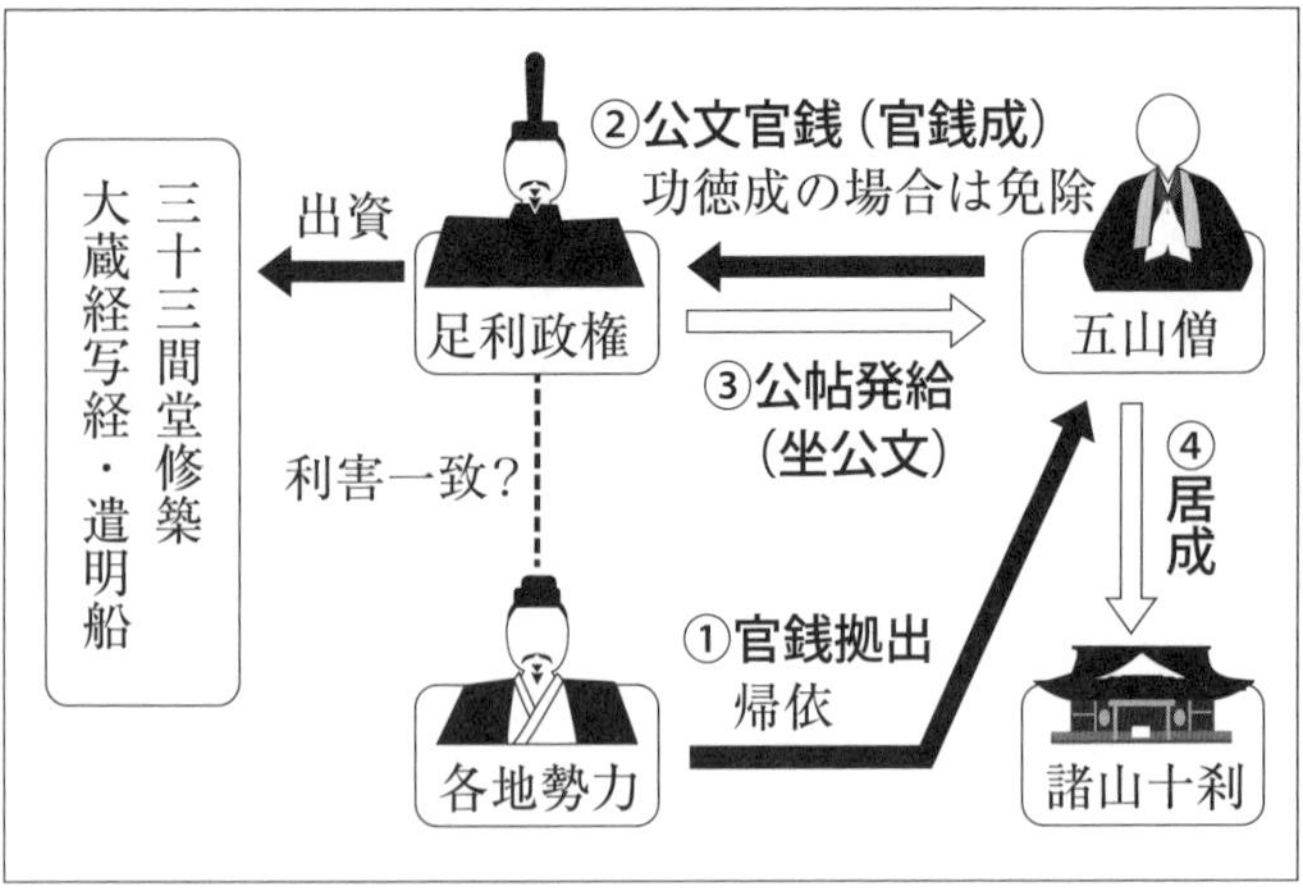

＊作成・芳澤元

それは金銭的な意味よりも、むしろ禅という共通の関心事を通じて、地方勢力との調和を図る政治的な意味のほうが強かったとみる余地はある。同じくメリットという点でいえば、地方勢力にとって、自らが支援する禅僧が、住持職を得ることにどれほどの利があったのかという点も、詳細に追求する必要がある。

ひとつには、五山住持となって地方と室町殿の距離を縮めるという利点が考えられるが、この課題の解決は、中央や地方の勢力にとっての、五山という格づけ・人事制度の政治社会的な位置づけや意義の解明を意味する。

「出世」の語源にもなった五山の昇進制度だが、そこには幕府や五山を取り巻く京都や地方の諸勢力の利害関係が絡まっており、ただたんに禅僧たちの権力欲を示すものとはいえない、複合的なものだったのである。

寺院の財務・経営を支えた「東班衆」

財務・経営能力という点では、五山の住持よりも東班衆《とうはんしゅう》というやり手集団が注目されてきた（藤岡：一九六〇、今谷：一九七五ほか）。

東班衆とは、中国南宋（一一二七〜一二七九年）の頃、「六知事」とよばれる六つの職位（**都寺**《つうす》・**監**《かん》**寺**《す》・**副寺**《ふうす》・**維那**《いのう》・**典座**《てんぞ》・**直歳**《しっすい》）で構成され、寺領の収支管理や寺院公共財の維持修築などを担当した。彼らは禅院で漢籍を学ぶ講義のなかで、農業や数学など、荘園の経営に必要な知識まで習得していた（川本：二〇一二）。

とくに相国寺の東班衆は、六代足利義教《よしのり》（一三九四〜一四四一）や八代義政《よしまさ》（一四三六〜九〇）の時代には決算報告が義務づけられ、これをサボると厳しく処罰された（『蔭凉軒日録』長禄《ちょうろく》三年〔一四五九〕四月四日条）。

彼らは三年ほどの任期付きで、当該禅院の住持か将軍によって任命されたが、経営管理に手腕を揮《ふる》って信頼を得た者は、代官や荘主《しょうす》（荘園の代官）となって寺の外に飛び出した。彼らは山伏や商人、そして守護被官らと同じく荘園で代官請負《うけおい》を担い、高利貸しも行うなど、能力しだいでは役得《やくとく》収入が見込めた。

ある東班衆は、二十年ごとに行われる伊勢遷宮《いせせんぐう》の費用や、後土御門《ごつちみかど》天皇（一四四二〜一五〇〇）の即位銭五百貫の調達、将軍御料所《ごりょうしょ》（直轄領）である河内国《かわち》（大阪府東部）十七カ所で滞っていた年貢百五十貫分の回収など、国家的な重大任務を果たす者もいた。銀行のない時代、幕府の経済や荘園でも力を発揮した東班衆は、さながらエリート金融マンとでもいうべき役割を負っていたといえる。

ただし、金融活動も行った東班衆の活躍は、一面では、彼らに借金をした相国寺や幕府要人たちの苦しい台所事情をも裏打ちしている。

三　五山と室町殿を結びつける〝宗教儀礼〟とは？

若き足利将軍の禅入門

室町幕府の下では、醍醐寺《だいごじ》（京都市伏見区）の三宝院門跡《さんぼういんもんぜき》が、十四世紀の「南北朝内乱」を経て武家祈禱《きとう》を司《つかさど》る立場に君臨したが、相国寺などの京都五山でも、室町殿の身体護持《しんたいごじ》を祈ることを職掌とした（第九章の生駒論文を参照）。

三代将軍の義満が征夷大将軍《せいいたいしょうぐん》に就任したのは、応安《おうあん》元年（一三六八）十二月末で、政務開始を告げる判始《はんはじめ》は、四年後の応安五年十一月二十二日に行われた（当時、義満は十五歳）。これまで将軍や仏教に関する研究ではあまり取り上げられなかったが、判始の五日後、京都五山の領袖《りょうしゅう》だった夢窓疎石《むそうそせき》（一二七五〜一三五一）の墓前で「受衣《じゅえ》」という儀礼を行っている。

受衣とは、僧侶となる者が、『梵網経《ぼんもうきょう》』で固く禁じられた十重戒《じゅうじじゅうかい》（出家・在家者が必ず守るべき十種

歴代足利将軍の法名

①尊氏＝仁山妙義（じんざん・みょうぎ）
②義詮＝瑞山道権（ずいざん・どうけん）
③義満＝天山道義（てんざん・どうぎ）
④義持＝顕山道詮（けんざん・どうせん）
⑤義量＝鞏山道基（きょうざん・どうき）
⑥義教＝慈山道興（じざん・どうきょう。のち光山道恵《こうざんどうけい》、善山《ぜんざん》道恵）
⑦義勝＝栄山道春（えいざん・どうしゅん）
⑧義政＝喜山道禎（きざん・どうてい。のち道慶《どうけい》）
⑨義尚＝玉山道治（ぎょくざん・どうち）
⑩義材＝明山道照（めいざん・どうしょう）

＊丸数字は将軍の代数。作成・芳澤元

の戒《いましめ》）と衣鉢《いはつ》（袈裟《けさ》と鉢《はち》）、僧としての名前（法《ほう》名《みょう》・法諱《ほうき》）を、師と仰ぐ高僧から授かる、入門儀礼の一種である。夢窓疎石たちは、俗人一般にも受衣を行って勢力を広げ、足利将軍家でも早くから受衣が執行されていた。

足利将軍の受衣には、三つの特徴がある。

（1）受衣の儀で授かる歴代の法名の上《うえ》一字には、「道」の字を必ずつけ、将軍家以外の武家が、同じ字を使うことを六代義教《よしのり》以降は禁じようとした点がある。名づけを法則化することで、武家社会のなかで若き将軍の卓越化を図ろうとしたらしい（上の表を参照）。

（2）四代義持《よしもち》（一三八六～一四二八）が、絶《ぜっ》海中津《かいちゅうしん》（夢窓疎石の高弟。一三三六～一四〇五）の墓塔を礼拝《らいはい》した例を除くと、そのほとんどが夢窓疎石の墓塔や肖像を礼拝することで一本化された点も見逃せない。

（3）将軍職に就いて政務を始めてから後、十五歳になるまでに受衣を済ませた点がある（判始と受衣の順が、前後する義持の例もある）。先ほどの『梵網経』に、「百官《ひゃくかん》、位《くらい》を受くる時、まさにまず菩薩《ぼさつ》戒《かい》を受くべし」とあることに基づき、将軍就任と受衣は関連づけられた。

八代義政や後花園天皇も、それぞれ国王（天皇）や臣下が職位を得た際には身を清め、国体安穏《こくたいあんのん》・天下泰平《たいへい》を祈るものと認識していた（『円頓戒体色心事《えんとんかいたいしきしんのこと》』ほか）。受衣は、歴代将軍を若い頃から五山に結びつけるばかりか、宗教儀礼を通じて北朝天皇と足利将軍の君臣関係を誓いあう、権力編成の役割も果たしたのである（芳澤：二〇一九）。

室町殿の身体護持と宗教儀礼

三代義満の没後、四代義持は、鹿苑院《ろくおんいん》（もと安聖院《あんしょういん》。相国寺の塔頭）の心斎《しんさい》という義満の書斎を蔭涼軒と名を改めた。先にもふれたように、以後、室町殿の留守を預かる禅僧が、蔭涼軒主（蔭涼職《しき》）となり、五山の行政や室町殿の宗教儀礼を差配する、相国寺の鹿苑僧録の職務を代行するようになった。

こうしたシステム整備という点で、義持の時代は詳細不明ながらも注目に値する。

室町殿は将軍就任以来、受衣などの儀礼を受けていたが、蔭涼職も次のような身体護持をともなう多数の宗教儀式に奉仕した。

①御当年星頂戴《ごとうねんほしちょうだい》（毎年正月十一日）。**②誕生日祈禱**（義教は毎月十三日、義政は毎月二日）。**③大般若《だいはんにゃ》経《きょう》の転読《てんどく》**（正月・五月・九月各十六日）。**④光明真言印塔《こうみょうしんごんいんとう》頂戴**（毎月十八日）。**⑤毎月の逆修《ぎゃくしゅ》仏事**（生前に自身の冥福を祈る仏事）。**⑥七観音院《しちかんのんいん》への代参**（毎年正月二十三日）。**⑦将軍御所への清和院《せいわいん》地蔵像の奉献《ほうけん》**（毎月二十四日）。**⑧等持寺《とうじじ》で行われた施餓鬼《せがき》**（毎年七月十四日）など（等持寺は、京の三条坊門万里小路《までのこうじ》〔京都市中京区〕にあった禅院。室町末期に廃寺。等持院とは別の寺院）。

とくに①は、九曜星《くようせい》（占いのために用いられた九個の星）を年齢にあてて吉凶を占う陰陽道《おんようどう》の賀茂《かも》氏が執り行った儀礼で、あてはまる星の神像を彫像させた。②は、室町殿が生まれた同じ日付で観音像に無病息災を祈り、誕生日の慣習が広まるきっかけとなった。このとき、観音像に捧《ささ》げる疏《しょ》（表白文）は蔭涼職が代筆することが多かった。

また、⑥の七観音院への代参は、義教期（一四二八〜四一年）から義政期（一四四三〜九〇年）に確認される。⑧は、現代でもなじみ深い盂蘭盆会《うらぼんえ》と日本仏教が、さまざまに結びついた祖先祭祀《さいし》のひとつで、八代義政は、鹿苑院殿《いんでん》義満・勝定院殿《しょうじょういんでん》義持・普広院殿《ふこういんでん》義教・慶雲院殿《けいうんいんでん》義勝《よしかつ》の霊前に奈良灯籠《とうろう》を奉納することを慣例とした。

これら毎月の定例仏事の多くを蔭涼職が取り次ぎ、マニュアルに基づいて段取りを差配した。

顕密仏教の儀礼も行った相国寺

このほか、北野社《きたのしゃ》（北野天満宮。京都市上京区）での法楽連歌《ほうらくれんが》や、伊勢への参詣、顕密僧による相国寺や等持寺で祖先を追善する仏事（法華八講《ほっけはっこう》）など、数年・数十年周期の儀礼も開催された。

相国寺は五山の一角を占める禅院だが、室町殿の主導で顕密仏教の儀礼も数多く行われ、この時代の政権と仏教の関係を考えるうえでも注目されている（原田：一九九八）。とくに「相国寺八講」は、追善供養する対象を、義満によって二代義詮《よしあきら》（一三三〇～六七）から「創業者」である初代尊氏にさかのぼることで、由緒ある准御斎会《じゅんみさいえ》に位置づけられ、「天下之大事」として威儀を高めることになった（大田：二〇一四）。

室町殿仏事の経費

室町殿や側近の蔭凉職のカレンダーは、これらの宗教儀礼の日程ですっかり埋まり、その多くを多忙な室町殿に代わって、蔭凉職や五山僧が代筆・代参するなどの対応をとっていた。

これらの儀礼の大半は、室町殿自身の身体護持を祈るもので、先の受衣儀礼と共通する部分がある。なお、大般若経転読の経費は五十貫だった（『蔭凉軒日録』寛正《かんしょう》六年〔一四六五〕正月十六日条）。『蔭凉軒日録』文明《ぶんめい》十七年（一四八五）六月十五日条によれば、足利義政得度《とくど》（出家して僧なること）の際の布施は、戒師《かいし》（出家を望む者などに、戒を授ける法師）に一万疋（百貫）の折紙銭《おりがみせん》（進物目録として折紙を使用して贈った銭）、剃手《そりて》（剃髪《ていはつ》を担う僧）に三千疋相当の香合《こうごう》（香を入れる容器）と盆が支給された（義持期は二千疋）。もっとも、得度した義政も、戒師の側から引出物を得ている（芳澤：二〇一九）。得度は室町殿の身体に直接かかわる重要行事だが、毎年の恒例行事ではなく、公文官銭の相場を超える高額な布施も、五山僧にとっては臨時収入ということになる。

肖像画にみる室町殿の面影と「賛」

室町殿の身体といえば、その威容をかたどる肖像画も禅宗の儀礼で用いられた。とくに室町殿の葬送は、死の穢《けが》れを忌避する顕密仏教の大寺院ではなく、慣例的に五山で執行され、霊前には故人の肖像画を掛けた。義満には数点の肖像画が現存し、顕密仏教の高僧や剃髪した上皇（法皇）と同じく、僧綱衣《そうごうえ》（僧尼を統率し、諸寺を管理する官職の者が着た僧衣）を身にまとった左向きの法体《ほったい》の肖像画が現存している。また、曲彔《きょくろく》という中国式の椅子に座り、袈裟を掛けた禅宗の高僧のような肖像画もある。

この僧綱衣の義満像のうち、息子の義持が七言絶句《しちごんぜっく》の賛《さん》をつけたものが鹿苑寺に伝わる。この肖像画は、義満の葬儀について記録した『慈照院殿諒闇総簿《じしょういんでんりょうあんそうぼ》』をみると、遅くとも義満荼毘《だび》の前日には用意されたものと考えられる。

また、義持の七言絶句は、釈迦《しゃか》が生まれる以前にいた六人の仏《ほとけ》のうち、第一の仏として敬われた毘《び》婆《ば》尸《し》仏《ぶつ》の偈《げ》（仏の教えや徳をたたえるための韻文《いんぶん》）の形式で述べたものを丸写ししたもので、中国の禅籍『祖堂集《そどうしゅう》』や『宗鏡録《すぎょうろく》』などにも早くから載っており、義持自作の詩ではない。

従来の説では、義持の七言絶句は、葬儀を機に、日明《にちみん》貿易や金閣の造営など派手な政策を行った義満の政治への批判・決別の意を込め、自らの代替わりを布告する記念碑だとする見方が優勢だった（高岸：二〇〇七ほか）。

だが、これが義持のオリジナルの詩でない以上、見直しは必至である。実際の義満の中陰《ちゅういん》仏事（追《つい》善《ぜん》供養）をみても、義持が故義満を揶揄《やゆ》する場面はみえず、むしろ義満の遺業を継承する姿勢すら垣間見える（芳澤：二〇一九）。

このように考えていくと、義満と義持を過度に対立的にとらえる見方をはじめ、禅宗贔屓《びいき》とされた義持の教養レベルの評価（玉村：一九五一ほか）も、これまでの通説にとらわれず、以上のような議論を立て直す必要を強く感じさせるのである。

おわりに――仏教思想を体現した〝総合商社〟

五山はもちろん、次章に登場する延暦寺《えんりゃくじ》（滋賀県大津市）などのように、当時の大寺院では、現在とは大きく異なり、その組織の内には、性格を異にする大勢の僧侶に加え、門前に住み寺社に奉仕する商工業者も共存していた。こうした複合性ゆえに、室町期の大寺院は政治・外交・経済・宗教・美術・芸能の諸分野に精通したプロフェショナル集団となった。

むろん、そのような禅僧たちも、宗教者として坐禅や問答《もんどう》を実践した。ただ、歴史的に目を広げれば、むしろ五山という社会集団は、宗教儀礼の開催はおろか、寺の内外の実務的な職責を担い、海外の渡航先の人びとと商談し、将軍や貴顕の依頼で古美術の制作や鑑定などにも携わるなど、いわば〝総合商社〟のような存在だったといえるのではないか。

それは、ひと握りの高僧のマンパワーによるものなのではなく、無名の構成員（禅僧）も含めた、まさに組織力の賜物《たまもの》だったとみるべきだろう。

しかもこうした諸活動は、仏教の思想と矛盾するわけではない。五山の禅僧は、武家の葬儀で肖像画を前にして、政治や合戦、芸能や日常の茶飯事であっても、仏教の助けになると演説したほどで、彼らなりの宗教実践でもあった（芳澤：二〇一七）。

欧米では、資本主義とプロテスタントの倫理を結びつけた政治・経済・社会学者のマックス・ウェーバー（一八六四〜一九二〇）がよく引き合いにされるが、日本では彼の理論をまつまでもなく、十四世紀から十六世紀における室町幕府や五山の下で、このような〝生きる者のため〟の思想が接着剤となって、政治・経済・宗教・文化の独特な結合が実現していたといえる。

【主要参考文献】

伊藤俊一「中世後期における「荘家」と地域権力」（同著『室町期荘園制の研究』塙書房、二〇一〇、初出一九九三）

今枝愛眞『中世禅宗史の研究』（東京大学出版会、一九七〇）

今谷明「室町幕府の財政と荘園政策」（同著『室町幕府解体過程の研究』岩波書店、一九八五、初出一九七五）

大田壮一郎『室町幕府の政治と宗教』（塙書房、二〇一四）

川岡勉「室町幕府―守護体制の変質と地域権力」（同著『室町幕府と守護権力』吉川弘文館、二〇〇二、初出二〇〇一）

川本慎自『中世禅宗の儒学学習と科学知識』（思文閣出版、二〇二一）

岸田裕之「室町幕府・守護と荘園」（網野善彦他編『講座日本荘園史4　荘園の解体』吉川弘文館、一九九九）

斎藤夏来『五山僧がつなぐ列島史―足利政権期の宗教と政治』（名古屋大学出版会、二〇一八）

髙岸輝「足利義満の造形イメージ戦略―肖像と絵合をめぐって」（『ZEAMI』四号、二〇〇七）

玉村竹二「足利義持の禅宗信仰に就て」（同著『日本禅宗史論集』下之二、思文閣出版、一九八一、初出一九五一）

同『五山文学―大陸文化紹介者としての五山禅僧の活動』（至文堂、一九五五）

原田正俊『日本中世の禅宗と社会』（吉川弘文館、一九九八）

藤岡大拙「禅院内に於ける東班衆について」（同著『出雲学への軌跡』自選歴史著作集、今井書店、二〇一三、初出一九六〇）
芳澤元『日本中世社会と禅林文芸』（吉川弘文館、二〇一七）
同『足利将軍と中世仏教』（「相国寺研究」十、相国寺教化活動委員会、二〇一九）

【さらに詳しく学びたい読者のために】

①蔭木英雄『蔭凉軒日録―室町禅林とその周辺』（そしえて、一九八七）
②今泉淑夫『禅僧たちの室町時代―中世禅林ものがたり』（吉川弘文館、二〇一〇）
③中井裕子『室町時代の相国寺住持と塔頭―蔭凉軒日録を中心に』（「相国寺研究」六、相国寺教化活動委員会、二〇一三）
④早島大祐編『中近世武家菩提寺の研究』（小さ子社、二〇一九）

普通の書店では①や③は入手困難だが、①は、五山を実質的に統括した相国寺蔭凉軒や、その周辺の様相について克明に知ることができる有用な一冊。②は、より手軽に読める内容で、市販もされているため入手しやすい。一読を推奨したい。③は、「相国寺歴代住持リスト」などデータが豊富で、調べ物や事項を確認するときに手軽。④は足利将軍家ではなく、そのほか室町時代の守護・大名らの菩提寺《ぼだいじ》となった各地の禅院を広く扱った論集で、史料翻刻も充実している。

〈第十一章〉
【幕府と山門】

比叡山延暦寺を牽制した「山門使節」制度とは何か？

相馬和将

はじめに――延暦寺が中世の政治・経済・文化に与えた影響

多くの現代人にとっては、神社仏閣とは七五三や成人式などの年中行事や通過儀礼を執り行い、あるいは所望の成就《じょうじゅ》や息災の安穏を祈るための場所にすぎないかもしれない。

しかし、中世の「寺社」は、多くの所領・権益に基づく卓絶した経済基盤や、武家に勝るとも劣らぬ強大な軍事力を有していた。まさしく、寺社「勢力」とよぶにふさわしい存在だったのである。

なかでも天台宗《てんだいしゅう》寺院の比叡山延暦寺《ひえいざんえんりゃくじ》（中世では「山門《さんもん》」と称されることが多い。滋賀県大津市）は、奈良の興福寺《こうふくじ》（奈良県奈良市）と併せて「南都北嶺《なんとほくれい》」と称された、中世最大の寺社勢力だった。十一世紀に白河院《しらかわいん》が、比叡山延暦寺の衆徒《しゅと》である「山法師《やまほうし》」を〝天下三不如意《てんかさんふにょい》〟（白河院の意のままにならない三つのもの）のひとつに挙げたという伝承、鎌倉期にいわゆる「鎌倉新仏教」の開祖らが、最初は延暦寺で学んでいたこと、戦国期に山門勢力が京都法華《ほっけ》宗寺院を武力で洛外《らくがい》へ追放した「天文《てんぶん》法華の乱」（一五三六年）、織田信長《おだのぶなが》による「元亀《げんき》焼撃」（比叡山焼き討ち。一五七一年）など、延暦寺が中世の政治・経済・文化に与えた影響は計り知れない。

一　「三塔十六谷」で生活共同体を築く僧侶集団

山上・山下に拠点を構え、俗世とかかわる者も

比叡山は山上に東塔《とうどう》・西塔《さいとう》・横川《よかわ》という区域が設けられ、それぞれに本堂（根本中堂《こんぽんちゅうどう》・釈迦堂《しゃかどう》・横川中堂）が置かれた。僧侶の住坊は、各本堂から放射線状に下りる山の稜線《りょうせん》や尾根の上に配され、十六の区域に細分されたことから、「三塔十六谷」と表現された。そして、おのおのの地区で生活共同体を築いた僧侶の集団を、一般的に「**衆徒**」とよんでいる。

もっとも、延暦寺では一山全体を寺域としたが、すべての構成員が山上に住んでいたわけではない。衆徒のうち妻帯した僧侶を「**山徒**《さんと》」とよぶが、女人禁制《にょにんきんせい》が適用された山上では、妻帯は許されなかったのだろう、山徒は山上とは別に、比叡山の東の麓《ふもと》である近江《おうみ》国坂本（滋賀県大津市）や、京都側の西の麓（西坂本〔京都市左京区〕）にも住坊を構えていた。

山徒の住坊は法体《ほったい》（僧侶の姿）の「同宿《どうしゅく》」や、俗人の「若党《わかとう》」をおもな成員（被官）とし、あたかも俗世間における「家」のように自立しつつ、ほかの山徒とも血縁関係により結びついていた。山徒は、山下空間に拠点を構えたこともあって、俗世とのかかわりをもつ者も数多く存在した。

朝廷が任命する「天台座主」とは？

ここでひとつ説明を要するのは、「天台座主《ざす》」（天台宗を統括する延暦寺長官職）である。

意外なことに、天台座主の専論はほぼ見あたらず、今後の研究の進展が待たれるが、あえて素描するとすれば、座主の任命は宣命《せんみょう》（天皇の命令を漢字仮名交じり文で記した文書）と、または太政官牒《だいじょうかんちょう》（太政官から、僧綱《そうごう》〔僧官〕・寺社などの直接の管理下でない組織へ出す公文書）で行うものだったと思われる。

座主歴代の事績をまとめた編纂《へんさん》物である『天台座主記』などの山門関係の史料を見ていると、基本的には宣命だけが収録され、太政官牒の作成は、座主第一世の義真《ぎしん》（七八一～八三三）から第三世円仁《えんにん》（七九四～八六四）までしか確認できない。

しかし、天台宗寺門派《じもんは》（三井寺《みいでら》・園城寺《おんじょうじ》。滋賀県大津市）によって近世に編纂された『寺門伝記補録《じもんでんきほろく》』には、第五世座主の円珍《えんちん》（八一四～八九一）に対して出された宣命と太政官牒が収録されている。このことから、座主を任命する際には、宣命・太政官牒の両方が作成された可能性を想定できるが、

『寺門伝記補録』所載の史料は信憑《しんぴょう》性に疑問のあるものも見られ、宣命・太政官牒が、つねに両方とも作成されていたと考える根拠とするにはやや弱い。

中世における山門関係の史料や当時の公家の日記などでは、天台座主任命の際には、宣命の作成・交付しか確認できず、はたして太政官牒の作成があったのかどうか、現在の段階では確言することができない。

このように、座主の任命方法という基礎的な事項でさえ不確定な部分が多いが、はっきりとしているのは、座主の任命権をもつのは朝廷だったということである。任命の際は、選ばれた本人の僧侶としての能力もさることながら、「大衆《だいしゅ》」（寺が管理した名簿に名前を登録された衆徒・山徒のこと。寺院運営に関与した）からの人望の有無が当初は最重要視され、やがて出自や所属住坊が重視されるようになった。

座主を悩ます「悪僧」問題と強訴

かくして、人望よりも出自や所属を根拠に朝廷から任命された事実をもって、比叡山に乗り込むようになった座主は、延暦寺内では最初から孤立せざるをえなかった（下坂：二〇〇一）。

しかも、座主は基本的には山上に居住していなかった。就任式や重要修法《しゅほう》を執り行う場合などを除けば、ふだんは京都や坂本の坊で過ごしていた。そのため、座主と大衆の関係は自然と疎遠になり、座主の関与を大衆がはねのける場合も少なくなかった。

その表れのひとつが悪僧《あくそう》問題だった。平安期以来、俗世間では強訴《ごうそ》や暴力を働く僧侶（悪僧）の存在が問題視された。「強訴」とは、仏神の権威を振りかざして寺社側が朝廷や幕府に要求を通そうとする団体請求行為のひとつである。有名なのは、「僧兵」や神人《じにん》（神社に所属する多様な人びと。職掌も多岐にわたり、神事を担う神人、強訴に参加する神人、商売する神人など、さまざまな形態があった）が神輿《しんよ》や神木《しんぼく》を担いで入洛《じゅらく》し、それらを放置する様式の強訴（入洛強訴）だろう。

強訴を止めるため、朝廷による悪僧の逮捕命令が座主に出され、検非違使《けびいし》（京都の警察業務を担当する令外官《りょうげのかん》）や武士・国司も動員された。しかし、山内の警察権は座主に一任され、検非違使以下が山上に立ち入ることはふつうなかった。そして、肝心の座主による警察権は有効に機能せず、悪僧を取り逃がす場合も少なくなかったのである（衣川：二〇〇七）。

二　山門に介入する「三門跡」体制の成立

門徒統制の主役は、青蓮院・梶井・妙法院門跡

ところが鎌倉期になると、新たな動向が見いだせる。公家や武家が積極的な介入を試みたのである。

その際に注目されたのは、法流を介した師弟関係だった。衆徒・山徒には法脈《ほうみゃく》（仏法を師から弟子

へと伝える系脈）上の師がいるのだから、師を通じて命令すれば統御できるはずだ。この発想から重視されたのが「門跡《もんぜき》」である。

門跡は、もともと法流や聖教《しょうぎょう》（寺院内の多様な宗教的活動のなかで生成される宗教史料）などを相承する住坊ないし住職を意味する言葉だった。やがて、中世における最上級身分（貴種《きしゅ》。王家・摂関家など）の子弟が、入室する住坊または住職をさす言葉に変化した。

延暦寺にも門跡が多く出現し、衆徒・山徒は、門跡に属して「門徒《もんと》」になることが平安末期（十一世紀）から増えていた。とりわけ、**青蓮院《しょうれんいん》**（京都市東山区）・**梶井《かじい》**（梨本坊《なしもとぼう》・三千院《さんぜんいん》とも。同左京区）・**妙法院《みょうほういん》**（同東山区）の「三門跡」は大きな影響力をもち、公家や武家は、門跡を通じて門徒（＝衆徒・山徒）を統制しようとしたのである（衣川：二〇〇七）。

たとえるなら、やんちゃな生徒が多い学校で、担任（座主）が指導しても言うことを聞かず、部活の顧問（門跡）を通じて押さえるということになろうか。

門跡体制の限界を示した南北朝期の「三事件」

しかし、このたとえでいえば、すべての生徒が部活動に所属していないように、中世でも大衆のすべてが門徒化したわけではない。非門徒の大衆は、門跡の命令を受け付けなかった。また、たとえば青蓮院門跡が命令したところで、他門跡の門徒が言うことを聞くはずもなかっただろう。

かかる門跡による統制の実態を示すのが、十四世紀中頃の南北朝期の「三事件」である。

①貞和《じょうわ》元年（興国《こうこく》六年。一三四五）の天龍寺落慶供養会《てんりゅうじらっけいくようえ》での「**光厳院御幸事件**《こうごんいんごこう》」⇓禅宗を厚遇することに対する山門の反発。

②応安《おうあん》二年（正平《しょうへい》二十四年。一三六九）の「**南禅寺楼門破却事件**《なんぜんじろうもん》」⇓貞治《じょうじ》六年（一三六七）、南禅寺（京都市左京区）は、楼門新造の費用徴収のために関所を立てたが、関料の支払いをめぐって園城寺（三井寺）とトラブルを起こした。その際に、南禅寺住持が伝統的な顕密《けんみつ》仏教を非難し、とくに山門の僧侶を「猿猴《えんこう》」と罵《ののし》った。山門は激怒して入洛強訴を果たし、最終的に山門の強硬姿勢に幕府は折れて、南禅寺楼門の破却を命じた。

③応安五年（文中《ぶんちゅう》元年。一三七二）の「**日吉社神輿造替延引事件**《ひえしゃしんよぞうたい》」⇓神輿のたび重なる動座で損傷がひどいため、神輿造替の話が出る。しかし、幕府側のクレームで事業は進まなかった。

それぞれの事件の詳細は省くが、重要なのはいずれも強訴が発生し、門跡による制御がまったく果たせず、門跡の統率力の弱さが露呈したことである。

あまつさえ三門跡は、最後の日吉社の事件に関しては、大衆によって山上から追い出されてしまい、坂本で待機することしかできなかった。

三　対山門政策の要、「山門使節制度」の始まり

幕府が目をつけた有力山徒の軍事力

京都に拠点を構えた室町幕府にとって、延暦寺を統御することは重要な政治課題のひとつだった。そこで幕府が三門跡に代わって新たに着目したのが、門跡所属の有力山徒（門徒のなかの山徒）たちだった。「日吉社神輿造替延引事件」では、幕府は途中から有力山徒を動員しはじめ、大衆からは「武家は門跡門徒を理不尽に贔屓《ひいき》している」と非難された。

永和《えいわ》三年（天授《てんじゅ》三年。一三七七）、杉生坊《すぎうぼう》・金輪院《こんりんいん》・円明坊《えんみょうぼう》などの山徒が、京都に呼び出されて幕府と話し合いを行っている。また、彼らが別の機会に呼び出されたときは、近江国守護の六角《ろっかく》氏と同事件について協議している。

こうして幕府から頼りにされた有力山徒の存在は、幕府の対大衆政策のなかで重みを増していった。康暦《こうりゃく》元年（天授五年。一三七九）五月、「日吉社神輿造替延引事件」が解決したときに、三代将軍の足利義満《よしみつ》（一三五八～一四〇八）と対面した山徒らは、「山門使節」（以下、使節と略す）と称されていた。これが、幕府の対山門政策の要《かなめ》である「**山門使節制度**」の始まりである。

「山門使節制度」とは、幕府と山門の調整役に有力山徒を任命し、対大衆政策に協力させる見返りに、使節遵行《じゅんぎょう》（係争地に対し、公権力が発した裁定を、特命使節が強制執行する権限）・軍事警察・裁判・関

所設置・過書《かしょ》遵行（関所の通行税を免除した過書を携帯した者を通過させる権限）などの諸権限の行使を幕府が認めるというものである。

この制度の重要な点は、それまでは朝廷から座主や門跡に命令を出して大衆を統御するという指揮系統だったのが、義満がそれぞれの寺院の有力者を直接把握して命令する指揮系統に変化したことである。こうした政策は、興福寺に対しても取られた。興福寺の場合は衆徒集団の中枢である官務《かんむ》衆徒（官符《かんぷ》衆徒ともいう）が掌握され、幕府に協力する見返りに幕府からの支援を受けていた。かかる両寺への措置が、両寺の統制に大きく機能したのである（大田：二〇一四）。

使節の顔ぶれは時期によって異なるが、当初は円明坊・乗蓮坊《じょうれんぼう》・杉生坊・金輪院・月輪院《げつりんいん》らが使節を務め、彼らは基本的には坂本に拠点を構えた。

使節は、使節制度成立以前の史料に「合戦大将」「大名《たいめい》」「御門徒《ごもんと》ノ中《なか》ノ大名《たいめい》」などと表記されていることから（「大名《たいめい》」については、第五章の川口論文を参照）、強大な軍事力を有した門徒中の実力者だったことがわかる（下坂：二〇〇一）。この軍事力こそが、幕府が有力山徒に目をつけた最大の要因だったと思われる。

政治状況に左右される「山門使節」の選任

使節の任命権は幕府にあったが、創設期においては、形式的な任命権が幕府にあったにしても、選ぶ際の基準は、大衆統制における有効性や大衆側の評価（人望）を前提にしたと考えられるため、実質的な選任権は大衆側にあったといえる。

この点は、梶井系門徒の乗蓮坊以外は、すべて青蓮院系の門徒であったことも注意を要する。梶井と青蓮院は鎌倉期から利権をめぐって抗争していたが、この対立の延長線上に青蓮院系門徒による使節の寡占状態が出現したと考えられる。

梶井系門徒の筆頭格である護正院《ごしょういん》のように、使節には任命されなかったが、使節に匹敵する実力を有する山徒はほかにも多くいたため（小風：二〇〇〇）、創設期の使節選任は山門の内部事情を無視できなかったといえる。

付け加えれば、かつて梶井門跡には、後醍醐《ごだいご》天皇（一二八八〜一三三九）の息子である護良《もりよし》親王（一三〇八〜三五）が入室していた。さらに応永《おうえい》十年代（一四〇三〜一二年）には、護正院に幕府から南朝皇子が預けられていたように、梶井系門徒は南朝との緊密な関係を有していた。

妙法院門跡は、暦応《りゃくおう》三年（興国元年。一三四〇）十月三日に将軍側近の佐々木道誉《どうよ》（一二九六〜一三七三）の一族若党とトラブルを起こして放火されてからは存在感が薄く、南北朝期の座主には妙法院門跡からひとりも出ていない。梶井・妙法院両門跡系の門徒が使節に任命されなかったのは、当時の門跡が置かれていた政治状況も影響したのかもしれない。

なお、使節に認められた諸権限は、守護が行使することが多い権限と類似しているため、使節を守護に準ずる立場と評する場合がある。

この点にかかわり、近年の南北朝・室町期守護制度の研究では、守護と同様にふるまった存在（伊《い》勢《せ》北畠《きたばたけ》氏などの地域権力）が注目され、彼らを幕府の支配体制にどう位置づけるかが議論されている。使節の位置づけも、今後あらためて考える必要があるのかもしれない。

四　幕府側と大衆側の板挟みとなる「山門使節」

両者の意思疎通の〝窓口〟

文安《ぶんあん》年間（一四四四〜四九年）に、近江国（滋賀県）を対象とした幕府からの「過書遵行命令」（太字は前記参照）が、六角氏と京極《きょうごく》氏、そして使節に出された。

近江国は、京極氏が浅井《あざい》郡・坂田郡（滋賀県彦根市・長浜市・米原《まいばら》市のあたり）を中心とした琵琶湖東岸の地域を実効支配し、琵琶湖西岸の一帯は山門が支配した。つまり幕府は、過書遵行を守護六角氏に命じつつ、京極領は京極氏、山門領は使節に命じたのである（小風：二〇〇四）。

このように、使節の権限は原則として山門の影響力が及ぶ範囲に限られた。しかし、これは見方を変えれば、守護六角氏や京極氏が関与しえない山門領に、幕府は使節を通じて初めて関与できるようになったとも評価できる。

従来、山門使節制度により幕府の対大衆政策が完成し、平安期以来の「強訴」はやんだと理解されてきた。たしかに入洛強訴の回数は義満期（一三六七〜一四〇八年）に激減したが、それは幕府の統制下に山門が入ったことを意味しない。じつは中世後期は、鎌倉期以来の入洛強訴型以外の多様な形式の強訴が多発していた時代であり、むしろ発生件数は増えている（西尾：二〇二〇）。

そもそも山門使節制度は、幕府からすれば対大衆政策だが、大衆からすれば、幕府の協力を得るための窓口のひとつにすぎない。そして使節は、大衆の意向を無視して存立することはできなかった。

文安五年（一四四八）、幕府の政策に反発した大衆が集会《しゅうえ》を開いた際、大衆の一員でありながら大衆に味方しない使節への報復措置として、衆徒身分の剝奪《はくだつ》を辞さない強硬姿勢をみせた。幕府に与《くみ》すれば大衆から糾弾され、大衆に与すれば幕府から指弾される使節は、両者の意思疎通の〝窓口〟だったがゆえに、実際には両者の板挟みに悩まされる場合も多かったと思われる。

意に添わない使節には強権的だった義持

義満期に創設された山門使節制度は、入洛強訴の回数を激減させ、幕府と山門の関係を良好に保つことに貢献した。

象徴的なのは、応永元年（一三九四）の義満の坂本日吉社参詣である。義満が来るということで大衆は急いで準備し、使節も種々の調整役を務めた。義満社参を迎え、山門側は義満に七千二百五十貫文（現在の約七億円相当）を進上したが、義満は全額を山門に渡し、講堂建立の費用に使うことを命じた。今回の日吉社社参で、大衆は全体的に義満に阿諛追従《あゆついしょう》（媚《こ》びへつらう）しており、完全に統御されていた（早島：二〇一六）。

しかし、幕府と山門の関係は、つねに義満期のように安定したわけではなく、実際は両者の力関係の変化に左右された、きわめて不安定なものだった。

義持《よしもち》期（一四〇八～二八年）になると、義満死去の五年後、応永二十年に強訴が再発し、その後も神輿動座《どうざ》・閉門《へいもん》（満山〔全山〕単位で堂舎を閉鎖し、恒例の仏神事を停止して要求を通そうとする行為）・閉籠《へいろう》（一部の大衆が閉門して要求を通そうとする行為）などの強訴が頻発した（西尾：二〇二〇）。

使節は対応に追われ、応永二十二年の強訴では、使節の当時最長老格だった円明坊兼承《けんしょう》が神輿の山上動座を阻止した。しかし義持は、応永二十六年に同じ使節である兼承の弟の乗蓮坊兼宗《けんそう》に命じて、兼承を殺害した。殺害の理由については、兼承が義持の酒麴業政策に反対していたことを推測する見解がある（下坂：二〇一一）。

正確なところはわからないが、当時の史料に「室町殿時宜《じぎ》不快」とあるため、兼承が義持の意に添わなかったのはたしかである。なお下手人《げしゅにん》の兼宗は、応永三十三年に領地没収のうえ、使節も解任された。どうも義持は、意に添わない使節に対してすこぶる強権的だったらしく、逆に見れば、残された使節らは義持に従順な存在であったといえる。

五　幕府・大衆・使節の関係に歪みが生じる義教期

立場を悪化させる「山門使節」

応永三十五年（一四二八）正月に義持は死去した。

その後、籤引《くじび》きの結果、義持の同母弟で天台座主の経歴もある青蓮院義円《ぎえん》が後継に決まり、還俗《げんぞく》して義教《よしのり》（はじめ義宣《よしのぶ》）と改名した。六代将軍となった義教（一三九四〜一四四一）は、乗蓮坊兼宗を山門使節に復任させた。その後、兼宗は永享《えいきょう》四年（一四三二）までに円明坊を相続した。

正長《しょうちょう》元年（一四二八）、比叡山西塔の釈迦堂で閉籠が発生した。幕府は使節を通じて理由を問い質《ただ》した。ところが閉籠衆は「使節に話すことはない」と対話を拒絶し、逆に使者を幕府の管領《かんれい》の元に派遣して集会事書《しゅうえことがき》（決議表明文）を提出した。管領は、使節を介さない要求は将軍義教に披露できないと断ったが、実際には幕府の非公式政治顧問を務めた醍醐《だいご》寺僧侶の三宝院満済《さんぼういんまんさい》（一三七八〜一四三五）を通じて内々に義教に報告した。義教は使節の失態を咎《とが》め、管領に対して叱責《しっせき》するよう命じている。

永享元年、今度は東塔の根本中堂で閉籠が起きたが、円明坊兼宗の調整の結果、幕府が要求を受諾することで決着した。しかし、義教はこれを履行しなかった。使節の言うことを信じて閉籠を解いたのに、幕府は約束を守らなかったのである。この一件により、山門内における円明坊兼宗の立場は悪化につながったにちがいない。

使節が幕府を裏切った「永享の山門騒乱」

かくして義教期（一四二八〜四一年）には、幕府・大衆・使節の三者の関係に歪《ひず》みが生じていた。その果てに起きたのが「永享の山門騒乱」である。

永享五年（一四三三）七月、衆徒が日吉社客人社《まろうどしゃ》の神輿を、山上の根本中堂に動座させたとの情報が京都にもたらされた。衝撃的だったのは、円明坊兼宗以下の使節が強訴の首謀者だったことだ。使節が幕府を裏切って、衆徒に味方したわけである。

義教はすぐに報復して「円明家」（京都における兼宗の住坊）を伊勢国守護の世保持頼《よやすもちより》（?〜一四四〇）に与え、管領細川持之《ほそかわもちゆき》（一四〇〇〜四二）と満済は、強訴については「無為御成敗《ぶいのごせいばい》」（平和的解決）をめざしつつ、使節については追って処分すべきことを進言した。円明坊が強訴を主導したのは、幕府の強圧的態度や、山門内における自らの立場悪化が関係したと思われる。

やがて根本中堂の「閉籠衆集会事書」が管領持之の元に到来し、持之は複写したものを満済に渡した。この写《うつし》は現在、醍醐寺（京都市伏見区）に伝存している（『大日本古文書《だいにほんこもんじょ》醍醐寺文書』一一六五・三一二九号）。また、後花園《ごはなぞの》天皇の実父である伏見宮貞成《ふしみのみやさだふさ》親王（一三七二〜一四五六）の日記（『看聞《かんもん》日記』）にも全文が写されており、両者を参照することで山門の要求内容を正確に知ることができる。

要求は全十二条で、満済にとっては驚くような内容ではなかったらしいが、そのうちの①猷秀《ゆうしゅう》問題、②大河内満政《おおこうちみつまさ》・飯尾為種《いのおためたね》の処分、とくにこのふたつに満済は注目している。

①は、山徒の光聚院《こうじゅいん》猷秀による公金横領と贈賄を告発したものである。猷秀は山門の堂舎修造担当だったが、資金を着服するだけで事業を始めなかった。しかも、猷秀は以前も修造担当を務め、そのときも役割を果たさなかったために、追放された過去をもつ。

また猷秀は、法外な高利で貸し付け、返済できない債務者の所領を幕府の奉行人《ぶぎょうにん》と協力して回収したことが非難された。閉籠衆が激怒したのは、猷秀の金融業が山門関係者も対象にしていたからである（桜井：二〇〇五）。顧客には坐禅院《ざぜんいん》や杉生坊ら使節も含まれ、猷秀が非難された最大の理由はこの点にあった。

②は、収賄側の義教側近である大河内満政（?〜一四四五）と山門奉行の飯尾為種（?〜一四五八）の不正を非難したもので、猷秀・為種の身柄引き渡しと満政の流罪を要求した。

六　義教側近が諫めるも、「対山門戦争」に突入

「関東」から流れてきた噂

中世では、天皇や将軍が代替わりすると「徳政《とくせい》」が行われるという観念が存在した。具体的には寺社領保護と公正な裁判の実現が期待され、義教も「代始め徳政」の一環で訴訟制度改革に着手していた。

そして閉籠衆の要求も、じつは山門領の返還や訴訟制度の歪みの改善を求めるものが大半で、義教に「徳政」を求めたものだった。ゆえに、義教は強訴を拒絶しえず、神輿動座を洛東《らくとう》の鴨川《かもがわ》の防衛戦線で退けるも、最終的には、諸大名《たいめい》に対山門慎重論が多かったことも考慮して、形式的ながら猷秀らを配流せざるをえなかった（榎原：二〇一六）。

永享五年（一四三三）八月、義教と満済は坐禅院以下の赦免を協議した。山門使節制度の修復を図ろうとしたのだろう。しかし同月、大衆は強訴に同調しなかった罰として、天台宗寺門派の三井寺（園城寺）を攻撃した。これを受けて義教は、満済や細川持之が諫《いさ》めるも、大規模な幕府軍を編制し、対山門戦争に突入した。

やがて和平交渉が行われ、衆徒が強訴の首謀者である円明坊兼宗を隠居させることで降伏を願い出たため、戦争はわずか半月余で終わることになった。

しかし、翌年の永享六年七月、山門が「関東」、つまり鎌倉公方《くぼう》の足利持氏《もちうじ》（一三九八〜一四三九）と通謀しているという噂《うわさ》が流れた。満済はありえないと否定的な見解を示したが、実際に比叡山の城郭化が進んでいることを知った義教は、兵粮《ひょうろう》攻めのために近江・越前《えちぜん》（福井県嶺北《れいほく》地方）・若狭《わかさ》（同県南部）の山門領を押さえるよう関係各国の守護らに命じた。

山門を包囲し、山下の坂本を焼き払う

陸路や琵琶湖も封鎖され、大規模な山門包囲網が敷かれた。かかる措置に衆徒は抗議し、日吉社の神輿六基を根本中堂に動座させた。

永享六年（一四三四）九月には、山門領で衆徒と守護方の衝突が起き、翌月には京都への神輿動座が行われたが、義教は防衛体制を築き、神輿は洛中に侵入できずに比叡山の西の麓にある修学院《しゅうがくいん》（京都市左京区）あたりに捨てられた。この神輿の対応をめぐり、山門側は入洛強訴の成立を主張したが、義教は神輿が鴨川を越えていないので入洛強訴成立とは見なさない姿勢を堅持した。

満済は、円明坊兼宗らを攻撃する場合は、彼らが根本中堂を燃やして自決することも辞さないと主張しているため、管領細川持之に武力発動をいま一度考えなおすことを求め、持之もこれに同意した。だが、義教は「もし根本中堂が燃えたとしてもしかたない。「仏法滅亡」のときがやってきたのだろう」と述べて攻撃を断行し、十一月には坂本を焼き払ってしまった。

坂本の民家はことごとく焼き払われ、女性は立入厳禁の山上に逃げ登るありさまだった（このとき、のちの織田信長による元亀焼撃〔一五七一年〕のような山上攻撃は行われていないことには注意しておきたい）。十二月、諸大名は義教に対して、「使節らは「円明坊をすみやかに追放し、金輪院・月輪院・坐禅院・乗蓮坊の使節四名も京都に出頭します」と述べて降参しています。許していただけないでしょうか」と嘆願した。

義教は降参を受け入れたが、なおも攻撃継続を模索し、上洛した使節四名にも会おうとしなかった。義教の言い分としては、「幕府軍の撤退前に根本中堂の閉籠を解き、円明坊を追放して、神輿全基を日吉社に戻したのならば、対面しよう」ということだった。しかし、諸大名は管領邸に集まって会合を開き、義教に使節と対面するよう再三要求した。

これを受け、三回目の嘆願でついに義教は使節四名と対面した。使節らは、「坊領等安堵御判《とうあんどごはん》」（使節たちの不動産を保障する命令書。「山門使節」という立場を保障する意味合いも込められていただろう）を義教から拝領し、こうして騒乱は終結したはずだった。

山上の堂舎は焼亡し、首謀者一族は滅亡

永享七年（一四三五）二月四日、管領細川持之に呼び出された使節の金輪院弁澄《べんちょう》・月輪院慶覚《けいかく》・乗蓮坊兼覚《けんかく》らが管領邸で捕縛され（兼覚は室町第で捕縛）、悲田院《ひでんいん》（現在の大応寺《だいおうじ》〔京都市上京区〕のあたり）で殺害された。

兼宗の子息である乗蓮坊兼珍《けんちん》は、前年すでに割腹自殺を遂げ、首謀者と目された円明坊兼宗は逃亡したが、永享十一年に潜伏先の吉野（奈良県吉野町）で畠山《はたけやま》に殺害され、その頸《くび》が義教の元にもたらされた。

こうして山門騒乱に関与した使節は滅亡した。北野社《きたのしゃ》（北野天満宮〔京都市上京区〕）に参籠《さんろう》してい

円明坊・乗蓮坊の歴代の親族関係

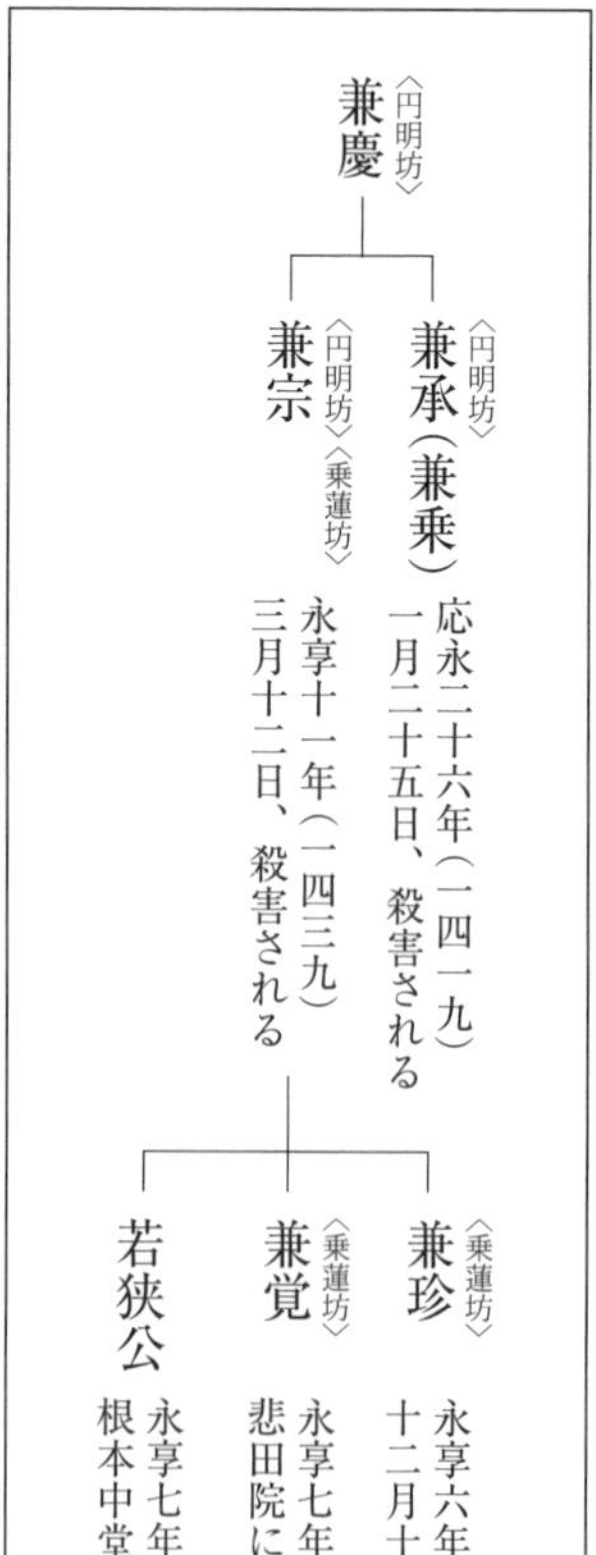
永享六年（一四三四）十二月十七日、切腹
永享七年（一四三五）二月四日、悲田院において殺害される
永享七年（一四三五）二月五日、根本中堂で自害

＊下坂守「延暦寺における「山徒」の存在形態」（同『中世寺院社会の研究』思文閣出版、2001年）掲載図を基に作成

た義教は、使節斬首の報告を聞いて喜色満面にあふれたという。斬首された使節のうち、とくに金輪院弁澄は、義教が僧侶時代に天台座主に就いた際、諸々《もろもろ》の役職を義教から拝領しており、義教と知らない仲ではなかった。

はたして、自らが以前に座主・門跡を務めた先の構成員である門徒たちが、将軍となった自分に楯突いたことを、義教はどう思っていたのだろうか。義教は、僧侶時代に青蓮院門跡の門徒とトラブルを起こしたことがあったらしく、一時期青蓮院を退去して嵯峨洪恩院《さがこうおんいん》に移住していたことがある。満済や細川持之、そして諸大名が、ことごとく山門攻撃に慎重だったのに対して、義教だけが強硬姿勢を崩さなかったのは、山門勢力の潜在的な力を、身をもって知っていたからではないだろうか。

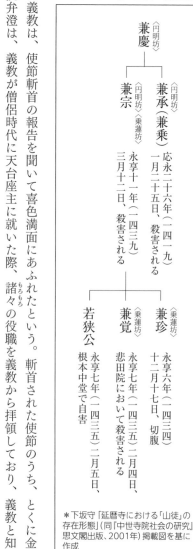

永享七年二月五日、根本中堂や大講堂などの堂舎が焼亡し、根本中堂に立て籠もった円明坊兼宗の末子（若狭公《わかさこう》）以下の山徒や円明坊同宿三十人以上が自殺した。前日の使節処刑に憤慨した大衆の最後の抗議であった。

自殺者の人数は当時の史料でもばらつきが見られるが、『看聞日記』には自殺者二十四人の名前が詳細に記され、性浄院《しょうじょういん》・般若院《はんにゃいん》などの非使節の山徒や、「たか田」「さあみ」などの乗蓮坊の同宿らが見えている。

山徒の坊は、俗世間でいう「家」に等しいことは前述したが、円明坊においては、兼承が四代将軍の義持の命で暗殺され、兼承の弟の兼宗と、兼宗の息子の兼覚が六代将軍の義教の命で殺害された。さらに、同じく兼宗の息子の兼珍と若狭公も、山門騒乱のさなかに自殺している。また、根本中堂で自殺した同宿らが属した乗蓮坊は、兼宗が円明坊を継ぐ以前に住んでいた坊である。

こうして、騒乱の首謀者と目された円明坊の一族は、ことごとく滅ぼされ、同宿・若党も運命をともにした。円明坊は八代将軍の義政期（一四四三〜九〇年）に復権するが、騒乱においてもっとも手痛い打撃を受けたのである。

おわりに――騒乱以前の実力を取り戻していく山門勢力

最後に、山門騒乱後の山門使節を概観しておこう。

騒乱後、使節の成員は再編された。嘉吉《かきつ》元年（一四四一）には杉生坊・護正院が使節として活動しており、やがて西勝坊《さいしょうぼう》・行泉坊《ぎょうせんぼう》・上林坊《じょうりんぼう》などの山徒も任命された。そのほか護正院代として井上《いのうえ》坊《ぼう》・実乗院《じつじょういん》らも使節として活動している。なお円明坊・乗蓮坊・金輪院などの騒乱に関係した山徒らも、義政期には使節に復任している。

このとき、護正院が梶井系門徒、行泉坊が妙法院系門徒であるように、使節の創設期から騒乱以前まで続いていた青蓮院系門徒の寡占状態が、三門跡の門徒を使節に任命する体制に変化したことは興味深い。

「山門使節」という語は、天文《てんぶん》年間（一五三二～五五年）まで史料上に現れるから、実態はともかく、同制度がこの時期まで続いていたことは確実である。幕府の対大衆政策にとって、山門使節制度は依然として有効と判断されたのだろう。

かくして山門使節制度は復活したが、義教が暗殺された嘉吉元年以降も、大衆による神輿動座や閉籠などの強訴がたびたび生じた。騒乱後の山門領は、六角氏にしばらく占領されるが、山門はやがて騒乱以前の実力を取り戻していく（下坂：二〇一一）。

十五世紀半ばの義政期以後の山門の歴史は、まだまだ未解明な部分が多い。ただ注意したいのは、ある制度なり体制が築かれても、その効果がつねに一定だったわけではないという当然の事実である。山門使節制度がそうだったように、制度を取り巻く社会・政治・経済をよく見極め、幕府と山門の力関係の推移を読み解くことが肝要である。

【主要参考文献】

榎原雅治『室町幕府と地方の社会』（シリーズ日本中世史3、岩波新書、二〇一六）

大田壮一郎『室町幕府の政治と宗教』（塙書房、二〇一四）

衣川仁『中世寺院勢力論―悪僧と大衆の時代』（吉川弘文館、二〇〇七）

小風真理子「山門使節と室町幕府―永享・嘉吉事件と護正院の台頭」（『お茶の水史学』四四号、二〇〇〇）

同「山門・室町幕府関係における山門使節の調停機能―山門関の過書遵行権をめぐって」（『史学雑誌』一一三編八号、二〇〇四）

桜井英治『破産者たちの中世』（日本史リブレット27、山川出版社、二〇〇五）

下坂守『中世寺院社会の研究』（思文閣出版、二〇〇一）

同『京《みやこ》を支配する山法師たち―中世延暦寺の富と力』（吉川弘文館、二〇一一）

西尾知己「中世後期強訴論の整理と課題―神輿動座・入洛の通時的検討をふまえて」（『関東学院大学人文科

学研究所報』四四号、二〇二〇)
早島大祐『足利義満と京都』(吉川弘文館、二〇一六)

【さらに詳しく学びたい読者のために】

山門研究は下坂守氏の研究が基本で、その後はおもに、幕府の都市政策の関連から重要な書籍・論文が発表されている。なかには、中学・高校でも習う歴史用語の定義を見直そうという意欲的研究もある。いずれも専門的だが、ぜひ挑戦していただきたい。

①小風真理子「山門使節と室町幕府―永享・嘉吉事件と護正院の台頭」(『お茶の水史学』四四号、二〇〇〇)
②下坂守『京(みやこ)を支配する山法師たち―中世延暦寺の富と力』(吉川弘文館、二〇一一)
③三枝暁子『比叡山と室町幕府―寺社と武家の京都支配』(東京大学出版会、二〇一一)
④早島大祐『足利義満と京都』(吉川弘文館、二〇一六)
⑤酒匂由紀子『室町・戦国期の土倉と酒屋』(吉川弘文館、二〇二〇)

①は、山門騒乱後に台頭した護正院を分析したものである。本稿では義教以後の紹介はできていないが、小風氏の研究はその点を補うものなので、【主要参考文献】でもふれた同氏の論文と併せて読んでほし

い。なお、両論文はインターネットでPDF公開しており、入手・閲覧は容易である。
②は、本稿執筆の際にもっとも参照した。山門研究の堅実な基盤を築いた著者が、専門書を一般向けにリアレンジしたものである。読み解くのは簡単ではないが、現在における山門の通史の到達点といえる。なお、下坂氏の『中世寺院社会の研究』を含めた両書は、参照した部分が多いが媒体の都合もあって、逐一「注」を付せなかったことをお断りしておきたい。
③は、都市や身分をテーマに、幕府と山門の京都支配の実態を論じた研究書である。現在、研究が低調である中世の都市や身分といった問題に、真正面から取り組んだ貴重な成果で、政治・権力の関係だけでは見えにくい山門の歴史像を示している。
④は、数ある義満通史のなかでは、山門との関係に紙幅を割いていて珍しい。義満と山門の関係を、近年までの義満期研究における最新成果をふまえて論述している。とくに、応永元年（一三九四）の義満の日吉社参詣に関する記述が重要である。
⑤は、「土倉・酒屋」の実態を都市や山門、そして武家との関係から分析する。「土倉・酒屋」という日本史を学んだ者なら誰もが知っている有名な歴史用語について、従来は「金融業者」であるとされ、また山門との関係を強調することが多かったが、「金融業者」という理解の妥当性、および山門との関係もはたして強調できるものなのかどうかという重要な論点を打ち出しており、今後の議論が注目されるところである。

第Ⅳ部

室町幕府を取り巻く社会状況

〈第十二章〉【幕府と室町文化】

幕府とともに新興文化を支えた芸能者・被差別民

辻　浩和

はじめに——変わりつつある室町文化史のとらえ方

室町時代の文化を義満《よしみつ》期（一三六八～一四〇八年）の「北山《きたやま》文化」と義政《よしまさ》期（一四四三～九〇年）の「東山《ひがしやま》文化」という枠組みでとらえることは、いわば「常識」になっている。しかし近年では、むしろその間の義持《よしもち》・義教《よしのり》期（一四〇八～四一年）が重要であることが指摘されている。

この時期には、幕府のさまざまな文化的催しが年中行事化されて定着し、将軍家の美術工芸品コレクションの大部分も同時期に形成された。そのため現在では、義満期から義政期までの全体を「室町文化」としてとらえる考え方が主流になっている（末柄：二〇〇三）。

では義持・義教期の幕府は、文化にどのような影響を与えたのだろうか。本稿では専門的な知識・

技能によって幕府に仕えた人びとをとおして、幕府と室町文化の関係を考えてみたい。

一　室町殿の美術品コレクションを管理する同朋衆たち

同朋衆の成立とその仕事内容

室町殿（足利《あしかが》将軍家の当主）の側近には、剃髪《ていはつ》・法体《ほったい》（僧侶の姿）で阿弥《あみ》号を名乗る遁世者《とんせいしゃ》（俗世を離れた仏教者）たちが仕えていた。

義満期の遁世者たちには、武家被官《ひかん》層出身の者や、猿楽《さるがく》・田楽《でんがく》などの芸能者、連歌《れんが》・早歌《そうが》などの文芸に秀でた者、将軍の倉や財産を管理する者など、身分的にも職掌的にも多様な人びとがいたらしい。しかし、義持期（一四〇八〜二八年）以降は武家被官層の出身者が姿を消し、義教期（一四二八〜四一年）には「同朋衆《どうぼうしゅう》」として幕府職制のひとつに位置づけられるなど、しだいに整備が進んだ（家塚：二〇一二）。

同朋衆の職掌は、足利将軍家の人びとに近侍《きんじ》し、殿中の清掃、配膳、諸方への使者、対面の取次《とりつぎ》、献上物の管理など、身の回りの雑用を務めることである。その組織は大きくふたつに分けられる。

まず「**会所《かいしょ》の同朋衆**」は、会所など公的な場での奉仕を行う。「会所」とは、幕府の諸行事や遊興・酒宴に用いられる空間で、そこではさまざまな文化・芸能が催された。会所の同朋衆たちは、こうした場に会衆《かいしゅう》として参加するほか、会所の室礼《しつらい》(調度品の配置)を整え、絵画や工芸品、花などを飾ることも重要な仕事であった。次に「**御末《おすえ》の同朋衆**」は御台《みだい》(将軍の妻)・女房衆の取次や御供《おとも》を務めるなど、私的な場での近侍を担当した。

以下ではとくに「会所の同朋衆」について述べる。

倉の管理と美術品の鑑定

近年の研究で、義満期には将軍家の倉を管理する遁世者がいたことがわかっている。たとえば善阿弥《ぜんあみ》は北山の倉を管理し、幕府主催の行事に必要な経費を支出する一方で、美術品の管理・修復も行っていた。同じく「御倉預《おくらあずかり》」を務めた金阿弥《きんあみ》は「墨絵《すみえ》ノ遁世者」とよばれ、絵画の鑑定にあたるなど、唐絵《からえ》(中国伝来の絵画、または中国風の絵画)に対する専門知識をもっていた。将軍家の美術品を管理するなかで、鑑識眼が培われたのだろう。

こうした役割は、同朋衆にも受け継がれた。

大名《たいめい》(第五章の川口論文を参照)などからの献上品は、同朋衆をとおして御倉に納められ、出納も彼らが行った。また、日明《にちみん》貿易で買い求めるべき品物、中国に注文してあつらえるべき品物は同朋衆らによって決定され、リストやイメージ図が遣明使節に託された。

さらに、将軍家が発注して絵画を制作させる場合には、同朋衆が図様の評議に加わり、制作者には、希望に応じて御倉から必要な参考資料を出して閲覧させた。

つまり、のちに「東山御物《ごもつ》」とよばれる将軍家の膨大なコレクションの形成には、同朋衆が深くかかわっていたのである（島尾：一九九四）。

名品の展示と価値の共有

将軍家のコレクションは、会所を唐物《からもの》（舶来品）で飾り立てる唐物荘厳《しょうごん》によって披露された。会所を訪れる人びとは、そのすばらしさに目を見張ることになる。

たとえば、伏見宮貞成親王《ふしみのみやさだふさ》（後花園《ごはなぞの》天皇〔一四一九〜七〇〕の実父。一三七二〜一四五六）は義持（一三八六〜一四二八）の会所を見て、「極楽世界の荘厳もかくのごときか」と驚嘆している。義教（一三九四〜一四四一）が、後花園天皇を迎えた際には二十八の部屋に千点以上の唐物が所狭しと並べられたという。唐物荘厳が、将軍の権威発揚に貢献したことは間違いない。

さて、人びとはこうした実見の機会を通じて、何が名品であるかという価値秩序を理解し、共有していく。御物の優品をリスト化した目録や、重要行事の室礼の記録、中国画家の基本情報や座敷飾りの方法を記したマニュアルなどは、早くから書写されており、人びとが美術品の価値や使い方について知りたがっていた様子がうかがえる。

もちろん、こうした価値基準はある程度当時の人びとの趣味を反映しているが、同朋衆たちはそうした時代の価値観を吸い上げて体系化し、人びとに提示する役割を果たしたといえるだろう。
能阿弥《のうあみ》（一三九七〜一四七一）・芸阿弥《げいあみ》（一四三一〜八五）・相阿弥《そうあみ》（？〜一五二五）は、親子三代にわたる同朋衆であり、いずれも絵をよくした。能阿弥は「花鳥図屛風《かちょうずびょうぶ》」のなかで当時人気があった牧谿《もっけい》（十三世紀後半の中国の禅僧画家）の鳥の描き方をまねながら再構成し、牧谿風の描き方をわかりやすく提示した。

同様に芸阿弥は夏珪《かけい》（南宋の画家）風の、相阿弥は瀟湘八景《しょうしょうはっけい》（中国・山水画の伝統的な画題で、八つの名所を描くもの）の描き方を提示し、当時の画家や鑑賞者に大きな影響を与えた。将軍家のコレクションを目にできたのは、限られた人びとであったため、それ以外の人びとは同朋衆の眼をとおして名品を学ぶしかなかった。

同朋衆たちが提示する価値体系こそが、室町期絵画のスタンダードになっていったのである（島尾：一九九四）。

美術品の価値・評価と幕府財政

人びとに唐物の価値を伝え、その評価を高めることは、幕府にとって現実的なメリットがあった。唐物は動産として贈与・売却の対象となり、幕府財政を支えたからである。

幕府への献上品は、同朋衆によってその市場価値が代付《だいづけ》（鑑定）されるが、幕府はその一部をそのまま寺社などに寄進し、修理費に充てさせた。こうすれば、幕府の公庫にはまったく負担をかけることなく、寺社の修理を行える。また、御倉の唐物が仏事などの開催費用に充てられることもあった。唐物の価値が高まれば高まるほど、幕府財政は潤ったことになる。

「応仁《おうにん》・文明《ぶんめい》の乱」（一四六七〜七七年）以降は、将軍家の財政逼迫《ひっぱく》にともなってコレクションの流出が始まる。その際にも、能阿弥や相阿弥の外題《げだい》（美術品の書名・題名）・鑑定書の存在は、東山御物としての価値を高めるうえで大きな役割を果たした（「シンポジウム『東山御物』への視覚」報告」：二〇一二）。十六世紀には、東山御物が「名物《めいぶつ》」として重視され高騰する。こうした現象は、窮乏する室町幕府財政にとってもメリットがあったはずである。

二　室町殿の治世を賛美する能役者たち

尊氏期から義持期までの「御用役者」たち

世阿弥《ぜあみ》（一三六四？〜一四四四？）が義満（一三五八〜一四〇八）の庇護《ひご》を受けていたことはよく知られているが、室町殿と密接な関係をもって活動した能役者たちは、世阿弥ひとりにとどまらない。

近年、天野文雄氏は、尊氏《たかうじ》期（一三三八〜五八年）から義持期にかけて、観世《かんぜ》座の観阿弥《かんあみ》（一三三三〜八四）・世阿弥・十二五郎《じゅうにごろう》、近江日吉《おうみひえ》座の犬王《いぬおう》（？〜一四一三）・岩童《いわとう》、田楽新座の喜阿弥《きあみ》・増阿弥《ぞうあみ》、田楽本座の一忠《いっちゅう》（?〜一三五四）、摂津猿楽《せっつさるがく》の榎並《えなみ》、狂言役者の槌大夫《つちだゆう》など、さまざまな所属の能役者たちが、室町殿に日常的に近侍し互いに交流していたことを指摘し、彼らのような存在を「御用役者」とよんだ（天野：二〇〇七）。

この指摘は、室町殿が能に与えた影響の大きさを、これまで以上に重視すべきことを示している。実際、天野氏によれば、この時期に作られた能のなかには、室町殿の治世を賛美する内容のものが多くみられる。将軍家や国家にかかわる慶事を祝言能《しゅうげんのう》として能に仕立てることが、御用役者たちの仕事であったという。

たとえば、将軍の代替わりや家督《かとく》相続、大病平癒《へいゆ》、婚儀、あるいは「花の御所」（将軍家の邸宅）落成といった、将軍家の慶事にはそれを祝賀する能が作られた。また、「小山《おやま》氏の乱」（十四世紀末、下《しも》野《つけ》守護の小山氏が鎌倉公方《くぼう》に対して起こした乱）、「明徳《めいとく》の乱」（一三九一年、山名《やまな》氏が幕府に対して起こした乱）、「南北朝合一」と神璽《しんじ》（三種の神器《じんぎ》）の帰還（一三九二年）、「応永《おうえい》の外寇《がいこう》」（一四一九年、倭寇《わこう》対策のために朝鮮軍が対馬《つしま》を襲撃した事件）といった政治上の重大事は寓意《ぐうい》劇に仕立てられ、国家的な危機の克服と平和な御代《みよ》の到来が言祝《ことほ》がれる。

政治的なのは内容だけではない。応永六年（一三九九）の一条竹鼻《いちじょうたけがはな》勧進猿楽は義満の北山第本格移住をアピールし、北山新都心計画を宣伝するために、新都心の境界の地を選んで行われた。またこのときの猿楽や四年後の永円寺《えいえんじ》造営勧進猿楽では、義満が自ら桟敷の割り振りを行い、自らをトップとする当時の足利政権の序列を人びとに可視化して見せたと考えられ、その手法は義教や義政にも踏襲された。室町幕府にとって、能は権力の演出装置だったのである（松岡：二〇二二）。

十三世紀中頃以降の鎌倉中後期に始まる猿楽・田楽の物まね劇は、まだまだ新興の芸能であり、当時は「能」という名前すら与えられていなかった。室町幕府は、こうした芸能をいち早く庇護して役者たちを抱え、その劇形式に着目してプロパガンダに利用したことになる。

院（上皇《じょうこう》）や天皇による能楽愛好が、応永二十年（一四一三）頃まで遅れることを考えると、新興芸能に対する幕府の積極性をみてとることができよう。

幕府・室町殿が能にもたらしたもの

幕府と御用役者たちとの結びつきは、能役者の社会的地位や能そのものにも大きな影響を与えた。

その第一は、能役者たちの世界で実力主義が顕著になっていくことである。もともと、猿楽者たちは結崎《ゆうざき》座・円満井《えんまい》座といった組合組織＝「座」を結成して活動していた。座集団は年齢階梯《かいてい》制（年功序列制）をとり、年齢を積めば誰もが集団上層部に昇りうる平等な組織であったため、実力や人気は考慮されなかった。

一方、十四世紀の南北朝期になると、観阿弥など座のなかのスター的な役者（大夫《たゆう》）が幕府との関係を梃子《てこ》に独立を果たし、観世座・金春《こんぱる》座のような演能集団＝「一座」を結成して活動するようになる。一座を維持するためには、実力や人気が不可欠であり、能役者たちは観客の評価を得るための競争を繰り広げることとなった（脇田：二〇一三）。

第二に、室町殿の愛顧をめぐる能役者同士の競争が、能を大きく変えていったことである。観阿弥は、物まねや秀句《しゅうく》（掛け詞《ことば》や縁語などを巧みに使ったしゃれ）によって人気を博したが、その没後は歌舞主体の幽玄《ゆうげん》美を重んずる犬王が、義満の愛顧を得た。

世阿弥は、御用役者としての活動をとおしてその長所を学び、能の歌舞劇化を推進した。また、義持期に世阿弥が『花鏡《かきょう》』『至花道《しかどう》』『三道《さんどう》』などの能楽の理論書を多く書いたのは、義持の厳しい批判に応えようとしたためであったという。

こうして世阿弥の頃には、猿楽・田楽の劇が大きく変化した結果、その新しさを表現するために「能」という呼び名が一般化する。それほどの変化をもたらした一因は、室町殿の主導性にあったといえよう。

能の式楽化と享受層の拡大

義教期から義政期にかけて、能は年中行事に位置づけられ、幕府の公式な式楽《しきがく》（儀式に用いる音楽や舞踊）となっていく。

将軍家では、正月に松囃子《まつばやし》という囃子物《はやしもの》が行われていたが、それには仮装行列や芸能などの風流《ふりゅう》

（趣向を凝らして人の目を驚かす意匠や作り物、歌舞など）がともなっていた。そして義教期以降、風流の一環として観世座などが能を披露することが恒例化し、義政期には観世座が独占する形で固定化されるのである（五島：一九八七）。

幕府の年中行事に能が組み込まれたことの直接的な影響は、武家社会における関心の高まりに表れている。義教期に、細川家の若党（若い従者）たちが室町御所で能を演じたのを皮切りにして、十五世紀後半には、武士による演能や座敷舞・謡《うたい》が一般化するのである（宮本：二〇一一）。

こうして武家社会を中心に能の需要が拡大すると、諸座の能役者が武家の邸宅に招かれて演能する機会も増加した。十五世紀前半に幕府のもとで成長した能は、十五世紀後半になると、大名《たいめい》やその被官層を中心として享受層を拡大していくのである。

さて「応仁・文明の乱」後には、大名《たいめい》・被官層の領国下向《りょうごくげこう》にともなって能役者たちの地方下向が増加する。加えてこの時期には、守護・国人《こくじん》や有力町人など、新しい庇護者たちの好みに合わせて、華やかで視覚的にわかりやすい能が作られるようになった。貴人を強く意識してきた能役者たちが、ふたたび広範な観客層を意識しはじめるのである。こうした観客層拡大の素地が、すでに十五世紀にみられた点は注意しておいてよい。

三　室町殿の社交を支える連歌師たち

連歌会の公式行事化

連歌は、複数人で五七五の長句と七七の短句を連ねていく共同制作の文芸である。さまざまな制約のなかで、誰が早く次の句を付けられるかを競うゲーム的な要素があり、また酒・茶や会食などをともなう楽しみもあったため、鎌倉中期（十三世紀中頃）から幅広い階層の人びとに受け入れられた。

義満期・義持期にも、連歌会は将軍家で行われていたが、それらは基本的に個人的かつ臨時的な催しだった。ところが義教期になると、連歌会が幕府の公的かつ恒例の行事として催されるようになる（村井：二〇二〇）。

ひとつ目は永享《えいきょう》二年（一四三〇）にはじめられた**義教邸月次連歌会**《つきなみれんがかい》である。「月次連歌会」というのは、年に十二回、費用を負担する頭役《とうやく》（当番）をあらかじめ設定して行う連歌会で、室町期には晴れの行事として重視された。

義教邸月次連歌会には、有力守護や足利一門、幕府役人、奉公衆《ほうこうしゅう》などの武家に加えて、義教の相談役にあたる公家や幕府護持僧《ごじそう》（将軍を護持する祈禱僧《きとう》）など、政権運営の支柱となる人びとが参加しており、政権運営を円滑に行う下工作の場として機能したという。

きわめて政治色の強いイベントだったわけだが、同時に義教邸月次連歌会は「公宴《こうえん》」とされ、宮中の詩歌・管絃《かんげん》と同じクラスの行事として認識されていた。幕府の公式行事化したことによって、連歌会そのもののステータスが高まったことがわかる。

ふたつ目は永享五年にはじまる**北野社万句法楽連歌会**《まんくほうらく》である。これは義満の先例に倣ったものであるが、義教の場合には、その後ほぼ毎年開催された点に特色がある。会衆を二十座に分け、それぞれの座で五百句ずつ詠むわけだが、二十の座主の多くは、先に紹介した義教邸月次連歌会の主要会衆であることから、北野社万句法楽連歌会は義教邸月次連歌会をさらに大規模にし、当時の政治秩序を可視化したものとされる（三角：一九九九）。

同時にこの会は、当時の連歌好士《こうし》、連歌師のほとんどすべてを含み込んでおり、連歌が幕府の主導下にあることを人びとにアピールするうえでも、重要な意味をもっていたはずである。

連歌会の運営を支えた連歌師たち

このように、室町幕府の連歌会は政治的にも重要な意味をもつ儀礼であり、その運営には、連歌師とよばれる専門家たちのサポートが不可欠であった。

連歌会は競争の場でもあり、また以前に出てきた着想を繰り返してはならないといった、さまざまなルールも存在していた。このため会の円滑な進行には、宗匠《そうしょう》・執筆《しゅひつ》といった監督者・進行役が必要とされ、連歌師たちがその任にあたったのである。

十五世紀前半に活躍した地下《じげ》（公家以外）の連歌師たちは、室町幕府の評定衆《ひょうじょうしゅう》・引付衆《ひきつけしゅう》・沙汰人《さたにん》・奉行人《ぶぎょうにん》など中流武家出身の者が中心であり、そこに幕府近侍の遁世者たちが加わっていた。このように、連歌師自体が幕府に近いところで活動していたわけだが、そのうちの主立った者を編成し、公的に位置づけた点に室町幕府の特色がある。

十五世紀初めの義持期には承盛《じょうせい》、十五世紀前半の義教期には承祐《じょうゆう》という連歌師が「宗匠」（いわゆる天下の宗匠）に任じられ、将軍家の連歌会に専従的に勤仕《ごんし》した。承祐の元には、当時の著名な地下連歌師や武家の好士が頻繁に出入りして連歌のサロンを形成していたとされ、室町殿の周辺に連歌の場やネットワークを作り出すうえで、重要な役割を果たしていた。

承祐の次に宗匠に任ぜられた宗砌《そうぜい》（？～一四五五）は、同時に北野神社連歌会所の奉行にも任ぜられている。北野社は鎌倉期以降、京洛《きょうらく》連歌界の拠点となっており、その奉行を幕府が任命するということは、連歌に対する幕府の主導性を示すことにつながったはずである（奥田：二〇一七）。

その後、宗祇《そうぎ》（一四二一～一五〇二）や兼載《けんさい》（一四五二～一五一〇）が任命された際には、本人たちが固辞しようとしても幕府側が無理やり了承させており、著名な連歌師を掌握しておきたい幕府の意向がうかがえる。

「応仁・文明の乱」後、幕府の威勢が失墜すると、連歌師たちは地方を行脚《あんぎゃ》し、国人たちの連歌会に参加するようになる。またそのかたわら、人びとの求めに応じて都の公家たちの色紙や短冊、写本を入手し、地方に運んだ。地方の連歌師が、都に派遣されて遊学する例もみられる。都鄙《とひ》（中央と地方）を往還する連歌師たちは、都の文化を地方に伝える媒介者として活躍するようになるのである。

四　室町殿の庭を造る被差別民たち

作庭に従事した山水河原者たち

鎌倉期から室町期にかけて禅宗や真言密教系の僧たちが作庭《さくてい》に従事し、「石立僧《いしだてそう》」とよばれた。石立僧たちは、日本の古典や道教・仏教思想に関する知識を背景として庭を設計したが、寺院・宗派の枠を超えて自由に庭を造ることは難しかった。

しかし、室町時代になると散所非人《さんじょひにん》や河原者《かわらもの》といった被差別民たちが作庭に従事しはじめ、禁裏御《きんりお》庭者《にわもの》、仙洞《せんとう》御庭者、公方《くぼう》河原者、蔭凉軒《いんりょうけん》河原者といった具合に、有力者に組織されるようになっていった。被差別民たちは石立僧の指揮の下で土を掘り、木を運び、石を立てるといった実労働に従事し、そのなかで作庭の技術を身につけたといわれている。

義教は、御庭者の虎菊《とらぎく》を諸方の庭に派遣して樹木を検知させ、良い樹木があれば将軍家に献上させるよう命じたほか、京都・相国寺《しょうこくじ》の塔頭《たっちゅう》である蔭凉軒の樹木を植えさせるなどしている。その後、虎菊は善阿弥《ぜんあみ》と名を変えて義政に仕え、将軍家邸宅の作庭などに従事した。山水《せんずい》（築山《つきやま》と池がある庭園）の妙手で「天下第一」と讃《たた》えられた善阿弥は、義政に寵愛《ちょうあい》され、病の際には幾度となく医師や薬が届けられた。

善阿弥の活躍の背後には、河原者の集団的な活動があった。たとえば、奈良の興福寺《こうふくじ》中院《ちゅういん》で作庭した際、善阿弥は「手の物」十一人を従えて作業にあたり、「惣中《そうちゅう》」つまり集団全体に対する報酬を受け取っている。河原者たちの集団は血縁を含み込んだもので、まとまった地域に集住しており、「おとな」とよばれる集団執行部の存在も知られる（林：二〇一六）。

善阿弥は、そうした集団を統《す》べる頭領的な地位にあったのだろう。その地位は、息子の小四郎か孫の又四郎のどちらかに、二代目善阿弥として継承された。幕府が組織したのはこうした技能集団だったのである。

作庭の新しい波とその享受層

作庭を行う階層の広がりと、都市化の進展による住宅の狭小化は、この時期の作庭技術に改革を迫るものであり、河原者たちはその担い手となった。

たとえば小庭園においては、「籠《こみ》」とよばれる樹木の刈り込み技術が必要とされたが、善阿弥たちがこうした技術を有していたことは諸書にうかがえる。

また、義政期には盆の中に小樹・小石を配置して自然景観を象徴的に表現する盆山《ぼんさん》（盆栽）や盆石《ぼんせき》が会所・書院の飾りとして流行し、枯山水《かれさんすい》の出現に大きな影響を与えた。善阿弥たちは、義政が諸寺から集めた盆山の管理にあたったほか、優れた盆山を訪ねて拝見するなど、深い関係をもっていた。善阿弥の築いた「小岳《しょうがく》」（築山）が「もっとも奇絶」と絶賛されていることからも、河原者たちの技術は、小空間での作庭という時代的要請にかなうものであったと知れる（川嶋：一九九二）。

こうした技術は、ある程度理論化されて河原者のなかで伝承されたと思われる。又四郎は植樹・排《はい》石《せき》の吉凶に関する書物を懐中していたし、禅僧との会話のなかで、作庭理論の一部を開陳している。その内容は、平安時代の造園秘伝書である『作庭記《さくていき》』を前提にしながらも、陰陽《いんよう》思想や仏法思想に基づいてその取捨選択を試みているものであり、室町時代の状況に即して作庭理論のとらえなおしが行われていたようである。

さて、室町時代の新しい作庭は、在京する武士たちにも享受された。大名《たいめい》は京都の宿所に庭園を築いて室町殿を招き、義政期頃からは、幕府役人や守護代層、国人層の武士たちも作庭に関心を示しはじめた。

こうした流れは、地方の武士邸宅にも大きな影響を与えた。十四世紀末から十五世紀前半にかけて地方国人層が、「花の御所」を模倣した館を作っていたことが指摘されている。その後も地方武士たちが、さかんに庭園を築いていたことが発掘調査から明らかになっている（小島：二〇〇五）。

その具体的な作庭者を知ることはできないものの、文明《ぶんめい》十一年（一四七九）に大和国《やまと》（奈良県）の土豪越智《おち》氏が、小四郎を招いていることをふまえれば、地方武士たちが都の新しい作庭技術に関心を抱いていたことは、間違いないだろう。

おわりに――新興文化を吸収し、仕立てなおした幕府

文化とのかかわりにおいて、室町幕府はふたつの特色を有している。

ひとつ目は、新興文化の積極的な取り込みである。本稿で取り上げたのは、いずれも鎌倉期頃から盛んとなった新しい文化であった。朝廷がこれらの新興文化を取り込みあぐねる一方で、幕府は新興文化を公式化・年中行事化して、その地位を高めることに貢献したのである。

ふたつ目は、こうした新興文化の専門家たちを公的に組織してその洗練に努め、規範をつくりあげたことである。それはある意味では、新興文化のエネルギーを失わせることともなったが、しかし、そのことによってこれらの文化が後々まで受け継がれ、さらに新たな文化を生み出す基盤となったことは間違いない。

幕府の主導下で洗練され規範化された文化は、大名《たいめい》や被官層にも共有され、彼らの領国下向にともなって地方に伝播《でんぱ》し、広範な広がりをみせる。また、富裕な都市民をとおして民衆の生活文化にも多

大な影響を与えることとなった。室町文化のなかに、現代までつながるものが多いのは、こうした地理的・階層的な広がりによるものだろう。
そのように考えると、衆庶の文化を吸収し仕立てなおすことによって、広範な人びとにその価値を知らしめたこと、人びとのなかに文化への憧れを育てていったことにこそ、室町幕府の達成点があったのではなかろうか。

【主要参考文献】

家塚智子「同朋衆の系譜―足利義満期の遁世者をめぐって」(『世界人権問題研究センター研究紀要』一七号、二〇一二)
天野文雄『世阿弥がいた場所―能大成期の能と能役者をめぐる環境』(ぺりかん社、二〇〇七)
奥田勲『連歌史―中世日本をつないだ歌と人びと』(勉誠出版、二〇一七、初出一九七六)
川嶋將生『中世京都文化の周縁』(思文閣出版、一九九二)
小島道裕『戦国・織豊期の都市と地域』(青史出版、二〇〇五)
五島邦治「室町幕府の式楽と猿楽の武家奉公」(『日本歴史』四七三号、一九八七)
島尾新『水墨画―能阿弥から狩野派へ』(『日本の美術』三三八、至文堂、一九九四)
末柄豊「室町文化とその担い手たち」(榎原雅治編『日本の時代史』一一『一揆の時代』吉川弘文館、二〇〇三)

林まゆみ「善阿弥たちはどこから来たのか」（『文学』一七巻六号、二〇一六）
松岡心平「一条竹鼻勧進猿楽と世阿弥」（『ZEAMI』五号、二〇二一）
三角範子「足利義教邸月次連歌会について」（『九州史学』一二二号、一九九九）
宮本圭造「武家手猿楽の系譜—能が武士の芸能になるまで」（『能楽研究』三六号、二〇一一）
村井康彦『武家文化と同朋衆—生活文化史論』（ちくま学芸文庫、二〇二〇増補、初出一九九一）
脇田晴子『能楽からみた中世』（東京大学出版会、二〇一三）
「シンポジウム『東山御物』への視覚—宝物と同朋衆」報告」（徳川美術館編『尾陽』七号、二〇一一）

【さらに詳しく学びたい読者のために】

①村井康彦『武家文化と同朋衆—生活文化史論』（ちくま学芸文庫、二〇二〇増補、初出一九九一）
②末柄豊「室町文化とその担い手たち」（榎原雅治編『一揆の時代』吉川弘文館、二〇〇三）
③島尾新『水墨画—能阿弥から狩野派へ』（『日本の美術』三三八、至文堂、一九九四）
④「シンポジウム『東山御物』への視覚—宝物と同朋衆」報告」（徳川美術館編『尾陽』七号、二〇一一）

四点とも【主要参考文献】と重なるが、①は、早期に義教期の重要性を指摘し、「室町文化」から「天《てん》文《ぶん》文化」への展開過程を論じた総合的な室町文化論。芸能者を召し抱えていた点に、武家文化の特質を見いだした。橋本雄氏による解説もぜひ読んでほしい。

本稿では、幕府による新興文化の取り込みに着目したため、幕府による既存文化の摂取については捨象した。一方、②はそちらをメインに扱っており、公家・禅宗の文化と幕府との関係を論じている。室町文化とは京都の文化であり、室町殿の主導下で文化の統合が行われたという見取り図は明快である。

③は、絵画中心ではあるが、能阿弥・芸阿弥・相阿弥三代を軸にして、同朋衆の具体的な活動が図版を多用して詳しく説明されている。とくに中国絵画の作風が画家たちに影響を与える過程が明らかにされており興味深い。

④は、家塚智子・島尾新・竹内順一氏らの報告を中心としたシンポジウム記録。同朋衆の活動と室町幕府財政との関係が、一般向けにわかりやすく説明されている。

〈第十三章〉

【幕府と土一揆】

「土一揆」は、中世社会における「訴訟」行為だった

呉座勇一

はじめに——そもそも「土一揆」とは何か?

本書は、三代足利義満《あしかがよしみつ》〜八代義政《よしまさ》期(十四世紀後半〜十五世紀末)を「安定期」とよんでいる。室町幕府が日本全国の政治勢力を統合しているという点で、たしかにこの時期は「安定期」である。だが一方で、右の安定期、とくにその後半期である十五世紀には「土一揆《つちいっき》」が頻発し、社会不安が高まっていた。

一般に「土一揆」とは、農民らによる大規模な武装蜂起《ほうき》のことをいう。酒屋や土倉《どそう》などの金融業者を襲撃して幕府に徳政令《とくせいれい》(借金の帳消し、質草《しちぐさ》の請け出しを認める法令)を出させるタイプの一揆、つまり「徳政一揆」をさすことも多いが、戦国時代の一向《いっこう》一揆も史料上では「土一揆」とよばれること

がある。本稿では**徳政一揆を中心に、土一揆について論じたい**。

かつては、土一揆は「荘家《しょうけ》の一揆」が発展・大規模化したものと考えられていた。「荘家の一揆」とは、荘園領主に対して年貢の減額や代官の更迭《こうてつ》などを請願する一揆である。荘園領主に訴えるという性質上、荘園単位で一揆を結んでいる。

たとえば、京都の東寺《とうじ》（「教王護国寺《きょうおうごこくじ》」ともいう。京都市南区）の荘園である若狭《わかさ》国太良《たら》荘（福井県小《お》浜《ばま》市）だったら、「太良荘御百姓等」が一揆を結んで「東寺　御公文《くもん》所」に要求を出す、という形をとる。これに対し、ひとつの荘園に収まらない広域的な農民闘争を土一揆ととらえたのである（鈴木：一九四九）。

興福寺《こうふくじ》（奈良県奈良市）の僧侶である大乗院尋尊《だいじょういんじんそん》（一四三〇～一五〇八）も、自身の生前に起きた大事件である「正長《しょうちょう》の土一揆」（一四二八年）について「一天下の土民蜂起す」と叙述している（『大乗院日記目録』）。「土一揆」という言葉の字面を見るかぎりでは、土一揆は土民、つまり百姓の一揆であると考えたくなる。

一　「土一揆」の実例から、その実像を追う

だがその後の研究では、**武士層が土一揆に多く参加していることが指摘され**（稲垣：一九六三）、**純粋な農民闘争と見なすことは難しくなった**。では、土一揆の実像とはどのようなものだったのか。実例をとおして考えてみよう。

①「正長の土一揆」――幕府は徳政令を出さなかった

正長元年（一四二八）九月、日本史上初めて、土一揆が近江国《おうみ》（滋賀県）方面から京都に襲来した。彼らは「徳政」と呼号《こごう》し、酒屋・土倉・寺院などの金融業者を襲撃し、財物を奪い、借金を帳消しにした。その後、土一揆は畿内近国全域に波及した（『大乗院日記目録』『春日《かすが》若宮社頭日記』）。九月十八日に京都東郊の醍醐《だいご》（京都市伏見《ふしみ》区）で土民が蜂起したのを皮切りに（『満済准后《まんさいじゅごう》日記』）、九月末には京都市内の各所で土一揆が猛威を振るった。十一月には京都の土一揆の活躍はピークを迎え、東寺などの大寺院を占拠して抵抗したが、幕府軍に撃退され、やがて沈静化、解散したようである（『薩戒記《さっかいき》目録』『建内記《けんないき》』など）。

この「正長の土一揆」においては、幕府は徳政令を発令していない。

自然発生的な暴動だったのか

しかし幕府軍に鎮圧されるまでの間、京都で土一揆は債権者を攻撃し、質物《しちもつ》（借金の担保として預けていた物）を奪い、売買・貸借証文を破り、強制的に債務を破棄した。幕府の徳政令に依拠しない、実力行使に基づく債務破棄・売却地の取り戻しを当時「私徳政《しとくせい》」とよんだ。

一方、奈良では同年十一月、土一揆が「私徳政」を行い、興福寺が武力で鎮圧しようとした。だが戦況不利となったため、興福寺は大和《やまと》一国限定の徳政令を発令した（『春日若宮社頭日記』『東大寺転害《てがい》会施行日記《えしぎょうにっき》』）。

さて、「正長の土一揆」の震源地は近江である。同年八月に「山上《さんじょう》・山下《さんげ》」（近江国のうち山門延暦《さんもんえんりゃく》寺《じ》〔滋賀県大津市〕の支配領域）と、「一国」（近江国のうち守護六角《ろっかく》氏の支配領域）において徳政が行われた（『大徳寺文書《だいとくじもんじょ》』）。かつては、山門や六角氏が徳政令を発令したと考えられていたが、現在では「私徳政」が広範囲に展開していたという評価が一般的である。

ただし、当時、山門と北野社《きたのしゃ》（北野天満宮。京都市上京《かみぎょう》区）が酒造利権をめぐって対立しており、山門側が支配下の馬借《ばしゃく》（米穀などの輸送業者）を煽動《せんどう》したことが、近江での徳政状況、ひいては「正長の土一揆」に影響しているとの指摘もある（清水：二〇〇三）。「正長の土一揆」は、必ずしも自然発生的な暴動ではなく、少なくとも初期においては権力闘争に利用された側面がみられる。

権力闘争に利用された「播磨の土一揆」

既述のとおり、「正長の土一揆」は京都から周辺地域に波及した。その実態がよくわかる播磨《はりま》国（兵庫県南西部）をみてみよう。

東寺領荘園である播磨国矢野《やの》荘（兵庫県相生《あいおい》市）において、正長元年（一四二八）十一月初めに土一揆が蜂起し、播磨守護の赤松満祐《あかまつみつすけ》（一三八一〜一四四一）は軍勢を矢野荘に進めた（『廿一口供僧方評《にじゅういっくくそうかたひょう》定引付《じょうひきつけ》』）。赤松満祐は、武力によって一揆を鎮圧する方針を採った。これには一定の効果があったようで、播磨における土一揆はいったん沈静化した。

しかし、年が明けて正長二年正月、播磨国の土民がふたたび蜂起し、国中の侍をことごとく攻撃した。土民たちは「播磨国内に侍たちの居場所はない」と宣言したという（『薩戒記』）。百姓が武士を追放する、という表現を額面どおりに受け止めれば、まさに反体制の農民闘争、「革命」ということになろう。

だが、戦国時代の「山城《やましろ》国一揆」（一四八五〜九三年）の国掟《くにおきて》（農民や地侍が、自治体制を維持するための決まり）などを考慮すると、土民たちの要求は、寺社本所《ほんじょ》領荘園から守護方の代官を追放することを意味していたと考えられる。土民たちの背後には、守護勢力の排除をもくろむ寺社本所麾下《きか》の荘《しょう》官《かん》・沙汰人《さたにん》（荘園領主から荘園管理を委《ゆだ》ねられた現地有力者）層の存在があり（水野：一九五九）、純粋な農民闘争と見なすことはできない。土民たちが権力闘争に利用された側面があるのだ。

赤松満祐は鎮圧軍を派遣し、大きな被害を出しながらも一揆の討滅に成功した。

なお、矢野荘では五十年ほど前に「荘家の一揆」が成立しており、この矢野荘の事例などを根拠に、「荘家の一揆」から「土一揆」へ、という発展過程が唱えられてきた。しかし現在では、村ぐるみ、荘園単位で土一揆に参加する事例はむしろ少ない、という指摘がなされている（神田：二〇〇二）。ただし一方で、「荘家の一揆」から「土一揆」への発展という通説を、再評価する見解も存在する（伊藤：二〇一〇）。

②「嘉吉の土一揆」——支配者交代の時期をねらって蜂起

嘉吉《かきつ》元年（一四四一）六月、室町殿である六代将軍足利義教《よしのり》（一三九四～一四四一）が、有力守護の赤松満祐の被官《ひかん》（家臣）たちによって殺害された（「嘉吉の変」）。翌日、有力守護たちは会議を開いて義教の長男で八歳になる千也茶丸《せんやちゃまる》を後継者に決定し、管領《かんれい》の細川持之《ほそかわもちゆき》（一四〇〇～四二）が政務を代行することになった。同時に彼らは赤松氏討伐を決定している。

同年八月、千也茶丸は元服して足利義勝《よしかつ》（一四三四～四三）と名乗るが（翌年、七代将軍に就任）、この支配者交代の時期をねらって蜂起したのが、「嘉吉の土一揆」であった。

このときも震源地は近江で（『建内記』）、同国の奥島《おくしま》・北津田《きたつだ》惣荘《のそうしょう》（滋賀県近江八幡市《おうみはちまん》）が八月に作成した掟書《おきてがき》に、徳政に関する詳細な規定がみられる（『大島奥津島神社文書』）。八月末には土一揆が京都に侵入し、九月になると京都の寺社などに陣を構えた（『東寺執行日記《しぎょう》』）。

総勢数万の土一揆は「代始《だいはじ》めの徳政には前例がある」と主張したという（『建内記』）。つまり、嘉吉以前に「代始めの徳政」が行われていた。その前例とは、前掲の「正長の土一揆」である。

応永《おうえい》三十五年（一四二八）正月、室町殿である四代将軍足利義持《よしもち》（一三八六〜一四二八）が跡継ぎを定めないまま死去すると、すでに仏門に入っていた弟の義円《ぎえん》が後継者に定められ、還俗《げんぞく》して義宣《よしのぶ》と名乗り、室町殿としての政務を行った（翌年に義教《よしのり》と改名し六代将軍に）。

応永三十五年は四月に正長元年に改められた。この年は、前年からの飢饉《ききん》に加え、悪性の伝染病が流行して多くの死者が出たため、室町殿の交代を機に、人心一新を意図して改元を行ったと考えられる。このような「新しい政治が始まる」という認識が広がるなかで発生したのが、徳政を求める「正長の土一揆」だった。

二つの土一揆には、共通性と違いがあった

中世の人びとは、為政者の交代によって、所有関係や貸借関係など、それまでに形成された社会の諸関係が清算されるという社会観念をもっていた。

そして、売ってしまったもの、質流れになってしまったものを、本来の所有者に返す、あるべきところへ戻す政治が「徳政」とよばれたのである（笠松：一九七六）。将軍の代替わりのときに土一揆が

蜂起した背景には、この社会観念が大きく作用していた。

　このように「正長の土一揆」と「嘉吉の土一揆」は、発生の契機という点では共通性をもっていた。しかし、その結末は対照的である。

「正長の土一揆」においては、一揆が京都で私徳政を行ったが、幕府軍によって鎮圧された。これに対して、「嘉吉の土一揆」の場合は、幕府が土一揆の要求を受け入れ、徳政令を出したのだ。

　幕府が「嘉吉の土一揆」の鎮圧を断念した背景には、管領の細川持之に指導力がなく、有力守護たちをまとめあげることができなかったという事情がある。しかし幕府が赤松討伐軍を派遣していて、一揆を撃退するだけの兵力が、京都に残っていなかったという点も見逃せない（今谷：一九八八）。

「嘉吉の土一揆」が嘉吉元年八月に蜂起したのは、「代始めの徳政」という社会観念にしたがったというだけではなく、幕府側の隙《すき》を突くためでもあった。土一揆が、このような〝高度な戦略性〟をもっていたことにも注目する必要がある。

二　「土一揆」の心性史――その正当性と発生理由

神の意志＝「一味同心」と一揆の〝正義〟

「嘉吉の土一揆」において、土民たちは「土一揆と号《ごう》し御徳政と称し」借金を強引に御破算《ごはさん》にした

（『建内記』）。中世において「号す」という言葉は、なんらかの正当性のある主張を行うことを意味する。よって土民たちは「土一揆だ」と呼号することで、自分たちの強制的な債務破棄、つまり「私徳政」が正当化されると考えていたことになる。

なぜ「土一揆だ」という主張が重要なのか。中世人は、大勢の人間が一致団結すること（「一味同《いちみどう》心《しん》」という）に特別な意味を見いだしていた。立場や価値観が異なる何百、何千という人間が意思統一することは至難の業であり、だからこそ「一味同心」は神の意志にかなった尊いものであった。「一味同心」に基づく訴えは、合理的な判断を超越した絶対の正義であり、その主張が正しいか否かを論理的に検討することすら許されなかった。土一揆が「借りた物は返す」という一般常識を無視することができるのも、一揆の〝正義〟ゆえであった。

「土一揆」の原因は、債務問題だったのか？

近江国や南山城（京都府南部）など、京都周辺の地域で発生した徳政一揆は京都に侵入し、土倉・酒屋といった京都の金融業者を襲撃している。

借用証書を、強引に奪い返すという行為も散見される。このため以前は、「悪徳高利貸に苦しめられた民衆の怒りが爆発し、徳政一揆を起こした」と考えられてきた。都市の高利貸資本が農村に侵食していったととらえ、都市と農村の対立関係を説く見解が一般的だった。

ところが最近の研究によって、京都近郊の村落・百姓に対して小口《こぐち》の貸付を行っていたのは、京都の土倉・酒屋ではなく、その地域の土豪であることが明らかにされた（酒匂：二〇一四）。土民たちはもともと、土倉・酒屋から金を借りていなかったのだ。

日頃から土倉にお世話になっている京都市中の住民にとっては、徳政令は手放しで歓迎できるものではなかった。たしかに今までの借金は帳消しになるが、今後はお金を貸してもらえなくなるからだ。そのため、徳政令が出たにもかかわらず、借金を全額帳消しにはせず、土倉に対して一部返済や後日の返済を約束したうえで、質草を請け出す者も少なくなかった。一方で「田舎者」は「ただ取り」をしたという（『経覚私要鈔《きょうがくしようしょう》』）。

したがって、遠方から京都にやってきて土倉の蔵から物を取っていく百姓は、債務を破棄したというより、たんに略奪をはたらいただけ、ということになる。彼らが困窮していたのは事実だろうが、貧困化の原因を「高利貸からお金を借りてしまった」ことに求めることはできない。

「天下大飢饉」と徳政一揆の発生

では、徳政一揆が発生する原因は何か。近年、注目されているのが飢饉との関連性である。

日本史上初の徳政一揆である「正長の土一揆」が発生した正長元年（一四二八）は、「天下大飢饉」の年であり、全国的に飢饉が確認されている。その次に土一揆が発生した嘉吉元年（一四四一）の

「嘉吉の土一揆」も「日本大飢饉」の年であった（藤木：二〇〇〇）。しかも、いずれも（旧暦の）八月に始まっている。この時期は米の収穫期にあたる。凶作、すなわち米があまり取れなかったことが、徳政一揆発生の背景になっていると考えられる。

このような相関性は、右の二例に限るものではない。徳政一揆が発生した時期と、飢饉が発生した時期はほぼ重なる。**十五世紀は徳政一揆の時代であるが、同時に飢饉の時代でもあったのである。**

三　規律と暴力——矛盾なく共存する「土一揆」の本質

大都市京都を封鎖する見事な戦術

徳政を求める土一揆には、相反するふたつの性格がみられる。

①規律のとれた抗議行動。

②放火や略奪をともなう無秩序な暴動。

どちらが土一揆の本質なのだろうか。

「嘉吉の土一揆」は、嘉吉元年（一四四一）九月三日～五日の三日間で、京都の出入口に近い要所の寺社十六カ所を占領し、京都を完全に包囲した（『建内記』『東寺執行日記』）。外から物資が入ってこないため、大都市京都はたちまち食糧不足に陥った（『公名公記《きんな》』）。このような見事な封鎖戦術は、土一揆が統制のとれた組織であることをうかがわせる。

土一揆は幕府に対して徳政令の発布を要求し、もし徳政令を出さなければ駐屯している大寺社に火をつけると警告している（『建内記』）。土一揆が大寺社に立て籠もるのは、大寺社を一種の〝人質〟にするためであり、この点からも土一揆の高度な戦術性がうかがわれる。

また「嘉吉の土一揆」の一コマとして、九月十日の河崎（場所不明。鴨川《かもがわ》沿いに所在か）の土倉と土一揆とのやり取りが注目される。河崎の土倉と一揆が質の受け渡しについて交渉していると、おこぼれをねらって「見物衆」（やじうま）が集まってきたので、土倉と一揆が協力して追い払おうとしたところ、怒った「見物の輩《ともがら》」が土倉に放火したという（『建内記』）。冷静さを失って暴れたのは見物人たちであり、一揆は秩序だった行動をみせている。

さらに、九月十二日の「幕府徳政令」発布にいたるまでの経緯も興味深い。

幕府は土一揆の要求に屈して、徳政令を発布することになった。はじめは土民だけを対象に徳政を認めようとしたが、一揆がこれに反対した。いわく、「私たち土民には大きな債務はないし、質に入れている物もたいした物ではない。公家・武家の人びとが借金で苦しんでいるのを気の毒に思ったから、徳政一揆を起こしたのである。公家や武家に対しても徳政を認めてあげてほしい」と。

この話を聞いた当時の貴族、万里小路時房《までのこうじときふさ》（一三九五～一四五七）は自分の日記『建内記』に、一揆は後日の処罰を恐れて、身分の上下を問わない一律の徳政令を要求したのだろう、と記している。

一揆が解散した後、幕府が手のひらを返して弾圧に乗り出す危険性を予想した土民たちは、公家や武家を味方につけておこうと考えたのである。このような巧みな駆け引き、優れた戦略眼からは、高度に統制のとれた抗議運動という印象を受ける。

最新研究からみえる「飢餓暴動的な蜂起」

寛正《かんしょう》六年（一四六五）の土一揆に関しても注目すべき一幕がある。

山城国西岡《にしのおか》（京都市西京区・向日《むこう》市・長岡京《ながおかきょう》市の一部）で蜂起した土一揆は、十一月十日に東寺を占拠する。一揆は東寺に対して「幕府軍に協力したら放火する」と脅す一方で、「我々は境内ではけっして略奪や破壊活動を行わない。万一そのようなことをする者がいたら、寺からの報告を受けしだい、厳しく処罰する」と寺内の治安維持を約束している（『廿一口供僧方評定引付』）。一揆の内部統制が厳格なものであったことがわかる。

とはいえ、土一揆関係の史料を読んでいると、幕府軍との市街戦や放火、打ちこわし、そして略奪といった一揆の凶暴性を感じさせる事例には事欠かない。また先述のように、近年は飢饉と土一揆との関連性が重視されている。そうした最新の研究をふまえると、土一揆には「飢餓暴動的な蜂起」の側面があるといわざるをえない。土一揆の秩序と規律のみを強調しては、不十分になってしまう。

そもそも「規律正しい交渉」の要素と、「放火、略奪などの暴力行為」の要素とは、二者択一的なものなのだろうか。かえって、両者が矛盾することなく併存している点にこそ、土一揆の特質があると思う。

四　訴願と実力行使が渾然一体となった一揆勢

幕府への訴訟で優位に立つ

現代人の感覚では、平和的な話し合いと、武力行使によるゴリ押しは、正反対の交渉スタイルに思える。だが、三権分立を基盤とする法治国家が成立する以前の前近代社会においては、この区別は自明のものではない。

司法制度が不十分なので、侵害された自らの権利を回復するためには、実力行使は欠かせない。法にのみ依拠した、完全に平和的な訴えや交渉は、まずありえないのだ。

神田千里氏によれば、土一揆とはたんなる武装蜂起ではなく「徳政令を求めて幕府に訴訟する」という側面をもつという（神田：二〇〇四）。神田氏は「一揆の武力蜂起が、そもそも徳政令を発布するよう幕府へ働きかける手段であり、幕府の権威や権力を攻撃するためのものではない」と指摘している。

徳政一揆が土倉の傭兵《ようへい》や幕府軍と戦うのは、革命を起こすためではなく、軍事的勝利を得ることで、幕府への訴訟において優位に立つためである。

幕府側も、土一揆の鎮圧にさほど熱心だったようにはみえない。「嘉吉の土一揆」の際には、土倉が幕府に賄賂《わいろ》を差し出し、一揆の鎮圧を願い出た。管領の細川持之はいったん了解したものの、「諸大名《たいめい》」(「大名」については、第五章の川口論文を参照)、すなわち他の有力守護の同意が得られず、持之は賄賂を土倉に返している(『建内記』)。そして前述のように徳政令を発布したのだ。

反体制的な民衆闘争にあらず

土一揆、土倉という双方からの訴えを天秤《てんびん》にかけて、どちらを支持すべきか損得勘定をしているというのが幕府の実情であった。訴願と実力行使が渾然《こんぜん》一体となっている点が、土一揆の特徴であり、平和的/暴力的という二分法では理解することができない。

また土一揆との戦いにおいて、幕府軍は基本的に洛東の鴨川を防衛ラインに設定していた。そして、この防衛線を一揆に突破され洛中に侵入された場合は、幕府軍は一揆排除のための軍事行動を控えてしまうのだ(酒井:一九九四)。

土一揆は幕府を転覆させる意思をもたず、幕府も一揆を徹底的に弾圧しようとしない。武力行使をともないつつも、ある程度の自制がはたらいているのである。その意味で、土一揆は中世社会においては一種の「訴訟」である。

従来の研究は、土一揆を中世民衆運動の輝かしい達成として高く評価してきた。だが、土一揆は必ずしも反体制的な民衆闘争とはいえず、権力側との〝なれ合い〟がみてとれるのである。

五　「土一揆」から「応仁・文明の乱」へ

さらなる治安悪化と「足軽」の誕生

このような土一揆の頻発が「応仁《おうにん》・文明《ぶんめい》の乱」（一四六七〜七七年）につながった、との指摘もある（藤木：二〇〇〇）。

同乱の特徴としては、足軽《あしがる》の横行が挙げられる。「疾足《はやあし》」ともよばれた彼らは、機動力に富んだ軽装の雑兵《ぞうひょう》で、諸大名に雇われて京都での市街戦で活躍した。しかし一方で足軽は、戦費や軍需物資を調達するという名目で、寺社や土倉などの富裕層から金品や資材を強奪した。

雇われているといっても、大名から金をもらっているのは、足軽たちを束ねる足軽大将だけで、足軽たちは無給であるため、略奪によって生活するしかない。というより、実態としては、大名たちは「略奪許可」をエサに足軽たちを軍事動員していたのである。摂関家の一条兼良《いちじょうかねよし》（一四〇二〜八一）は、九代将軍の足利義尚《よしひさ》（一四六五〜八九）に提出した政治指南書『樵談治要《しょうだんちよう》』のなかで、戦闘よりも略奪に精を出す足軽たちを批判している。

問題は、こうした足軽たちの素性である。突然、足軽がふってわいたはずはない。どのような人たちが、足軽として戦争に参加していったのかを考える必要があろう。

享徳《きょうとく》三年（一四五四）から「応仁・文明の乱」勃発の前年にあたる文正《ぶんしょう》元年（一四六六）にいたるまで、八回の土一揆が史料上、確認できる。つまり、二年に一回を上回るペースで土一揆は京都を襲っているのである。

前述のとおり、京都を襲う土一揆の主体は京都の住民ではなく、むしろ土倉に対して債務を負っていない、京都近郊の農村の百姓であった。また土一揆の「私徳政」は、金融業者の側からみれば強盗・悪党による略奪と変わらなかった。

いわば、**京都に出て富を奪おうとする飢餓難民の動きを組織化したものが、土一揆**なのである。もちろん、村でつまはじきにされたアウトロー、ならず者が一旗揚げようと京都に出てきて、悪党になるケースもある。かくして京都では、強盗や悪党が日常的に出没するようになり、放火や略奪が相次いだ。悪化の一途をたどる京都の治安状況が、足軽誕生の前提になったことは明らかだろう。

京都の闇社会を人員の供給源とする

幕府・守護に仕えている下級武士や、主家の没落によって失職した牢人《ろうにん》たちも、土一揆に加わった。こうした「大将」に指揮された土一揆の戦闘力は、侮りがたいものがあった。

土一揆の標的になる土倉や寺社は、自衛のため、腕に覚えのある者たちを集めて用心棒とした。言うまでもなく、こういった連中は、場合によっては、土一揆に参加して土倉や寺社を襲撃する側に回りかねない。だが、京都の治安が乱れに乱れている状況では、そういうあやしげな傭兵たちに頼らざるをえなかった。

このような悪党への依存は、土一揆を鎮圧する側の幕府や守護についてもみられる。京都の犯罪を取り締まる任務を担う侍所《さむらいどころ》が、骨皮道賢《ほねかわどうけん》（?～一四六八）という犯罪者を起用していることが象徴するように、土一揆に組織されてもおかしくないような悪党たちを、幕府や守護は足軽として積極的に取り込んでいった。真っ向から対立しているかにみえる土一揆と土一揆鎮圧軍は、どちらも京都の闇社会を人員の供給源としている意味ではつながっているのである。

おわりに――食糧・貧困問題に抜本的対策を怠った幕府

「応仁・文明の乱」が繰り広げられている間、土一揆は京都から姿を消すが、土一揆の原因である飢饉が収束したわけでもないし、民衆の暮らしが良くなったわけでもない。生活苦から土一揆に参加して京都で略奪を行っていた人びとが、今度は足軽として京都で略奪を行うようになったにすぎない。

つまり土一揆の武力が、足軽という形で諸大名に吸収されたのである。

「応仁・文明の乱」は、たんなる権力闘争、武力抗争ではなく、その底流には、それまで四十年近くにわたって続いた、窮民の京都流入という深刻な社会問題があった。室町幕府はたび重なる土一揆の蜂起に場当たり的に対処するだけで、食糧問題・貧困問題を解決するための抜本的な対策をとろうとはしなかった。

その結果、幕府は「応仁・文明の乱」という破局を迎えることになるのである。

【主要参考文献】

伊藤俊一『室町期荘園制の研究』(塙書房、二〇一〇)
稲垣泰彦「応仁・文明の乱」(同著『日本中世社会史論』東京大学出版会、一九八一、初出一九六三)
今谷明『土民嗷々——一四四一年の社会史』(新人物往来社、一九八八)
笠松宏至「中世の政治社会思想」(同著『日本中世法史論』東京大学出版会、一九七九、初出一九七六)
神田千里「土一揆像の再検討」(同著『戦国時代の自力と秩序』吉川弘文館、二〇一三、初出二〇〇一)
同「訴訟としての土一揆」(神田前掲書、初出二〇〇四)
酒井紀美「徳政一揆と在地の合力」(同著『日本中世の在地社会』吉川弘文館、一九九九、初出一九九四)
酒匂由紀子「戦国期京都の「土倉」と大森一族—天文一五年の分一徳政令史料の再検討」(同著『室町・戦国期の土倉と酒屋』吉川弘文館、二〇二〇、初出二〇一四)

清水克行「正長の徳政一揆と山門・北野社相論」（同著『室町社会の騒擾《そうじょう》と秩序』吉川弘文館、二〇〇四、初出二〇〇三）
鈴木良一「純粋封建制成立における農民闘争」（同著『中世史雑考』校倉書房、一九八七、初出一九四九）
藤木久志「応仁の乱の底流に生きる―飢饉難民・徳政一揆・足軽たち」（同著『飢餓と戦争の戦国を行く』朝日新聞社、二〇〇一、初出二〇〇〇）
水野恭一郎「守護赤松氏の領国支配と嘉吉の変」（『史林』四二―二、一九五九）

【さらに詳しく学びたい読者のために】

①勝俣鎮夫『一揆』（岩波新書、一九八二）
②神田千里『土一揆の時代』（「歴史文化ライブラリー」181、吉川弘文館、二〇〇四）
③清水克行『大飢饉、室町社会を襲う！』（「歴史文化ライブラリー」258、吉川弘文館、二〇〇八）
④早島大祐『徳政令―なぜ借金は返さなければならないのか』（講談社現代新書、二〇一八）

①は、中世から近代にかけて結ばれた、さまざまな種類の一揆に共通する儀礼・作法に注目した名著。徳政一揆にみられる、変革の思想に関する記述も充実している。
②は、反体制の農民闘争という従来のイメージでは捕捉しきれない、土一揆の諸相を明らかにする。「島

原の乱」(一六三七~三八年)を、最後の土一揆として評価する独自の視点が興味深い。
③は、「正長の土一揆」の前提といえる、「応永の大飢饉」(一四二〇~二一年)の全貌《ぜんぼう》を描く。飢饉をなんとか乗り切ろうとする人びとのサバイバル術が生々しい。
④は、かつて「徳政」として歓迎された強制的な債務破棄が、十五世紀から十六世紀の間に忌避されるようになった謎に迫る。笠松宏至『徳政令』(岩波新書、一九八三)と併せて読みたい。

〈第十四章〉
【幕府と戦乱】

「嘉吉の変」と「応仁・文明の乱」――幕府解体への契機

松井直人

はじめに――動乱の当事者、室町殿と在京大名

安定期を迎えていた室町幕府を衰退させる契機となった「嘉吉《かきつ》の変」（一四四一年）と「応仁《おうにん》・文明《ぶんめい》の乱」（一四六七〜七七年）について論じるのが本稿の課題である。

これらふたつの動乱とその間をつなぐ時期については、中世のみならず日本史全体の分水嶺《ぶんすいれい》といわれる「応仁・文明の乱」への関心に基づき、政治史や社会経済史などの視角から数多くの研究が提起されている。しかし、それでいてなお、いまだに結論が出ていない論点もあり、当該期研究の深淵さが推し量られるところである。

本稿では、これらふたつの動乱の当事者である室町殿と在京大名《たいめい》（「大名」については、第五章の川

口論文を参照）の関係に視点を据え、元来両者の連携を骨格として成り立っていた幕府の体制が変質を余儀なくされる過程について、最新の研究をふまえつつ跡づけていきたい。登場人物が多く、政治情勢の変化も目まぐるしいため難解な叙述となってしまうが、せめてそのなかから、室町幕府、あるいは室町殿権力の本質の一端を垣間見ることができればと思う。

まずは、十五世紀前半の六代将軍足利義教《あしかがよしのり》（一三九四～一四四一）の政治を確認することから始めたい。

一　義教の治世と「嘉吉の変」の勃発

足利義教の独裁政治

応永《おうえい》三十五年（一四二八）、四代将軍義持《よしもち》（一三八六～一四二八）が後継者を指名せずに死去したことで、天台宗門跡寺院《てんだいしゅうもんぜき》の青蓮院《しょうれんいん》（京都市東山区）に入室していた義教（当時は義円《ぎえん》）が、神前《しんぜん》（石清水八幡宮《いわしみずはちまんぐう》〔京都府八幡市《やわた》〕）での籤取り《くじ》によって室町幕府の六代将軍に就任する。

そのようなイレギュラーな形で将軍に就任したコンプレックスからか、義教は父の三代将軍義満《よしみつ》（一三五八～一四〇八）を意識した意欲的な政策を次々に実施し、自身の権勢の確立を試みた。将軍臨席の訴訟審議の場である「御前沙汰《ごぜんさた》」の整備（第一章の山田論文を参照）、義持が使用していた三条坊門亭《もんてい》（京都市中京《なかぎょう》区）から室町殿（将軍邸〔同上京《かみぎょう》区〕）への移徙《わたまし》（転居）、緊張関係にあった四代鎌《かま》倉《くら》公方《くぼう》の足利持氏《もちうじ》（一三九八〜一四三九）への示威を兼ねた富士見物旅行などがそれである。

かつては、御前沙汰の整備などから、義教は管領《かんれい》権力への掣肘《せいちゅう》（干渉）をめざしていたとする議論もあったが、近年は管領の政治関与を排除する意図はなかったとする見方が有力である（吉田：二〇〇三）。義教の初政期には、一定の指導力を発揮する室町殿と諸大名《たいめい》の連携に基づき、比較的安定した治世が行われたとみてよいだろう。

しかし、先代以来、室町幕府を支えてきた管領の畠山満家《はたけやまみついえ》（一三七二〜一四三三）、護持《ごじ》僧（将軍の祈禱《きとう》僧）の三宝院満済《さんぼういんまんさい》（一三七八〜一四三五）が、それぞれ永享《えいきょう》五年（一四三三）、同七年に死去すると、義教の政治はにわかに独裁色を強め、公家や大名などの追放・粛清が頻発する。

永享七年には、二年前から続いていた山門《さんもん》比叡山《ひえいざん》（滋賀県大津市）との紛争（「永享の山門争乱」）を鎮圧し、同十年には鎌倉公方の足利持氏を討伐する（「永享の乱」）など、見方によっては当時の幕府は盤石《ばんじゃく》であったかに思われる。しかし、同十二年には、義教の命を受けた武田信栄《たけだのぶひで》（一四一三〜四〇）によって大和《やまと》出兵中の大名一色義貫《いっしきよしつら》（一四〇〇〜四〇）が突如殺害されるなど、都では将軍の一挙手一投足に万人が神経を尖《とが》らせる不穏な空気が蔓延《まんえん》していた。

「嘉吉の変」の発生と義教殺害、そして赤松氏討伐へ

嘉吉元年（一四四一）六月二十四日、「結城《ゆうき》合戦」（永享十二年〔一四四〇〕、幕府と結城氏ら関東諸氏との戦い。鎌倉府が一時的に滅亡）の戦勝記念として、赤松満祐《あかまつみつすけ》（一三八一～一四四一）の嫡子である教康《のりやす》（一四二三～四一）の屋敷（二条西洞院《にしのとういん》〔京都市中京区〕）で将軍義教を主賓《しゅひん》とする宴会が開かれた。宴会には、義教のほか管領の細川持之《ほそかわもちゆき》（一四〇〇～四二）をはじめとする諸大名、義教と昵懇《じっこん》であった公家の正親町三条実雅《おおぎまちさんじょうさねまさ》（一四〇九～六七）らが同席していた。三献《さんこん》が終わって猿楽《さるがく》が催される直前、雷鳴のような音が響いたかと思うと、義教の後ろの障子から数十人の武士が乱入し、義教は彼らによって瞬く間に首を刎《は》ねられた。応戦した山名熙貴《やまなひろたか》（？～一四四一）は即死、大内持世《おおうちもちよ》（一三九四～一四四一）・京極高数《きょうごくたかかず》（？～一四四一）は致命傷を負って後日に死去した。また、正親町三条実雅も重傷を負った。一方、細川持之らほかの大名たちはすぐさまその場を離れて無事であった。

事が終わったのち、教康と父満祐は応戦の準備を整えたが、幕府軍がすぐに派遣される様子がなかったため、屋敷に火をかけて守護分国の播磨《はりま》（兵庫県南西部）へ下国《げこく》した。義教の遺骸《いがい》は、翌日に焼け跡から運び出されて等持院《とうじいん》（京都市北区）に安置されたが、首は赤松氏に持ち去られた。

この間、幕府は具体的な対応をとれず、都では今回の事件が諸大名の共謀によるとの噂《うわさ》が流れる始末であった。翌日には諸大名の評定《ひょうじょう》において、義教の遺児千也茶丸《せんやちゃまる》（七代将軍の義勝《よしかつ》〔一四三四～四三〕）の擁立が決まり、その後も管領細川持之の主導で、義教によって追放された人びとの赦免が行

われたが、肝心の持之本人は幕政を取りしきる意欲に乏しかったといわれる。

さらに、義教の勘気を蒙《こうむ》って河内《かわち》（大阪府東部）へ下向していた畠山持国《もちくに》（満家の嫡男。一三九八～一四五五）がにわかに上洛《じょうらく》の動きをみせ、以前から燻《くすぶ》っていた畠山氏の内紛が再燃した。さらに、侍所頭人《さむらいどころとうにん》（幕府の京都警固担当の長）の山名持豊《もちとよ》（のちの宗全《そうぜん》。一四〇四～七三）が、赤松討伐の準備を名目に洛中の土倉《どそう》を襲撃するといった事件も発生している。このように、当時の幕閣はとうてい一枚岩とはいえない状況であり、討伐軍の派遣は翌七月にまでずれ込んだ。

ただし、赤松氏の討伐では、その山名氏が大きな活躍をみせる。七月には山名教清《のりきよ》が美作《みまさか》（岡山県東北部）を占領し、八月下旬には山名持豊が播磨へ侵攻、九月十日には赤松満祐が籠もる城山城《きのやま》（兵庫県たつの市）へ総攻撃をしかけて満祐を自害に追い込んだ（嫡子の教康は、伊勢《いせ》北畠《きたばたけ》氏を頼るも拒絶されて自害）。その結果、赤松氏の旧領は山名分国に併呑《へいどん》され、山名氏の勢威はこれまで以上に拡大することとなった。

反乱にいたる赤松氏の事情

赤松満祐・教康父子を将軍の殺害へと向かわせた原因には、家の存立を守ろうとする彼らの意図があったと推測される。

赤松満祐は何度か分国を没収されそうになったことがあり、「嘉吉の変」の前年、永享十二年（一四四〇）三月には、弟の義雅《よしまさ》（一三九七〜一四四一）の所領が没収されて赤松宗家以外に分与される事件も起きている。これに激怒した満祐は幕府への出仕を中断しており、この頃に叛意《はんい》を明確にしたとする説もある（桜井：二〇〇一）。

また、中世後期（十四世紀末以降）には、しだいに一般化しつつあった「嫡子単独相続」により、家産の安定的な継承を重視する観念が広まっていた。赤松氏相伝の分国や所領は、家の存立と不可分であり、実質的な惣領《そうりょう》にあたる満祐にとって、それらを維持しえないことは、家産を減少させるのみならず、家臣からの信用を失うことをも意味した。

このことをふまえるに、満祐は、義教による大名の家督継承への干渉や諸人の粛清が頻発する異様な状況を背景に、なかば追いつめられる形で反乱にいたったと考えられる。このような家の存続に関する問題は、ほかの在京大名にも同様に胚胎《はいたい》されており、以後の幕府政治史を根底で規定することとなる。

二　義政の将軍就任と空洞化する幕府

室町殿の政治的立ち位置の後退

一方、「嘉吉の変」後の混乱をかろうじて処理した管領の細川持之であったが、激務がたたったのか嘉吉二年（一四四二）八月に四十三歳の若さで没し、管領は畠山持国に交替した。

さらに、同年十一月に元服し、将軍宣下《せんげ》を受けた足利義勝も、翌年七月にわずか十歳で病没する。次期将軍の選定にあたっては、義勝のときと同じく大名の評定が開催され、義勝の異母弟で当時八歳の三春《みはる》（一四三六～九〇。のちの八代将軍義政《よしまさ》。幼名には諸説あり）の継嗣《けいし》が決定した。室町殿が二代続けて諸大名によって選定されたことは、それまでの超越的な室町殿の政治的立ち位置が後退しつつあることを周囲に印象づけたとみられる。

そのような権力の空白をねらって、三春の継嗣が決まった二カ月後にあたる嘉吉三年九月二十三日夜には、南朝天皇の流れをくむ通蔵主《つうぞうす》（一四二九？～四三）・金蔵主《こんぞうす》（一四一一～四三）兄弟や後鳥羽《ごとば》上皇の子孫を称する鳥羽尊秀《そんしゅう》、そして公家の日野有光《ひのありみつ》（一三八七～一四四三）らが内裏《だいり》を襲撃し、「三種の神器《じんぎ》」のうち宝剣と神璽《しんじ》（勾玉《まがたま》）を強奪する事件が発生した（「禁闕《きんけつ》の変」）。

赤松氏略系図

則村―則祐①―義則②―満祐③―教康
　　　　　　　　　　└義雅―時勝―政則④

＊丸数字は惣領の代数

後花園《ごはなぞの》天皇（一四一九～七一）は無事に脱出し、反乱も迅速に鎮圧されたが、内裏は全焼した。このため、義政の新政権は洛中地口銭《じぐちせん》（京都などの都市で間口《まぐち》別に賦課《ふか》された臨時の課税）の賦課強化や段銭《たんせん》（田地単位に賦課された臨時の課税）の国役化、分一《ぶいち》徳政令（債務を破棄するかわりに、債務額の何割かを幕府に手数料として納入させる法令）の発布などを通じて再建費の捻出《ねんしゅつ》に努めた。しかし、それらは都市住人や在地社会に大きな負担を強いることになり、徳政一揆《いっき》の頻発を招いた。

なお、「禁闕の変」で奪われた神器は、赤松氏の遺臣によって奪還され、その功績から、赤松家は長禄《ちょうろく》二年（一四五八）に満祐の弟義雅の孫にあたる赤松政則《まさのり》（一四五五〜九六）によって再興された。再興にあたっては、細川勝元《かつもと》（一四三〇〜七三）の支援を受けたことから、政則は「応仁・文明の乱」にも勝元方（東軍）として参戦している。

将軍親政への模索

三春は、文安《ぶんあん》三年（一四四六）に後花園天皇から義成《よししげ》という名を与えられ、その三年後、十四歳で元服、将軍宣下を受けて八代将軍に就任する。一方、管領の細川勝元も当時まだ十代であったため、義教以来の将軍近習でもあった細川典厩《てんきゅう》家の細川持賢《もちかた》（一四〇三〜六八）が、勝元の補佐役として幕政運営を支えた（川口：二〇一八）。

義政（享徳《きょうとく》二年〔一四五三〕に義成から改名）は、ともすれば政治に関心を示さなかった無気力な将軍と評されることもある。しかし、近年の研究では、おおよそ生涯を通じて、自身の権力を行使することに前向きであったと考えられている。

若年期こそ義成時代の乳母《めのと》である今参局《いままいりのつぼね》（?〜一四五九）と乳父《めのと》の烏丸資任《からすますけとう》（一四一七〜八三）、

赤松氏庶流の側近有馬元家《ありまもといえ》（?～一四六九）ら「三魔《さんま》」とも称された近臣の政治的介入を招いたが、康正《こうしょう》二年（一四五六）には、懸案であった内裏の再建を完了し、その数日後には、将軍権力の確立を象徴する右近衛大将拝賀《うこのえたいしょうはいが》を実施した。それらの事業の完遂にあたっては、幕府政所の実権を掌握していた、側近の伊勢貞親《さだちか》（一四一七～七三）が大きな役割を果たした。

その後、義政は、長禄二年（一四五八）頃から本格的な将軍親政を志向し、伊勢貞親や相国寺蔭《しょこくじいん》涼軒主《りょうけんしゅ》（同寺塔頭《たっちゅう》の蔭涼職〔将軍との連絡役〕）の季瓊真蘂《きけいしんずい》（一四〇一～六九）を重用して、寺社本所《じしゃほんじょ》領《りょう》の興行（寺社・公家領の知行回復措置）や室町殿（将軍邸）の再建などに邁進《まいしん》した。

このように、義政自身はそれなりに旺盛な政治意欲をもっていた。しかし、以下にみるように、当該期以降に激化する大名家内部、あるいは大名家相互の対立に不用意に介入し、あるいは巻き込まれ、結果的に幕府政治をいっそう混沌とさせることも多かった。そのような流動的な政治状況のもと、さまざまな人物が没落と復権を繰り返すなかで、しだいに「応仁・文明の乱」の対立構図が形づくられていくこととなる。

三　「応仁・文明の乱」へのプロローグ（1）――畠山家・斯波家の内紛

家督をめぐり二派に分裂する畠山家

「嘉吉の変」後、幕府政治の台風の目となったのが、管領畠山家の家督問題であった。変の後に政権へ復帰した畠山持国は、自身の後継者に弟の持富《もちとみ》（?～一四五二）を指名していた。しかし、文安五年（一四四八）、持国の庶子で石清水八幡宮寺（石清水八幡宮の別当《べっとう》寺）の社僧となる予定だった義夏《よしなつ》（のちの義就《よしひろ》。一四三七?～九一）に継嗣候補を変更し、義政からも正式な承認を得た。そのことがきっかけとなり、畠山家の被官衆は、母方の血筋に問題があった義夏を廃して、持富の子弥三郎《やさぶろう》（政《まさ》久《ひさ》・義富《よしとみ》とも。?～一四五九）を後継者に推す一派と、義夏を継嗣と認める一派とに分裂する（次頁の畠山氏略系図参照）。

享徳《きょうとく》三年（一四五四）には本格的な御家騒動が勃発し、弥三郎派が義夏を京都から追い出す事態となった。弥三郎派は管領細川勝元、そして勝元に養女を嫁がせていた山名宗全（持豊の法名《ほうみょう》）の支援を受けており、いったんは義政に弥三郎の家督継承を認めさせることに成功する。しかし義政は、弥三郎の家督継承を認めながらも、同年九月には、御家騒動の際に弥三郎をかくまった細川被官の磯谷《いそがい》四郎兵衛尉《しろうひょうえのじょう》兄弟を勝元に命じて処刑させており、内心では義夏の家督継承を望んでいた向きがある。

また、同年十一月には、赤松氏旧領の処理にかかわって宗全も義政から討伐の対象とされる。勝元の計らいで実際の討伐こそ中断されたが、宗全は隠居して但馬《たじま》（兵庫県北部）へ下向した。宗全の没落は義夏派復権の追い風となり、弥三郎派は京都を逐《お》われ、上洛した義夏が持国の後嗣として政権に復帰する。

家督譲渡と蟄居を命じられる畠山義就

しかし、義就（享徳四年〔一四五五〕に義夏から改名）方の優位は長く続かなかった。義就は弥三郎方の掃討を名目に出兵を繰り返し、当初は義政もこれを支援していた。しかし、「上《じょう》意《い》」（室町殿の意向）を騙《かた》って勝手に軍事行動を起こすにいたり、義政は長禄二年（一四五八）に山名宗全を京都へ呼び戻し、さらに翌年には弥三郎の赦免に踏み切った。

これらの処置は、いずれも義就と対立を深めていた細川勝元の口添えによるものであった。弥三郎はこの前後に没したため、弟の畠山政長《まさなが》（一四四二～九三）が畠山宗家の後継者に浮上した。

畠山氏略系図

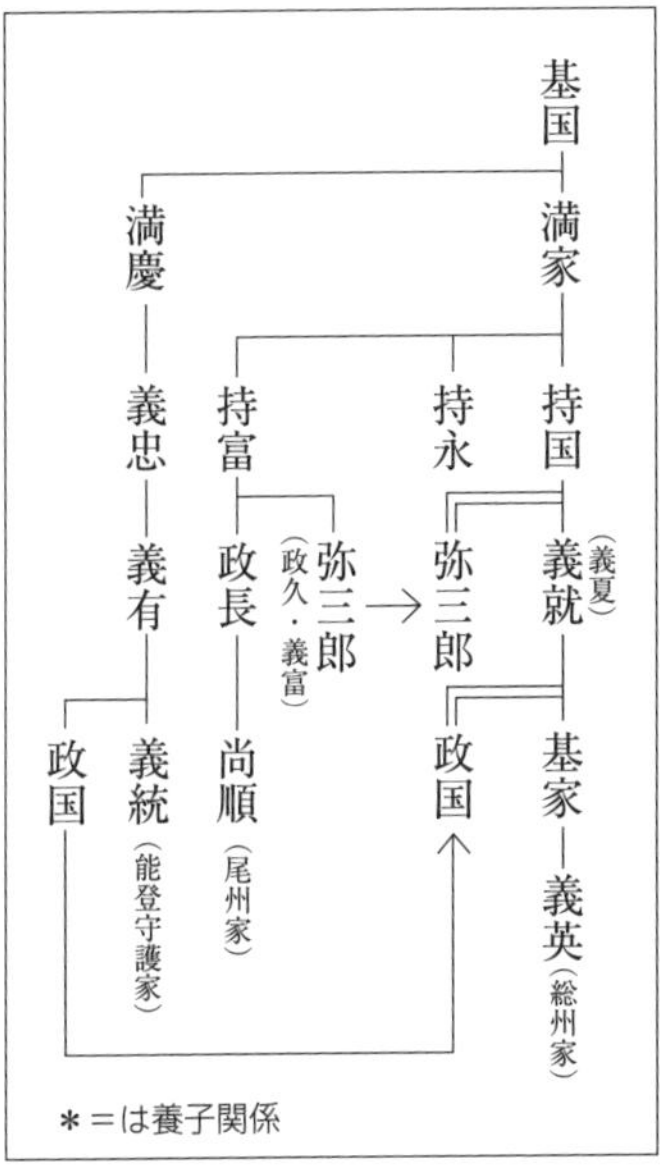

それでも義就はしばらく家督の地位にあったが、長禄四年九月、ついに義政から養子政国《まさくに》への家督譲渡と河内での蟄居《ちっきょ》を命じられる。これに対し、義就は滞在先である被官遊佐《ゆさ》氏の邸宅に火をかけ、不満の意を表したうえで河内へ下向した。後足で砂をかけるようなこの行為に義政は大いに立腹し、家督を弥三郎派の政長に継承させるとともに、各国守護や国人からなる討伐軍を河内へ派遣した。

幕府軍の波状攻撃に対し、戦上手《いくさ》で知られた義就は河内嶽山《たけやま》城（大阪府富田林《とんだばやし》市）を二年以上にわたって守り通したが、寛正《かんしょう》四年（一四六三）に城を明け渡して吉野（奈良県吉野町）へ落ち延びた。これによって畠山氏の内紛は、政長派の勝利でいったんは落ち着くこととなる。

もうひとつの御家騒動、斯波氏の内訌

当時、畠山氏と並行して三管領家のひとつ斯波《しば》氏でも御家騒動が勃発していた。斯波氏は、永享年間（一四二九〜四一年）以来、当主の早世が続き、加賀《かが》守護を務めた一門の斯波持種《もちたね》（一四一三〜七五）と有力被官の甲斐常治《かいじょうち》（?〜一四五九）が家政を主導していた。しかし、文安年間（一四四四〜四九年）に持種が当時の加賀守護富樫《とがし》氏の内訌《ないこう》に介入したことをきっかけに、両者は激しい対立を来《きた》し、家中は両派に二分された。

さらに当主の斯波義健《よしたけ》（一四三五〜五二）が享徳元年（一四五二）に早世した後、持種の子義敏《よしとし》（一四三五〜一五〇八）が家督を継承したことで、斯波氏は当主と有力被官とが家中の主導権を争う「主

従合戦」とよばれる事態に陥った（次頁の斯波氏略系図を参照）。

かかる事態に対して、義政は甲斐常治を支持した。甲斐氏は義持期（一四〇八～二八年）から定期的に将軍の御成《おなり》（訪問）を受けたり、斯波氏をとおさずに将軍から文書を受給したりするなど、将軍直臣《じきしん》に等しい地位にあり、そのことが影響したとみられる。

劣勢となった義敏は、康正三年（一四五七）に洛中から出奔して京都東山に拠点を設け、甲斐氏方の斯波被官と越前《えちぜん》（福井県嶺北《れいほく》地方）などを舞台にしばしば交戦した。一時は義敏が優勢となる時期もあったが、最終的には支援者を失って周防《すおう》大内氏の元へ逃亡する。その後、当主には当時三歳の斯波義敏の子松王丸《まつおうまる》（義良《よしすけ》、義寛《よしひろ》。一四五七～一五一三）や足利氏一門の渋川《しぶかわ》氏から迎えられた斯波義廉《よしかど》が就いたが、家政の実権は甲斐氏や朝倉《あさくら》氏に掌握された。

斯波氏家督をめぐる諸人の思惑

寛正四年（一四六三）、義政の実母日野重子《ひのしげこ》（一四一一～六三）の百箇日忌法要に際して斯波義敏が赦免され（畠山義就もこのときに赦免された）、その二年後には上洛も許可される。これらはいずれも、義政側近の伊勢貞親の進言によるもので、義敏を義政に従順な新管領として擁立するねらいがあったと考えられている（末柄：二〇一四）。

文正《ぶんしょう》元年（一四六六）七月に義政は義敏を斯波氏の家督に復帰させたが、これを不服とした山名

斯波氏略系図

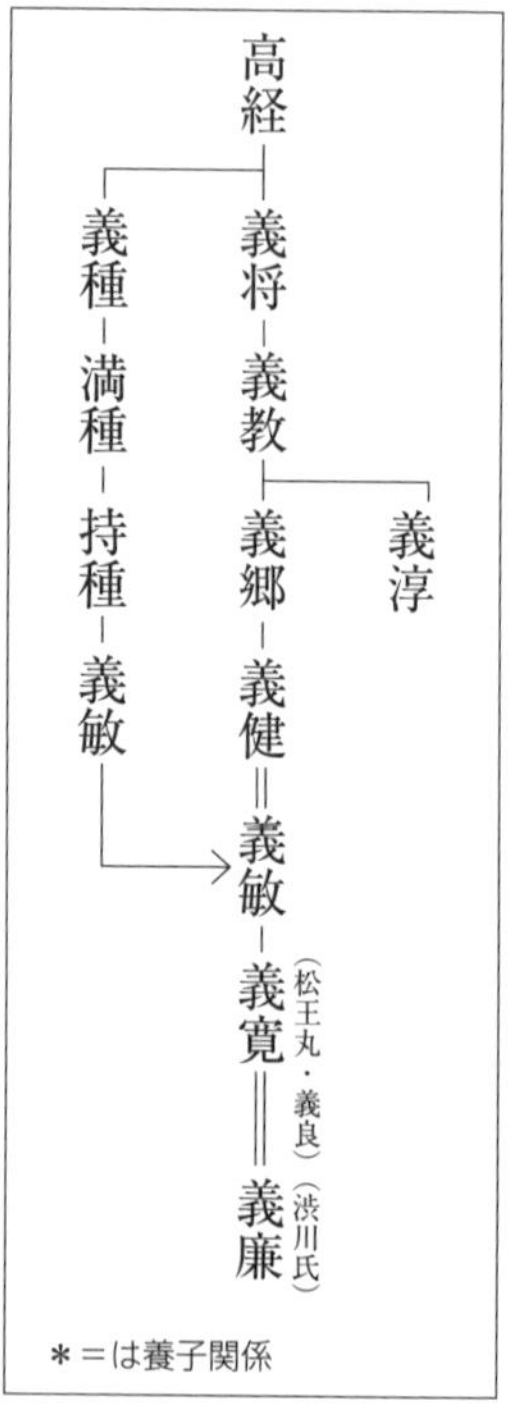

宗全のほか、丹後《たんご》守護の一色義直《よしなお》や美濃《みの》守護の土岐《とき》成頼《しげより》は義廉の支持を表明した。さらに宗全は分国から軍勢を上洛させるなど、都は緊迫の度合いを増した。

一方、管領細川勝元も表向き義廉を支持していたが、裏では義敏の父持種の遺児を探し出して持種に届けるなど、両派の均衡に留意した行動もみせていた。じつはこれ以前から、義廉を推す伊勢貞親と連携を深めていたとする見解もある（家永：二〇一七）。

このように斯波義敏の復帰問題は、義政や伊勢貞親、そして諸大名の間に相互不信の種をまくこととなった。

四　「応仁・文明の乱」へのプロローグ(2)——将軍家の後嗣問題

異母弟を還俗させて猶子とする

これまで管領家の家督相続に絡む御家騒動をみてきたが、将軍家も同じく後嗣に関する問題を抱えていた。

なかなか実子に恵まれなかった義政は、寛正五年（一四六四）十二月に異母弟の浄土寺義尋《じょうどじぎじん》（一四三九～九一）を還俗《げんぞく》させて義視《よしみ》という名を与え、自身の猶子《ゆうし》とした。義視は将軍に準じた扱いを受け、翌年には将軍家と日野家との関係を継続するため、義政の実母日野富子《とみこ》（一四四〇～九六）の妹良子《よしこ》を娶《めと》るなど将軍職継嗣の準備が進められた。

そのさなか、富子は待望の実子である義尚《よしひさ》（九代将軍。一四六五～八九）を出産する。従来は、義尚誕生を契機に富子が義視を敵視して山名宗全を抱き込み、義視を支持する細川勝元と宗全が対立したことが、「応仁・文明の乱」勃発の引き金になったとされてきた。しかし、実際にはこの後も義政の後継者としての義視の位置づけは変わらず、親子で摩擦が生じている様子もうかがえないことから、当該説は成り立ちがたいとの見方が近年は優勢である。

ただし、義視の所領は、義政の所領を分割するのではなく、義満の弟である足利満詮《みつあきら》（一三六四～一四一八）の所領を復活させる形で調達された。このように傍流の所領を継承していることから、義視はあくまでも義尚が成長して家督を継承するまでの中継ぎであったと考えられている。

当時、義政は京都東山に山荘を建設することをすでに決めており、かつて室町殿義持を超越する立場から影響力を行使した北山殿義満の政治を、「義政―義視」の形で再現する構想があったともいわれる（末柄：二〇一四ほか）。

謀叛の嫌疑をかけられた義視

しかし、義視は先述した伊勢貞親と諸大名との抗争に巻き込まれ、突如政局の坩堝《るつぼ》に投げ込まれる。文正元年（一四六六）九月、義視は伊勢貞親の讒言《ざんげん》によって謀叛《むほん》の嫌疑をかけられ、細川勝元の元に身を寄せた。貞親が義視の排除に乗り出した理由には諸説あるが、中継ぎであっても義視が後継者となることで、自身が養育していた義尚への家督継承に不安が生じるのを嫌ったためともいわれる。

結局、義政は自らの無実を訴える義視を信用し、諸大名も義視を支持したことにより、貞親をはじめ、彼と近しい斯波義敏・季瓊真蘂らは失脚して京都を退去した（「文正の政変」）。この政変により、義政親政を支える人員が失脚する一方、場合によっては、義視が諸大名の新盟主になりうるという事実が内外に示されることとなった。

畠山義就の上洛と「御霊社の戦い」

そのような混乱のさなか、斯波義敏と同時に赦免されて以来、吉野を拠点に勢力を扶植していた畠山義就が上洛する。背景には山名宗全・斯波義廉の支援があった。

ここで宗全が娘婿にあたる細川勝元とついに決裂した理由については、

①細川勝元を抑えて、幕政の壟断《ろうだん》（権力の独り占め）を望んだため。

②諸大名の家督問題に玉虫色の態度を取りつづける勝元への不満が蓄積していたため。

③斯波義廉を通じて、畠山義就と連絡をとっていたため。

④山名宗全が義就の類《たぐい》まれな武力に惹《ひ》かれていたため。

などさまざまな推測がなされており、にわかに決しがたい。

ともかくも、このときに宗全が義就と連携しなければ、その後の宗全と勝元の全面対決は起こらなかったはずであり、義就の上洛が、歴史の重大な分岐点であったことは間違いない。

文正二年（一四六七）正月、義政は恒例の畠山政長邸への御成を中止して義就と対面し、その翌日には管領職を政長から取り上げて斯波義廉に与えた。これも宗全の働きかけによると考えられている。

一方、政長は、勝元らと連携して義政に義就討伐の命令を出させることをもくろんだが、宗全の娘である勝元室から宗全に情報が露見して失敗する。いよいよ追いつめられた政長は、文正二年一月に自邸を焼き、上御霊社《かみごりょうしゃ》（京都市上京区）に陣取って室町殿（将軍邸）に迫った。しかし、事前に義政から停戦命令が出ていたこともあって、勝元ら政長に近しいはずの諸大名は合戦に加わらず、政長は義就と宗全の攻撃を受けて敗走した。

勝元が合戦に加わらなかったのは、あくまで義政の命令を遵守《じゅんしゅ》したからであったが、戦いの後に周囲から「弓矢の道」に背いたと罵《ののし》られたことで、これまで大名間の勢力均衡に心を砕いてきた彼の忍耐もついに限界に達した。

戦いの後、三月には「応仁」と改元され、義政も勅撰集編纂《ちょくせんしゅうへんさん》のために設置された和歌所《わかどころ》を見学するなど、都の情勢はいったん沈静化した。しかし、勝元は水面下で着々と戦いの準備を進め、また義就・宗全らも連日会合を開いて目前に迫った開戦に備えた。

五　「応仁・文明の乱」開戦と東西幕府の成立

本格的な戦いが始まる

応仁元年（一四六七）五月二十六日、細川勝元方（東軍）の武田信賢《のぶかた》（一四二〇〜七一）・細川成之《しげゆき》（一四三四〜一五一一）が一色義直（西軍）邸を攻撃し、宗全も勝元の屋敷に攻めかかるなど、京都において本格的な戦いが始まる。

以後、京都では連日合戦が繰り広げられ、市中は大混乱に陥った。「応仁・文明の乱」の始まりである。また、合戦とは別に足軽《あしがる》とよばれる軽装の軍勢による略奪も横行し、洛中洛外に大きな被害がもたらされた。そのため、武家・公家の屋敷や寺院の多くは堀を巡らし、矢倉《やぐら》（防戦用の建物）や井楼《せいろう》（偵察用のやぐら）を設けるなどして自衛に努めた。そのような防御を優先した軍事施設の出現が、乱の長期化につながったとする指摘もある（呉座：二〇一六）。

義視の出奔と西軍＝「小幕府」の出現

応仁元年（一四六七）六月以降、諸国から大名の軍勢が次々と上洛し、「応仁・文明の乱」における東軍・西軍の対立構図がおおよそ確定する（次頁の表を参照）。

開戦当初は将軍一家を抱える東軍の優位に推移したが、かねてより伊予《いよ》（愛媛県）支配をめぐって細川勝元と対立していた西国の有力大名である大内政弘《まさひろ》（一四四六〜九五）が大軍を率いて西軍に参戦すると、西軍は戦力の面で優勢となる。これを受けて東軍は、八月二十三日に後花園上皇と子息の後土御門《ごつちみかど》天皇（一四四二〜一五〇〇）を室町殿（将軍邸）にかくまって防衛体制を整えた。

しかしその翌日、東軍側にいた義視が、突如京都を出奔する。その理由には謎が多いが、義視自身が記したともいわれる『都落記』によると、義視は室町殿で義政と富子の仲が険悪なことを気に病んで自邸に戻っていたが、世情が危ういために室町殿へ戻ろうとしたところ、自らを害そうともくろむ細川勝元から妨害を受けたため、やむなく京都を離れたのだという（大薮：二〇二一）。

このとき義視は、伊勢国司・守護の北畠教具《のりとも》（一四二三〜七一）を頼って伊勢（三重県北中部）に逃れたが、義政は彼に対して幾度も帰洛を要請した。そのかいあって義視は翌応仁二年九月に上洛するが、かつて自分を害そうとした伊勢貞親が政権に復帰していることなどに不安を覚え、十一月、ついに西軍へ身を投じた。

これによって西軍は、将軍に擬される義視、管領に擬される斯波義廉を抱え、さらに幾人かの奉行

東西両軍の主要な対立関係

西軍	東軍
将軍家	
義視 ※応仁2年（1468）12月～	義政・義尚
細川氏	
	勝元・政元
山名氏	
宗全	是豊
畠山氏	
義就	政長
斯波氏	
義廉	義敏
その他	
一色義直	赤松政則
土岐成頼	武田信賢
六角高頼	六角政堯
大内政弘	京極持清
朝倉孝景	伊勢貞親

＊作成・松井直人

人をも擁する「小幕府」の様相を呈する。このことから、義視が西軍に加わって以降、「応仁・文明の乱」は東西に分裂したふたつの幕府が対峙《たいじ》する構図となったと理解されている（百瀬：一九七六）。この間に、従前からの各地域の対立構造を引き継ぐ形で戦乱は全国へ拡大していった。

和睦交渉から乱の終結へ

大内政弘の参戦によって、戦況は一時西軍が有利となるが、文明三年（一四七一）に越前の朝倉孝景《たかかげ》（一四二八～八一）が西軍から東軍に寝返ると、西軍は日本海側からの人員・物資の供給を絶たれ、東軍の優勢がほぼ確定する。

翌年から東西両軍の首魁《しゅかい》である細川勝元と山名宗全は、それぞれの陣営で和睦《わぼく》交渉に入る相談を諸大名に持ちかけたが、どちらの陣営でも足並みは容易にそろわなかった。そのようななか、文明五年には宗全と勝元が相次いで死去したため、まずは宗全の孫の山名政豊《まさとよ》（一四四一～九九？）と勝元の子の細川政元《まさもと》（一四六六～一五〇七）の間で単独講和が結ばれた。

また、文明五年には足利義尚《よしひさ》が九代将軍に就任しているが、もとより諸大名も義視が中継ぎであると理解していたからか、決定に際して東西両軍ともに大きな混乱はみられなかった。このことからも、「応仁・文明の乱」の本質は将軍家の後嗣問題よりも、むしろ大名家相互あるいは内部の権力闘争にあったことがうかがえる。

大勢が決しつつあるなか、西軍では、おもに畠山義就や大内政弘、美濃守護代の斎藤妙椿《みょうちん》（一四一一～八〇）らが抵抗を続けていた。しかし、文明九年に、じつは西軍と気脈を通じていた日野富子が仲介となって、大内政弘の赦免と分国の安堵《あんど》が決定、政弘は周防《すおう》（山口県東南部）へと下国する。そして、義就も河内《かわち》へ下向、義視は美濃守護の土岐成頼の元に身を寄せることとなり、西軍は自然解散となった。

さらに翌年七月には、義政と義視の間で正式な和解が成立し、十年以上にわたる大乱はここに一応の終結をみた。

おわりに——幕府による全国統治の終焉

分国経営を優先する大名たち

中央での「応仁・文明の乱」の終結にともない、西軍の大名はいずれも自らの守護分国へと下向した。また、東軍の大名も、都鄙《とひ》（中央と地方）の往来こそありながらも、不安定化する自らの分国の経営を優先し、それまでのように常時在京することはなくなっていった。

たとえば、斯波義敏の子義良《よしすけ》（幼名は松王丸、のちの義寛《よしひろ》）は、文明十一年（一四七九）以降に越前や尾張《おわり》（愛知県西部）を転戦し、畠山政長は山城《やましろ》守護などを務めながらも、実力で河内を支配する畠山義就と対峙することが多くなった。また、赤松政則も、京都と播磨を往復しながら分国に侵攻してきた山名軍としばしば交戦している。

かかる状況のなかで、京都の拠点を維持しつづけたほぼ唯一の例外が、摂津《せっつ》（大阪府北中部の大半、兵庫県南東部）や丹波《たんば》（京都府中部、兵庫県北東部、大阪府北部）など山城の近接地域を分国とする細川政元であった。しかし、細川氏の在京の継続は、直臣《じきしん》の強化を通じた大名統制をめざす将軍（とくに十代将軍の足利義材《よしき》〔一四六六～一五二三〕）との利害対立につながり、明応《めいおう》二年（一四九三）四月、政元は親征の隙《すき》を突いて将軍を強引に交替させるクーデター（「明応の政変」）を引き起こすことになる。

その後も室町幕府は京都周辺に影響力を保持し、大名間交渉の仲裁などで一定の役割を発揮した。

しかし、諸大名の京都常住が困難となったことで、室町殿が大名の集団的な補佐に基づいて全国を統治するという、かつての政治形態の復活はもはや不可能となった。

二つの動乱がもたらした幕府体制の変化

このように「応仁・文明の乱」は、室町殿と諸大名との関係に根本的な変化をもたらしたが、本稿で述べてきたとおり、室町殿と在京大名の力関係は、乱勃発以前から不均衡を来しつつあった。

十四世紀末の南北朝末期以後、諸大名は政権に参画して室町殿から守護職などの利権を確保することで家の発展に努めた。しかし一方で、彼らは守護出銭《しゅっせん》（諸事業のために将軍・幕府が守護に求めた負担）に代表されるさまざまな奉仕や在京のための経費、さらには室町殿からの家督介入や、それを一因とする親族関係の複雑化などにも悩まされつづけた。そのようなさまざまな障害が蓄積するなかで、在京の継続にともなう負担は増大する一方であったと思われる。

それらをふまえるに、「嘉吉の変」によって政権の要《かなめ》であった室町殿権力が突如取り払われた後、統制のくびきを離れた諸大名が独自の動きを強めることは、なかば必然の事態であったといえよう。その意味で、かつての強力な室町殿の姿を理想視しながらも、結果として幕府の斜陽を決定づけることとなった足利義政に決定的に欠けていたのは、諸大名の安定的在京をはじめとする、室町幕府の存立構造に対する想像力であったのかもしれない。

【主要参考文献】

家永遵嗣「伊勢貞親と細川勝元―連繫とその破綻の実態をみる」(『戦国史研究』七三号、二〇一七)
大薮海『応仁・文明の乱と明応の政変』(「列島の戦国史」2、吉川弘文館、二〇二一)
川口成人「細川持賢と室町幕府―幕府-地域権力間交渉と在京活動の検討から」(『ヒストリア』二六六号、二〇一八)
呉座勇一『応仁の乱―戦国時代を生んだ大乱』(中公新書、二〇一六)
桜井英治『室町人の精神』(「日本の歴史」12、講談社、二〇〇一)
末柄豊「応仁・文明の乱」(『岩波講座日本歴史 第8巻中世3』岩波書店、二〇一四)
百瀬今朝雄「応仁・文明の乱」(『岩波講座日本歴史 第7巻中世3』岩波書店、一九七六)
吉田賢司「足利義教期の管領奉書」(同著『室町幕府軍制の構造と展開』吉川弘文館、二〇一〇、初出二〇〇三)

【さらに詳しく学びたい読者のために】

①森茂暁『室町幕府崩壊―将軍義教の野望と挫折』(角川選書、二〇一一)
②百瀬今朝雄「応仁・文明の乱」(『岩波講座日本歴史 第7巻中世3』岩波書店、一九七六)
③大薮海『応仁・文明の乱と明応の政変』(「列島の戦国史」2、吉川弘文館、二〇二一)
④早島大祐『首都の経済と室町幕府』(吉川弘文館、二〇〇六)

①は、足利義教期の政治史を総合的に解説した貴重な一書。公家・寺社との関係や対守護政策、日明貿易から文芸まで幅広く言及しつつ、しだいに凶暴性を強めていく義教の治世をコンパクトに論じている。

②は、「応仁・文明の乱」前後における政治史研究の水準を一挙に押し上げた画期的な論文。伊勢貞親の補弼《ほひつ》による足利義政の親政と「文正の政変」によるその挫折、「応仁・文明の乱」中における東西幕府の並立など、今日の研究の土台となる歴史的事項が本論文で確立した。末柄豊「応仁・文明の乱」（『岩波講座日本歴史　第8巻中世3』岩波書店、二〇一四）と併読することで、百瀬論文以後の議論の深化を確認できる。

③は、表題に掲げられたふたつの戦乱について論じた最新の書物で、本稿もその成果に多くを拠《よ》っている。本稿では十分に論じられなかった、地方における「応仁・文明の乱」の対立構図を、丁寧に解説している点が大きな特長である。本書をひもとくことで、複雑極まる同乱の全体像を簡便におさえることができる。

④は、義政親政期以降の室町幕府が、訴訟制度の改革や課役徴収の強化に取り組んだことで、京都やその周辺の在地社会に、いかなる変化が生じたのかを追究している（おもに第二部「首都の動揺と室町幕府」）。ともすれば、分断されがちな政治史と社会経済史の架橋を図った重要な研究である。こちらも

本稿ではふれられなかったが、「応仁・文明の乱」前後の政治情勢が社会に与えた影響については、影響の多寡をふくめてさまざまな議論があり、研究の余地を多く残している。

室町殿関連年表

作成・久水俊和

＊足利将軍は氏を省略し、もっとも知られている名に統一した。
＊和暦は北朝年号に統一した。
＊一年内に改元があり、ふたつの年号がある場合は、改元後の年号を用いた。
＊天皇は、持明院統（北朝）のみ掲載した。
＊室町殿は、家督期間を示し、（　）内は形式的な家督者を示す。

和暦	西暦	天皇	将軍	室町殿	事項
応安元	一三六八	後光厳	義満	**義満**	**12月**義満が家督を継ぐとともに、3代将軍に就任。
3	一三七〇				**6月**義満、今川了俊を九州探題に任命。
7	一三七四	後円融			この年、義満、今熊野神社で観阿弥・世阿弥の猿楽を見る。
永和4	一三七八				**3月**義満、花御所（室町殿）へ移る。
康暦元	一三七九				**閏4月**義満、細川頼之の管領職を罷免（康暦の政変）。
永徳2	一三八二	後小松			**11月**相国寺創建。
至徳3	一三八六				**7月**京都・鎌倉五山の座位を定める。
明徳2	一三九一				**12月**義満、山名氏清を討つ（明徳の乱）。
3	一三九二				**閏10月**南朝の後亀山天皇、神器を北朝の後小松天皇に渡す（南北朝合一）。

応永元	一三九四	後小松	義持	**義満**	**12月**義持、4代将軍に就任。
2	一三九五				**8月**義満、今川了俊を九州探題から罷免。
6	一三九九				**12月**義満、大内義弘を討つ（応永の乱）。
9	一四〇二				**9月**明使、国書を義満へ呈する（「日本国王」号の獲得）。
15	一四〇八			**義持**	**5月**義満死去、家督は義持へ。
23	一四一六	称光			**10月**前関東管領の上杉禅秀が、4代鎌倉公方の足利持氏に対し挙兵（上杉禅秀の乱。一四一七年まで）。
26	一四一九				**6月**朝鮮国、対馬を攻撃（応永の外寇）。
30	一四二三		義量		**3月**義量、5代将軍に就任。
32	一四二五		空位		**2月**義量死去。
正長元	一四二八	後花園		**義教**	**1月**義持死去、家督は義教へ。 **9月**近江国から京都にかけ土民が蜂起（正長の土一揆）。
永享元	一四二九		義教		**1月**播磨国の土民が蜂起（播磨の土一揆）。 **3月**義教、6代将軍に就任。
7	一四三五				**2月**義教、延暦寺山徒の首をはねる。山徒が抗議のために根本中堂に火を放つ（山門騒乱）。
10	一四三八				**8月**4代鎌倉公方の足利持氏、関東管領の上杉憲実と対立し、義教は、持氏を支援（永享の乱。一四三九年まで）。

年号	西暦	天皇	将軍	室町殿	事項
永享12	一四四〇	後花園	義教	**義教**	**3月**持氏遺児の安王丸・春王丸が挙兵、結城氏朝が支援（結城合戦。一四四一年まで）。
嘉吉元	一四四一		空位	（義勝）	**6月**義教、赤松満祐に暗殺される（嘉吉の変）。家督は義勝へ。 **9月**京都周辺で代始めの徳政求め土民蜂起（嘉吉の土一揆）。
2	一四四二		義勝		**11月**義勝、7代将軍に就任。
3	一四四三		空位	**義政**	**7月**義勝死去、家督は義政へ。
宝徳元	一四四九		義政		**4月**義政、8代将軍に就任。
享徳3	一四五四				**12月**5代鎌倉公方の足利成氏、関東管領の上杉憲忠を謀殺（享徳の乱。一四八二年まで）。
応仁元	一四六七	後土御門			**5月**細川勝元方（東軍）と山名宗全方（西軍）が戦闘状態に（応仁・文明の乱。一四七七年まで）。
文明5	一四七三		義尚		**12月**義尚、9代将軍に就任。
14	一四八二				**2月**義政、東山山荘（銀閣など）の造営開始。
延徳元	一四八九		空位		**3月**義尚、近江の六角氏征伐の陣中にて死去。
2	一四九〇			（義稙）	**1月**義政死去。
			義稙		**7月**義稙、10代将軍に就任。
明応2	一四九三				**4月**細川政元が、義稙を廃し義澄を擁立（明応の政変）。

執筆者・編者紹介（五十音順）

生駒哲郎　いこま・てつろう
一九六七年、東京都出身。立正大学大学院文学研究科博士後期課程満期退学。現在、東京大学史料編纂所図書部史料情報管理チーム。『畜生・餓鬼・地獄の中世仏教史—因果応報と悪道』（吉川弘文館、二〇一八年）、「三上参次著『国史概説』と講義ノート—南北朝正閏問題と『国史概説』の変遷」（『武蔵野大学教養教育リサーチセンター紀要』第一一号、二〇二一年）ほか。

石原比伊呂　いしはら・ひいろ
一九七六年、三重県出身。青山学院大学大学院文学研究科博士後期課程修了。博士（歴史学）。現在、聖心女子大学現代教養学部准教授。『室町時代の将軍家と天皇家』（勉誠出版、二〇一五年）、『北朝の天皇—「室町幕府に翻弄された皇統」の実像』（中公新書、二〇二〇年）、久水俊和・石原比伊呂編『室町・戦国天皇列伝』（戎光祥出版、二〇二〇年）ほか。

遠藤珠紀　えんどう・たまき
一九七七年、愛知県出身。東京大学大学院人文社会系研究科博士課程単位取得退学。博士（文学）。現在、東京大学史料編纂所准教授。『中世朝廷の官司制度』（吉川弘文館、二〇一一年）、「伝えられた知識と失われた史料」（前田雅之編『画期としての室町』勉誠出版、二〇一八年）ほか。

川口成人　かわぐち・なると
一九八九年、岡山県出身。京都府立大学大学院文学研究科博士後期課程修了。博士（歴史学）。現在、京都府立京都学・歴彩館京都学推進研究員。「大名被官と室町社会」（『ヒストリア』二七一号、二〇一八年）、「忘れられた紀伊の室町文化人—伴雲軒紹高の活動と系譜」（『日本文学研究ジャーナル』一九号、二〇二一年）、「室町期の大名被官と都鄙の文化的活動」（芳澤元編『室町文化の座標軸—遣明船時代の列島と文事』勉誠出版、二〇二一年）ほか。

呉座勇一　ござ・ゆういち
一九八〇年、東京都出身。東京大学大学院人文社会系研

究科博士課程修了。現在、信州大学特任助教。『日本中世の領主一揆』（思文閣出版、二〇一四年）、『一揆の原理』（ちくま学芸文庫、二〇一五年）、『応仁の乱』（中公新書、二〇一六年）ほか。

駒見敬祐　こまみ・けいすけ
一九八七年、富山県出身。明治大学大学院文学研究科博士後期課程単位取得退学。現在、埼玉県立文書館学芸員。「鎌倉公方の発給文書」（黒田基樹編著『鎌倉府発給文書の研究』戎光祥出版、二〇二〇年）、「鎌倉府の権力構造と棟別銭」（『駿台史学』一六八号、二〇二〇年）ほか。

相馬和将　そうま・かずまさ
一九九〇年、千葉県出身。國學院大學大学院文学研究科史学専攻博士課程後期単位取得満期退学。修士（歴史学）。現在、國學院大學大学院特別研究生、獨協中学校・獨協高等学校非常勤講師など。「南北朝・室町期の四天王寺と四天王寺別当」（『ヒストリア』二七四号、二〇一九年）、「中世後期の猶子入室と門主・家門・室町殿」（『史学雑誌』一三〇編九号、二〇二一年）ほか。

辻　浩和　つじ・ひろかず
一九八二年、鹿児島県出身。京都大学大学院人間・環境学研究科共生文明学専攻博士後期課程修了。現在、川村学園女子大学文学部准教授。「室町期芸能史研究の現在」（『歴史評論』七六七号、二〇一四年）、『中世の〈遊女〉―生業と身分』（京都大学学術出版会、二〇一七年）、「京都と芸能」（美川圭ほか『京都の中世史一　摂関政治から院政へ』吉川弘文館、二〇二一年）ほか。

永山　愛　ながやま・あい
一九九〇年、岡山県出身。大阪大学大学院文学研究科博士後期課程在籍。「鎌倉幕府滅亡時における軍事編成―護良親王令旨の検討を中心に」（『鎌倉遺文研究』四一号、二〇一八年）、「元弘・建武内乱期における軍事編成―南北朝最初期の軍勢催促状の検討」（『歴史学研究』九八六号、二〇一九年）ほか。

久水俊和　ひさみず・としかず　＊編者
一九七三年、北海道生まれ。明治大学大学院文学研究科史学専攻博士後期課程修了。博士（史学）。現在、明治大学文学部兼任講師。『室町期の朝廷公事と公武関係』

（岩田書院、二〇一一年）、『中世天皇葬礼史』（戎光祥出版、二〇二〇年）、『中世天皇家の作法と律令制の残像』（八木書店、二〇二〇年）、久水俊和・石原比伊呂編『室町・戦国天皇列伝』（戎光祥出版、二〇二〇年）ほか。

藤井　崇　ふじい・たかし
一九七八年、山口県出身。一橋大学大学院経済学研究科博士課程単位取得退学。現在、聖徳大学兼任講師。『室町期大名権力論』（同成社、二〇一三年）、『大内義興』（戎光祥出版、二〇一四年）、『大内義隆』（ミネルヴァ書房、二〇一九年）ほか。

松井直人　まつい・なおと
一九八八年、奈良県出身。京都大学大学院文学研究科博士後期課程研究指導認定退学。博士（文学）。現在、京都府立京都学・歴彩館資料課主事。「中世後期における武士の京都在住の構造―御所周辺武士邸宅地にみる」（『日本史研究』六六九号、二〇一八年）、「京都住人としての室町幕府公人」（『都市史研究』五号、二〇一八年）、「室町幕府における侍所・山城守護の管轄領域区分」（『古文書研究』九一号、二〇二一年）ほか。

山田　徹　やまだ・とおる
一九八〇年、福岡県出身。京都大学大学院文学研究科博士後期課程研究指導認定退学。博士（文学）。現在、同志社大学准教授。「室町幕府所務沙汰とその変質」（『法制史研究』五七号、二〇〇八年）、「南北朝中後期における寺社本所領関係の室町幕府法」（『日本史研究』六三五号、二〇一五年）、『京都の中世史　第四巻　南北朝内乱と京都』（吉川弘文館、二〇二一年）ほか。

芳澤　元　よしざわ・はじめ
一九八二年、京都府出身。大阪大学大学院文学研究科博士課程修了。博士（文学）。現在、明星大学人文学部准教授。『日本中世社会と禅林文芸』（吉川弘文館、二〇一七年）、『足利将軍と中世仏教』（相国寺教化活動委員会、二〇一九年）、『室町文化の座標軸―遣明船時代の列島と文事』（編著。勉誠出版、二〇二一年）ほか。

監　修

日本史史料研究会　にほんししりょうけんきゅうかい

二〇〇七年、歴史史料を調査・研究し、その成果を公開する目的で設立。主な事業としては、①定期的な研究会の開催、②専門書籍の刊行、③史料集の刊行、を行っている。また、一般の方々を対象に歴史講座を開講し、同時に最新の研究成果を伝えるべく、一般書の刊行も行っている。主な一般向けの監修・編集書籍に『信長研究の最前線』（洋泉社歴史新書y）、『室町幕府全将軍・管領列伝』（平野明夫編、星海社）、『家司と呼ばれた人々』（中脇聖編、ミネルヴァ書房）、『室町・戦国時代の法の世界』（松園潤一朗編、吉川弘文館）などがある。

＊監修・編者のプロフィールは、P348〜351に掲載

編集協力：藤原清貴・武石正昭
図版作成：グラフ
組版：キャップス

「室町殿《むろまちどの》」の時代《じだい》
——安定期《あんていき》室町幕府《むろまちばくふ》研究《けんきゅう》の最前線《さいぜんせん》

2021年12月15日　第1版第1刷印刷
2021年12月25日　第1版第1刷発行

監　修　日本史史料研究会
編　者　久水俊和
発行者　野澤武史
発行所　株式会社山川出版社
東京都千代田区内神田1－13－13　〒101－0047
電話　03(3293)8131(営業)
03(3293)1802(編集)
印　刷　株式会社太平印刷社
製　本　株式会社ブロケード
装　丁　黒岩二三［Fomalhaut］
https://www.yamakawa.co.jp/

ISBN 978-4-634-15208-3